SAP® - Manual do Sistema de Projetos

Kieron N. Dowling

Do original
SAP – Manual do Sistema de Projetos

Original edition copyright© 2008 by McGraw-Hill Co. All rights reserved.

Portuguese language edition copyright© 2008 by Editora Ciência Moderna Ltda. All rights reserved.

Todos os direitos para a língua portuguesa reservados pela EDITORA CIÊNCIA MODERNA LTDA.

De acordo com a Lei 9.610 de 19/2/1998, nenhuma parte deste livro poderá ser reproduzida, transmitida e gravada, por qualquer meio eletrônico, mecânico, por fotocópia e outros, sem a prévia autorização, por escrito, da Editora.

Editor: Paulo André P. Marques
Produção Editorial: Camila Cabete Machado
Tradução: Ângelo Meira Costa
Copidesque: Vivian Horta
Capa: Cristina Satchko Hodge
Diagramação: Janaina Salgueiro
Assistente Editorial: Vivian Horta

Várias **Marcas Registradas** aparecem no decorrer deste livro. Mais do que simplesmente listar esses nomes e informar quem possui seus direitos de exploração, ou ainda imprimir os logotipos das mesmas, o editor declara estar utilizando tais nomes apenas para fins editoriais, em benefício exclusivo do dono da Marca Registrada, sem intenção de infringir as regras de sua utilização. Qualquer semelhança em nomes próprios e acontecimentos será mera coincidência.

FICHA CATALOGRÁFICA

Dowling, Kieran N.
SAP – Manual do Sistema de Projetos
Rio de Janeiro: Editora Ciência Moderna Ltda., 2008.

1. Informática, 2. Design de projetos.
I — Título

ISBN: 978-85-7393-729-9   CDD 001.642

Editora Ciência Moderna Ltda.
R. Alice Figueiredo, 46 – Riachuelo
Rio de Janeiro, RJ – Brasil   CEP: 20.950-150
Tel: (21) 2201-6662/ Fax: (21) 2201-6896
E-mail: LCM@LCM.COM.BR
WWW.LCM.COM.BR   08/08

Dedicado com amor a meus filhos: Damien, Fiona e Tia.

Agradecimentos

Ao SAP, naturalmente. Que reacendeu as vidas profissionais de muitos dinossauros experientes, após o gradual declínio do mainframe! Obrigado a Rettitiswarane Velayoudam por sua contribuição à seção sobre o Progresso do Projeto no capítulo Dicas e Truques. Gostaria, também, de agradecer ao pessoal da McGraw-Hill, cuja abordagem profissional tornou possível esta obra.

Sumário

1. Introdução 1
   Sistema de Projeto: Uma visão geral do PS 1
      Do Começo ao Fim 2
      Organização 3
      Integração 5
   Resumo 7

2. Cenários 9
   Um Cenário Típico 9
      Um Típico Cenário de Trabalho 9
      Elementos no Cenário 10
      A Estrutura do Projeto 12
      A Ordem do Cliente 13
      A Rede 14
      Os Materiais 16
      O Trabalho 17
      A Agenda 19
      As Demarcações 20
      Os Custos Planejados 22
      O Orçamento 23
      A Força de Trabalho 25
      O Status 26
      Os Reais 28
      O Repasse 29
   Resumo 31

3. Métodos e Estilos 33
Formas de Uso do PS 33
Projetos de Recursos 33
Projetos de Clientes 39
Projeto de Serviço 42
Trabalhando com Materiais 42
Trabalhando com CRM 45
Resumo 47

4. Características do Sistema de Projeto 49
Elementos Estruturais 51
Máscaras de Codificação: Como os Números do Projeto são Codificados 51
Perfis de Projeto : Como um Projeto Deve se Comportar: O que é permitido fazer 52
Definição de Projeto: O que são os padrões de um projeto 53
Elementos WBS (Estrutura de Detalhamento de Trabalho): A estrutura hierárquica 53
Gabaritos: Que aparência um projeto deve ter 54
Demarcações: Coisas que um projeto deve lembrar de fazer 55
Redes (Parte 1): Como dar conta de tarefas de uma forma, ordem e período de tempo específicos 56
Redes (Parte 2): Que materiais e recursos são necessários para dar conta de uma tarefa 56
Redes (Parte 3): Atividades Internas - Planejamento de Recursos Internos 57
Redes (Parte 4): Atividades Externas - Planejando Recursos Externos 58
Redes (Parte 5): Atividades de Custo Geral - Planejando custos não especificados 59
Redes (Parte 6): Componentes Materiais - Planejando Materiais 59

Ordens Internas: Objetos que podem ser assinalados a
uma estrutura de projeto...60
Anexos e Texto de PS: Anexos à Estrutura do Projeto...............................60
Planejamento de Custo e Recurso...61
Planejamento de Custo de Estrutura via WBS: Entrada direta
de custos para uma estrutura WBS, sem se considerarem os
Elementos de Custo 62
Planejamento Detalhado de Custo via WBS: Planejamento de Custos
para uma WBS no nível de elemento de custo 62
Planejamento Detalhado de Custo via Rede:
Planejamento de Custos para uma Atividade de Rede Usando
Elementos de Custo, Materiais, Serviços ou Tipos de Atividade 63
Planejamento Fácil de Custo via WBS: Planejamento de Custos
para uma WBS via Custeio de Unidade, mas com o uso de
Modelos de Custo para tornar a entrada de dados mais simples..............64
Versões de Plano: Repositórios distintos para manter seus
Custos planejados em separado...65
Figuras Chaves Estatísticas (SKF): Objetos usados para
Armazenamento e Planejamento de Custos ou Consumo Invisíveis........65
Excedentes (CO): Custos adicionais calculados via
Planilhas de Custeio 66
Categorias de Valor: Dando significado aos valores....................................66
Orçamento...67
Orçamento em Projetos: Quando o Orçamento é controlado de
dentro de um Projeto 67
Orçamento em Programas de Investimento: Quando o orçamento para todos
os projetos é controlado por um programa de investimento de capital 68
Controle de Disponibilidade: Quando você precisa controlar gastos........69
Planejamento de Tempo e Capacidade 70
Datas em WBS: Gerenciando datas básicas e previstas.................................70

Agendamento em Redes (Parte 1): Gerenciando Regras de
Início/Término e Executando Agendamento 70
Agendamento em Redes (Parte 2): Gerenciando Regras de
Início/Término e Executando Agendamento 71
Centros de Trabalho e Tipos de Atividade: Planejando Capacidades
e o Custo de Utilização do Recurso 72
Planejamento de Força de Trabalho:
Planejando quem faz o quê, e quando 73
Planejamento de Ganho 73
Planejamento de Ganho de Estrutura: Entrada direta de ganho
para uma estrutura WBS, sem considerar os elementos de ganho 74
Planejamento Detalhado de Ganhos: Planejamento de ganho
para uma WBS por elemento de ganho 74
Ordens de Vendas (SD): Planejamento de ganhos via Ordens de
Vendas (ou de Cotação) 75
Execução 76
Gerenciamento de Status: Ajustando as restrições do projeto
(Processos de Negócios) pelo status 76
Reais: Registrando Custos Reais, Ganhos e Datas para um Projeto 77
Simulações: Simulando o que você quer fazer antes de você
realmente fazê-lo, sem comprometimento 78
Versões de Projetos: Instantâneos de um
Projeto para fins de comparação 78
Término de Período (e processos regulares) 79
Repasse: Transferindo Valores Reais para o "Proprietário" 79
Término de Período: Executando processos cíclicos regulares 80
Progresso (Parte 1): Atualizando e Revisando o
Progresso de um Projeto 81
Progress (Parte 2): Atualizando e revisando o
progresso de um Projeto 82
Arquivamento: Retirando os seus projetos do sistema real 82

Sumário **XV**

    Cobrança: Enviando uma Nota ao Cliente 83
    Resumo 84

5. Configuração 85
    O IMG e a Personalização 85
    Estruturas 90
        Codificando a WBS 90
        Gerenciamento de Status 94
        Perfil de Projeto 108
        Redes 124
        Demarcações 154
        Seleções de Campos 161
        Validação/Substituição 165
    Documentos 170
        Texto de PS 170
    Custos 172
        Custos Planejados 172
    Datas 220
        Agendamento de WBS 220
        Agendamento de Rede 225
    Material 234
        Aquisição 234
    Resumo 246

6. Ferramentas 247
    O Construtor de Projetos (Project Builder) 247
    Estrutura do Construtor de Projetos 247
    Ícones do Construtor de Projetos 248
    Menus do Construtor de Projetos 251
    Por dentro do Construtor de Projetos 257
    O Quadro de Planejamento 274

XVI SAP - Manual do Sistema de Projetos

 Ícones do Quadro de Planejamento...275
 ProMan (Aquisição Orientada pelo Projeto).....................................278
  Exceções..279
  Usando o ProMan 279
 Relatório Padrão...282
 Resumo...291

7. Informação Técnica...293
 Códigos de Transações (Operacionais) 293
  Transações CJ e CN ordenadas por Código................................294
  Transações CJ e CN Ordenadas por Descrição 304
 Tabelas 314
  Tabelas Gerais..314
  Campos de Tabelas 316
  Bases de Dados Lógicas..326
  O IMG Completo...330
 Resumo...345

8. Dicas e Truques 347
 Dicas de Design...347
  Projetos com Documentos de Vendas..347
  Classes e Características...350
  Dependências de Objeto..351
  Validações e Substituições 352
 Progresso do Projeto..354
  Análise de Progresso 354
  Versões CO...355
 Outras Informações Úteis 364
 Limitações Conhecidas...365
 Resumo...366

CAPÍTULO 1
Introdução

Este guia provê uma referência concisa para os aspectos mais importantes do módulo PS do SAP R/3. Sistema de Projeto (PS) equivale a qualquer coisa que seja orientada por projeto e que tenha um ciclo de vida. Além de prover informações essenciais detalhadas sobre as propriedades do PS, este guia inclui informação de referência útil, tal como Códigos de Transação, Listas de Relatório, Tabelas e Campos - vitais quando você se encontra fora do ar e precisa refrescar sua memória.

Uma das coisas mais difíceis a se comunicar àqueles que tentam implementar requisitos de negócios em PS são os vários métodos pelos quais as coisas podem ser feitas. As perguntas vão de "Como é que o PS trabalha?" e "Como posso distribuir meus custos planejados pra cinco anos de uma só vez?" até "Por que não posso ver meus Custos Planejados?". A leitura deste livro pode guiá-lo na direção correta. Ele foi desenvolvido a partir de uma abordagem de cima para baixo, começando com uma visão mais ampla e penetrando nos detalhes à medida que você progride.

Sistema de Projeto: Uma visão geral do PS

Nos negócios, praticamente tudo pode ser visto como um Projeto. A decisão de usar o PS depende do grau de complexidade e funcionalidade desejado. SAP R/3 tem outros módulos que oferecem objetos capazes de emular um projeto - Planejamento de Produção, Vendas e Distribuição, Controle com Ordens Internas e Serviços ao Consumidor, para denominar uns poucos. Mas nenhum tem a profundidade de estrutura, integração e complexidade disponível no PS.

O que, exatamente, é PS? É um repositório para planejamento, coleta e geração de custos e lucros através de uma estrutura que representa realmente o que você está fazendo num período de tempo. Quão simples é isso? Tão simples ou complexo quanto você quiser que seja.

2 SAP - Manual do Sistema de Projetos

Se algo tiver um início, um meio e um fim, este algo é, provavelmente, um projeto.

Tudo o que está associado a um projeto gira em torno do que SAP denomina Estruturas de Classificação de Trabalho (WBS, na sigla em inglês) e Redes. Estes são os objetos que fazem todo o trabalho e mantêm informação acerca do que o projeto fará. Eles podem disparar eventos, agendar trabalho e gerar requisitos de materiais e serviços exigidos para a execução do projeto.

O manual do SAP R/3 define *Projetos* por várias designações:

"Geralmente complexo, único, tendo um alto grau de risco, tendo objetivos precisos, são limitados na duração, têm custo e capacidade intensivos, estão sujeitos a controle de qualidade e têm importância estratégica para a companhia se desincumbir do projeto."

"Projetos podem ser estruturados de acordo com a forma como o projeto é organizado e o processo envolvido na sua execução."

"Projetos são geralmente usados como coletores de custos e lucros."

Do Começo ao Fim

Há miríades de exemplos em que tais designações não se aplicam, por causa da natureza de como um projeto pode ser estruturado.

Por exemplo, um projeto pode ser criado como um único elemento, sem qualquer estrutura associada; neste caso, é simples porque nenhum dos elementos "progressivos" de gerenciamento de projeto é aplicável. Você pode querer apenas registrar todos os custos associados com o recrutamento de uma pessoa na companhia ou com a compra de um celular (é claro que há outras maneiras de se fazer isto no R/3).

Por outro lado, você pode construir uma estrutura altamente complexa que reflete cada tarefa associada à construção de uma plataforma no exterior, incluindo os vários serviços, a criação de recursos, cobrança de clientes, e assim por diante. Desnecessário dizer que toda a funcionalidade possível teria de ser utilizada, incluindo planejamento de custos/lucros, orçamento, planejamento de recursos/capacidades, controle de atividade, demarcações, diagramas de Gantt, manufatura, capitalização, valor recebido, e assim por diante.

Como mostrado na Figura 1-1, um Projeto SAP R/3 pode "progredir" da Definição à Implantação. Você **Define** o que quer fazer a partir de uma perspectiva de negócio, **Desenvolve** uma estratégia que é representada por uma estrutura, **Planeja** seus custos e lucros e agenda quando os eventos devem ocorrer, aprova o **Orçamento** e o distribui pela sua estrutura, libera o projeto e **Executa** confirmações do dia-a-dia, freqüentemente **Avalia** o progresso pelos relatórios, **Entrega**-o ao pretendido destinatário e o **Encerra**.

Organização

De um ponto de vista organizacional, o PS tem muitos tentáculos, o que demonstra como ele é integrado. Os elementos fundamentais de qualquer negócio são dirigidos pelo seu gráfico organizacional,como Companhia, Centro de Ganho, Área de Negócio. Estes "Dados Mestres" proporcionam uma base sobre a qual relatórios são executados. O gráfico organizacional também mantém "honestos" os elementos de um projeto, significando que a relação entre estes valores organizacionais são respeitados.

A Figura 1-2 contém um diagrama das várias referências Organizacionais com as quais cada um dos Objetos do Projeto podem ser associados.

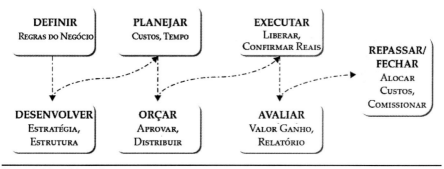

Figura 1-1 Do início ao fim

4 SAP - Manual do Sistema de Projetos

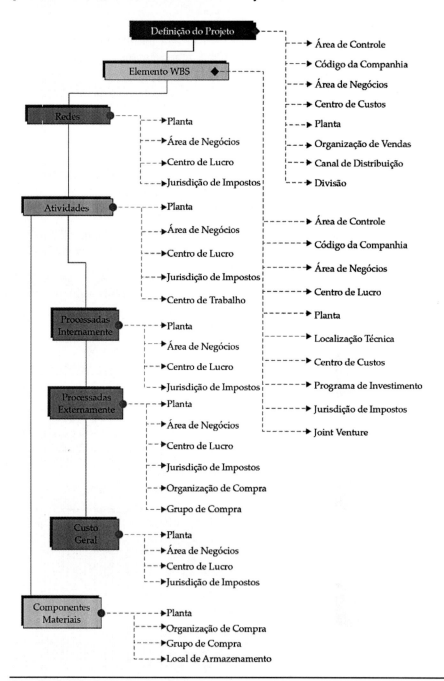

Figura 1-2 Organização

Integração

Aqui temos uma visão geral dos pontos de integração primários para o PS - há outros, como os Recursos Fixos e Recursos Humanos, mas não exercem uma papel tão substancial quanto os mostrados na Figura 1-3.

Controle (CO) á uma integração substancial entre o PS e o CO. Isto porque o PS depende de muitos objetos que pertencem ao CO para o Planejamento Integrado de Custos, Repasse e Análise de Resultados.

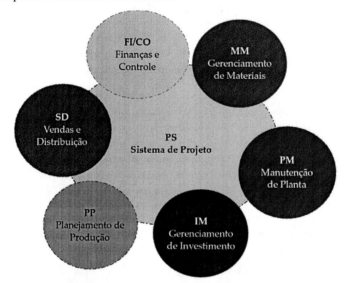

Finanças e Controle	Número de Projeto/WBS, Rede, Área de Controle, Código da Companhia, Área de Negócios, Centro de Custo, Elemento de Custo, Centro de Trabalho, Tipo de Atividade, Centro de Lucro, Chave de Análise de Resultados, Classe
Gerenciamento de Materiais	Número de Projeto/WBS, Rede, Planta, Número de Material, Grupo de Material, Controlador MRP, Vendedor, BOM
Vendas e Distribuição	Número de Projeto/WBS, Rede, Parceiro, Organização de Vendas, Canal de Distribuição, Divisão, Ordem de Vendas BOM
Manutenção de Planta	Número de Projeto/WBS, Rede, Ordens de PM
Planejamento de Produção	Número de Projeto/WBS, Rede, BOM
Gerenciamento de Investimento	Número de Projeto/WBS, Rede, Programas de Investimento, Medida

Figura 1-3 Integração

Planejamento de Recursos e qualquer relatório que envolva Elementos de Custo. A Área de Controle é a conexão mais óbvia, sem a qual o PS não poderia funcionar. No Planejamento de Força de Trabalho, através de Centros de Trabalho/Tipos de Atividade, há integração com Recursos Humanos (RH) para registro do pessoal designado para projetos.

Gerenciamento de Materiais (MM) base nos Materiais e BOMs, o PS tem a habilidade de criar Reservas, Requisições de Compra e Ordens de Compra através dos Serviços de Execução do Planejamento Fácil de Custos e Redes em geral. Esta poderosa integração torna o PS um elemento chave no ciclo de logística, incluindo a habilidade de manipular Serviços através de Mestres de Serviços e Contratos. Além do mais, a habilidade das Redes para trabalhar com Catálogos leva o PS ao SRM (Gerenciamento de Relacionamentos de Suprimentos), onde a Internet tem um grande papel no fornecimento de materiais e serviços. Adicionalmente, o PS pode ajudar a gerenciar o ciclo de MRP (Planejamento de Requisições de Material) com sua funcionalidade de Agrupamento de MRP. O PS é o "proprietário" da facilidade ProMan, que acompanha e ajuda a gerenciar todo o fluxo de documentos de Aquisição.

Vendas e Distribuição (SD) PS tem uma integração bem direcionada com o SD através de Números de Ordem. Todas as Ordens de SD (Cotações, Ordens de Venda, Ordens de Consignação etc.) podem ser atribuídas a um projeto com o propósito de planejamento de ganhos, criação de Planos de Cobrança e registro de custos. Perfis de DIP (Processador Dinâmico de Itens) auxiliam no processo de simulação e criação automática de Documentos de Vendas, além de prover um meio de cobrança dos clientes com base na atividade dentro de um projeto (Cobrança Relacionada com Recurso). Adicionalmente, o Processamento de Montagem provê os meios para uma Ordem de Vendas ou de Cotação para gerar automaticamente um Projeto, usando Materiais Configuráveis.

Finanças (FI) o PS é primariamente um Planejador de Custos e um Coletor de Custos e, portanto, um servo para FI/CO, seus objetos primários (WBS e Rede) dependem da despesa real para gerenciar a Determinação de Conta, que é, na verdade, o Mapa de Contas. Por fim, todos os custos terminam em algum lugar nas Finanças. O gerenciamento do Fluxo de Caixa é, também, uma funcionalidade para a qual o PS pode ser usado, através das Áreas de Financiamento, no Departamento Financeiro.

Planejamento de Produção (PP) não tem um papel tão importante no lado de integração do PS. É através do MM que o PP é informado das Ordens de Produção, usando ajustes especiais no Mestre de Material.

Manutenção de Planta (PM) no coração desta integração estão as Ordens de Manutenção, que, como muitas ordens externas, podem se conectar com o PS para propósitos de Planejamento e Repasse. Geralmente, as Ordens de Manutenção e Serviço se aplicam ao Capital (Recurso) ou a projetos baseados nos Clientes, em que os equipamentos que têm manutenção no local de instalação podem ser gerenciados num Projeto.

Gerenciamento de Investimento (IM) quantidade bem substancial de integração é envolvida aqui. O IM integra-se perfeitamente com o PS para gerenciar Recursos em Construção (AUCs). O Planejamento de Custos pode ser gerenciado no PS, encaminhado a Programas de Investimento e retornado ao projeto como um Orçamento gerenciado. AUCs são gerados automaticamente quando um projeto é liberado, portanto há uma conexão relativamente importante com os Recursos Fixos.

Resumo

SAP PS tem muitos instrumentos disponíveis e depende de você a decisão sobre quais elementos incluir no seu esquema. No próximo capítulo, daremos uma olhada em um cenário típico e incluiremos os elementos que você pode usar.

CAPÍTULO 2
Cenários

Como você pode imaginar, muitos milhares de cenários poderiam ser aplicados a uma implementação. O que segue é para um típico projeto orientado a Vendas. Você pode tomar os elementos individuais e juntá-los conforme desejar.

Um Cenário Típico

O que apresentamos em seguida é um cenário envolvendo muitas das características populares do PS, da estruturação inicial até o fechamento. Este capítulo sugere o que um projeto deve parecer numa situação normal.

Esta é uma visão genérica e serve apenas para dar uma visão do alto de um cenário típico de um projeto. Para melhor descrever os vários eventos que podem surgir em um módulo do PS, nosso cenário simula as bases de um projeto.

Aqui, o processo é demonstrado de uma forma linear, para que você possa apreciar o que pode ser alcançado e usar o manual como referência para maiores detalhes.

Um Típico Cenário de Trabalho

Imagine que vamos construir um barco bem simples. Na verdade, haveria muitos elementos estruturais para nosso barco, mas precisamos apenas nos concentrar nos eventos mais importantes, como você pode ver na Figura 2-1.

Cada um dos eventos na Figura 2-1 será influenciado por algumas ou todas das seguintes atividades.

10 SAP - Manual do Sistema de Projetos

NOTA: *OBJETOS de Projeto são os vários elementos que contêm dados vitais que compõem um projeto:*

- *Definição do Projeto*
- *Estruturas de Detalhamento de Trabalho*
- *Cabeçalho de Rede*
- *Atividades de Rede*
- *Elementos de Atividade*
- *Demarcações*

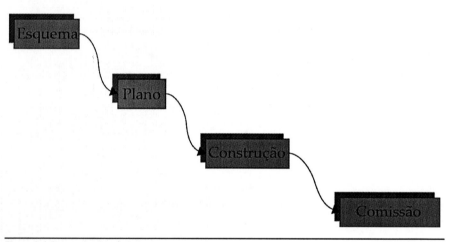

Figura 2-1 Passos de alto nível

Elementos no Cenário

Elemento		Propósito
Estrutura do Projeto		Prover uma estrutura que representa os principais eventos.
Ordem do Cliente		Registrar as Ordens de Vendas e conectá-las a um projeto.

Capítulo 2: Cenários **11**

Rede		Detalhar quais tarefas são necessárias.
Materiais		Requisitar ou reservar as matérias-primas necessárias à execução do projeto.
Trabalho		Identificar Recursos Humanos necessários à execução do projeto.
Agenda		Planejar o momento em que as tarefas serão realizadas.
Demarcações		Identificar eventos chaves.
Custos Planejados		Planejar quanto o projeto custará para ser executado.
Orçamento		Controlar e limitar gastos.
Planejamento de Força de Trabalho		Ser específico sobre quem executará o trabalho.
Status		Controlar as funções do negócio.
Reais		Registrar o que realmente aconteceu, na medida dos acontecimentos.
Repasse		Transferir os custos do projeto para um destinatário.

A Estrutura do Projeto

Transações Sugeridas: **CJ20N**

Em primeiro lugar, uma estrutura de eventos deve ser criada. Esta estrutura é chamada de Estrutura de Decomposição de Trabalho (WBS). Cada WBS está conectada à outra abaixo dela, mas elas podem ser posicionadas lado a lado para formar uma matriz, como mostrado em Elementos no Cenário. Coletivamente, elas são chamadas de "Projetos Operacionais". Uma WBS pode ser copiada do que pode ser chamado de um "Gabarito" ou "Projeto Padrão", ou de um outro Projeto Operacional. A estrutura completa é "possuída" pela Definição do Projeto (apenas um "enfeite" posto no topo da árvore).

Primeiramente, você cria a Definição do Projeto. Depois, cada WBS é criada independentemente e é atribuído a ela um Número de Nível, que determina onde ela é posicionada na hierarquia.

Cada WBS transporta muitas informações, tais como Organização, Datas, Configurações Especiais, Tipo de Projeto, Quem é o responsável, e assim por diante (veja a Figura 2-2). Tudo isso é discutido em detalhes posteriormente.

Pense numa WBS como um Coletor de Custos.

DICA: Quando um projeto é criado manualmente, ele tem, inicialmente, um status CRTD (Criado). Isto significa que ele não pode ter quaisquer custos e ganhos reais registrados para ele.

Capítulo 2: Cenários **13**

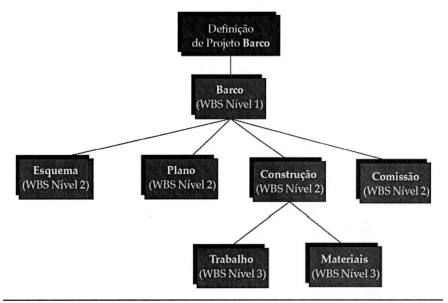

Figura 2-2 A estrutura básica do projeto

 A Ordem do Cliente

Transações Sugeridas: **CJ20N, VA01**

Este é um ponto de integração opcional. Se o negócio estiver usando SD (Vendas e Distribuição), podemos criar uma Ordem de Vendas que pode ter sido derivada de uma Cotação. Cada item de linha de uma Ordem de Vendas está ligado a um elemento de Cobrança do nosso projeto. Pode ser que nossa Ordem de Vendas seja de uma única linha - caso em que ela está ligada à WBS de Nível 1. O ato de opcionalmente fazer-se esta ligação gera um "Plano de Ganho" para o projeto. É claro que, se a Ordem de Vendas fosse de quatro linhas, você poderia ligar cada linha com cada WBS de Cobrança de Nível 2. Depende de a quem você queira que o Ganho pertença, porque certos elementos de sua WBS podem conter apenas custos internos. Note que você só pode ligar um item de linha de Ordem de Vendas a uma WBS que esteja sinalizada como "Cobrança" (veja a Figura 2-3).

DICA: *Ordens de Vendas podem criar Projetos automaticamente (chamado "Processamento de Montagem") ou Projetos podem criar automaticamente Ordens de Vendas (chamado "Definição Simulada de Preços de Venda").*

14 SAP - Manual do Sistema de Projetos

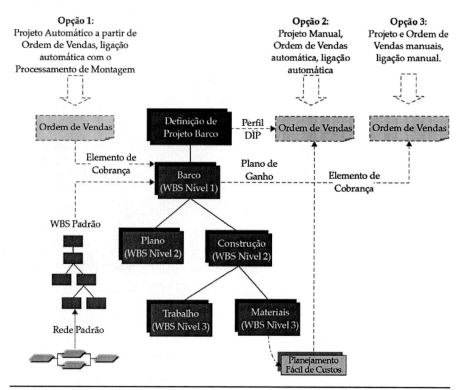

Figura 2-3 A estrutura do projeto para Cobrança

A Rede

Transações Sugeridas: **CJ20N, CN01, CN21, CJ27, CJ2D**

As redes são conectadas a elementos wbs. elas são uma coleção de atividades que podem se dividir para representar elementos como trabalho e materiais. as atividades podem ser combinadas, de fato. mas, para este exemplo, elas estão separadas. nosso projeto poderia ter atividades ligadas ao nível mais baixo de cada wbs - isto é, esquema, plano, trabalho de construção, materiais de construção e comissão: atividades contêm dependências de durações e início-fim, que são a base para agendamento de projeto. redes operacionais podem ser baseadas em redes padrões (gabaritos). veja a figura 2-4.

Capítulo 2: Cenários **15**

DICA: As Redes são assim denominadas porque cada Atividade pode ter um relacionamento com uma outra. Estes são chamados "regras de Início-Fim". Você pode controlar quando os eventos são disparados.

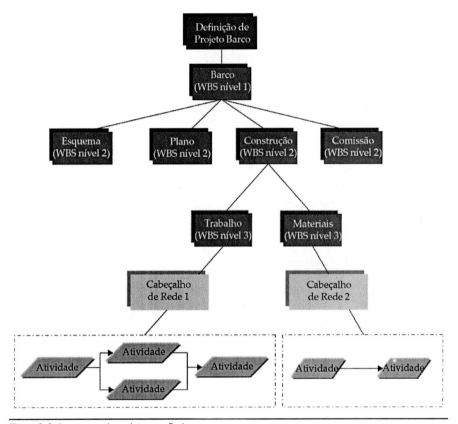

Figura 2-4: A estrutura do projeto com Redes

16 SAP - Manual do Sistema de Projetos

Os Materiais

Transações Sugeridas: **CJ20N, CJ27, CJ2D**

O lugar em que os Materiais serão ordenados para nosso projeto é chamado de Componentes Materiais, um subconjunto das Atividades de Rede. Aqui, você simplesmente adiciona os componentes que quer ordenar. Cada linha da lista de ordem pode ter tanto materiais "de Estoque", quanto "Não de estoque", ordenados. No caso de itens de Estoque, uma Reserva será gerada para segurar o estoque (isto não é um Compromisso). No caso de Não de estoque, uma Requisição de Compra será gerada (o que resultará numa Ordem de Compra e, conseqüentemente, num Compromisso). Mais controle de como o material é gerenciado a partir de uma perspectiva de Planejamento de Requerimentos de Material (MRP) pode ser especificado no Tipo de Aquisição, que considera coisas do tipo estratégias de longo prazo.

Em todos os casos, entretanto, nada significante ocorrerá até que o projeto tenha tido seu status mudado para "Liberado". Isto é discutido mais completamente em Gerenciamento de Status.

Quando os materiais são recebidos, seus custos (estipulados pela política de determinação de preços do seu negócio, nos Parâmetros Chaves de Controle) e os excedentes especificados em sua Planilha de Custos são calculados e postos no Total do Plano para a Atividade. Estes custos são usados posteriormente, quando olhamos para os Custos Planejados. Veja a Figura 2-5.

Capítulo 2: Cenários **17**

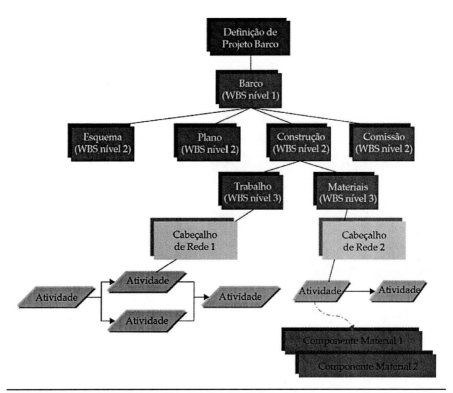

Figura 2-5 A estrutura do projeto com Componentes Materiais

 O Trabalho

Transações Sugeridas: **CJ20N, CJ27, CJ2D, CNR1, KP26**

Custos de Trabalho são comumente determinados pelo Tipo de Atividade (não é uma regra rígida e rápida). Você pode, também, usar Tipos de Atividades para representar coisas como testes médicos ou trabalhos de máquinas. Os Preços (Custos) por unidade em um Tipo de Atividade (por exemplo, por hora, por dia) são mantidos no módulo de Controle do SAP (Preços Planejados de Atividade) porque pertencem aos Centros de Custo. Tipos de Atividades em associação com Atividades de Rede são classificados como "Atividades Internas". O custo de uso de uma Atividade é determinado pela medida do tempo que você a utiliza em minutos, horas, dias, semanas, e assim por diante. O Centro de Trabalho é usado para determinar a capacidade da organização para desempenhar o trabalho. Ele não é necessariamente usado para representar utilização de um recurso - ele pode representar um grupo de pessoas, uma máquina ou, simplesmente, uma

18 SAP - Manual do Sistema de Projetos

pessoa. Centros de Trabalho / Tipos de Atividade são campos estáticos dentro da Atividade Interna (ou seja, só pode haver um conjunto por Atividade). Adicionalmente, Pessoal pode ser designado para Redes Internas para formar a base de um Planejamento de Força de Trabalho (veja "A Força de Trabalho"). Assim como em Materiais, Tipos de Atividade geram um custo planejado, que atualiza o Total do Plano de Ordem versão 0). Veja a Figura 2-6.

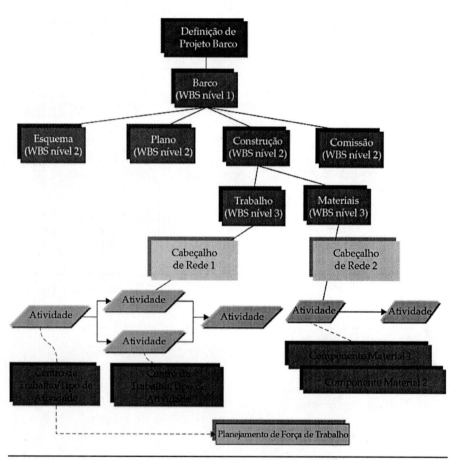

Figura 2-6 A estrutura do projeto com os Centros de Trabalho / Tipos de Atividade

Capítulo 2: Cenários **19**

A Agenda

Transações Sugeridas: **CJ20N, CJ27, CJ2D, VA01**

A forma como você realiza Agendamento de Data nos seus projetos depende do método que você quer adotar. No nosso caso, podemos simplesmente aplicar a regra de Agendamento Avançado, em que as Datas das Atividades determinam as Datas de WBS. Em outras palavras, se você disser que uma Atividade deve ser utilizada a partir de 7 de maio, por dez dias, então a WBS associada herdará aquelas datas (elas não terão de fazê-lo se você não o quiser). Mas se você tiver uma outra Atividade sob a mesma WBS, as faixas de datas combinadas delas podem ser movidas para a WBS. As combinações são muitas - até mesmo ao ponto de você poder querer "Copiar" as datas de sua WBS para as suas Atividades. Se, por exemplo, você disser ao SAP para Agendar seu projeto, ele tomará eventos reais em consideração e mudará as datas em conformidade. Isto pode afetar o caminho crítico de todo o projeto até o ponto em que recursos adicionais sejam necessários para completar o projeto a tempo, ou talvez lhe informar que você estará atrasado.

WBSs e Atividades contêm diversas datas: Início/Término Agendado, Último Início, Último Término, Previsão, e assim por diante. Em um ambiente de fábrica, o Agendamento Retrógrado é usado.

Finalmente, se você tem muitas atividades que estão "ligadas" através de WBSs, o agendamento se torna ainda mais complexo. Veja a Figura 2-7.

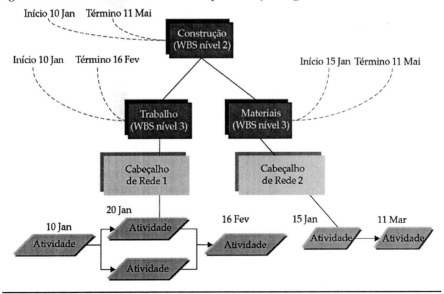

Figura 2-7 A estrutura do projeto com Agendamento

As Demarcações

Transações Sugeridas: **CN11, CJ20N, CJ27, CJ2D, CNMT**

Estes objetos relativamente simples podem ser anexados a ambas wbss e atividades. eles podem representar um evento que você quer lembrar, ou podem ter inteligência. no nosso caso, nós os usaríamos para identificar pontos no tempo em que o cliente deve ser notificado com uma nota, normalmente referida como *cobrança de demarcação*. isto é feito pela especificação de uma porcentagem da conta total a ser liberada para cobrança. o termo de vendas e distribuição para isto é *bloqueios de cobrança* (significando bloqueado para cobrança). quando uma ordem de vendas é ligada a uma wbs, ela é capaz de encontrar todas as demarcações associadas a ela e criar um plano de cobrança no projeto ou na ordem de vendas. um plano de cobrança fica bloqueado até que seja aberto para liberação, quando a demarcação recebe uma data real, que é manualmente entrada pelo usuário.

Demarcações podem, também, se tornar realmente inteligentes e dizer às Atividades para executarem funções especiais - como "Liberar Atividade número 10 quando Atividade número 9 estiver terminada". Outras funções das Demarcações incluem Análise de Tendências de Demarcações (MTA), uma ferramenta de relatório que trabalha com Versões de Projeto. Veja a Figura 2-8.

Capítulo 2: Cenários **21**

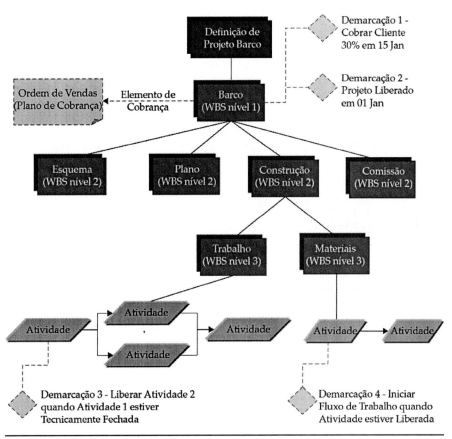

Figura 2-8 A estrutura do projeto com Demarcações

Os Custos Planejados

Transações Sugeridas: **CJ40, CJ20N, CJ27, CJ2D, CKCM**

Tendo já gerado nossos custos planejados através de Materiais e Tipos de Atividade, você pode, se necessário, gerar mais custos planejados, usando Atividades de Custos Gerais ou, se não houver Atividades de Rede em seu projeto, o Planejamento Fácil de Custos lhe permitirá planejar custos diretamente para um elemento WBS usando Tipos de Atividade, Elementos de Custo ou Materiais.

Este processo de planejamento pode ser simples ou complexo, dependendo de como você configurou seu Perfil de Planejamento: Estrutura ou Detalhado.

Pode ser que você não tenha querido nenhuma Atividade - caso em que você meramente calcula seus custos por Elemento de Custo e os transfere para seus Custos Planejados para cada WBS. Você pode, se desejar, manter muitas "Versões de Plano" e compará-las com vistas à otimização. O Plano Versão ZERO é aquele que o PS sempre usa como seu plano básico, entretanto.O PS permite Planejamentos de Baixo para Cima, de Cima para Baixo, ou Abertos (veja a Figura 2-9). Veja "Perfil de Planejamento" no Capítulo 5 para mais informações.

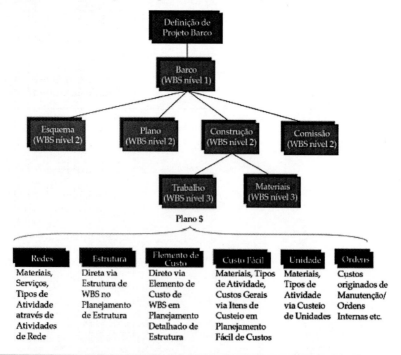

Figura 2-9 A estrutura do projeto com custos planejados

O Orçamento

Transações Recomendadas: **CJ30**

Mesmo que você tenha finalizado o planejamento de seus custos, você deve, agora, decidir qual é o seu Orçamento. Normalmente, seu Plano se torna o seu Orçamento, mas você pode dizê-lo ao PS - copiando-o para o Orçamento Original. Feito isto, você deve, então, repetir o processo em Liberar Orçamento (ou ao menos você deve liberar a porção do orçamento que você quer que as pessoas usem). Orçamentos podem ser distribuídos ao longo de um ano ou de muitos anos. Mais uma vez, isto depende de como você configurou seu Perfil de Orçamento. Uma diferença marcante entre Planejamento e Orçamento é que Orçamentos contêm um registro de mudanças (por exemplo, se você muda o Orçamento Original manualmente, um registro desta mudança é mantido) que pode ser reportado. Um outro fator se apresenta aqui - Controle de Disponibilidade. Este processo determina os níveis para os quais um orçamento pode ser gasto e como as advertências, mensagens de erro ou correio para os Gerentes do Projeto são manipulados (veja a Figura 2-10). Veja "Perfil de Orçamento", no Capítulo 5, para mais informações.

DICA: *Orçamento não é, de forma alguma, obrigatório. Entretanto, ele só pode ser aplicado no nível WBS. Não existem coisas do tipo orçamento em Redes - eles são exclusivos de WBSs mas podem ser derivados de Redes. Há uma trilha para auditoria associada a mudanças no orçamento.*

24 SAP - Manual do Sistema de Projetos

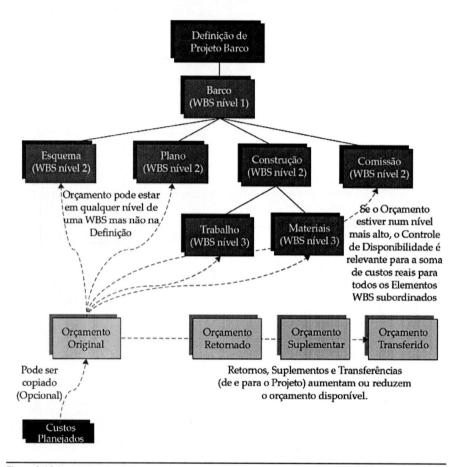

Figura 2-10 A estrutura do projeto com Orçamentos

Capítulo 2: Cenários **25**

A Força de Trabalho

Transações Sugeridas: **CJ20N, CMP2, CMP3, CMP9**

Este processo trabalha primeiramente com os Centros de Trabalho (que contêm a Capacidade). Uma vez que você tenha atribuído os Centros de Trabalho/Tipos de Atividade que você quer usar para planejar seus custos, você dá um passo além, designando pessoas para sua Atividade de Rede Interna. Antes de fazê-lo, você deve ter configurado o seu pessoal no minimestre de RH e os designado para os Centros de Trabalho relevantes. O que se consegue com isto é a habilidade de selecionar apenas o pessoal que foi designado para o Centro de Trabalho que aparece na Atividade de Rede. Ao mesmo tempo, você especifica a quantidade de trabalho com que o indivíduo contribuirá. O efeito disto forma a base do Planejamento de Capacidade, que pode ser realizado por Centro de Trabalho ou por Projeto (veja a Figura 2-11).

DICA: *O Planejamento de Capacidade não afeta só o PS - mas, também, Centros de Trabalho podem ser usados por outros módulos, como Planejamento de Produção (PP) e Manutenção de Planta (PM). Estes módulos podem compartilhar os Centros de Trabalho com o PS, daí a necessidade de Planejamento de Capacidade e de Designação de Pessoal para Nivelamento é removida quando o projeto é Tecnicamente Fechado.*

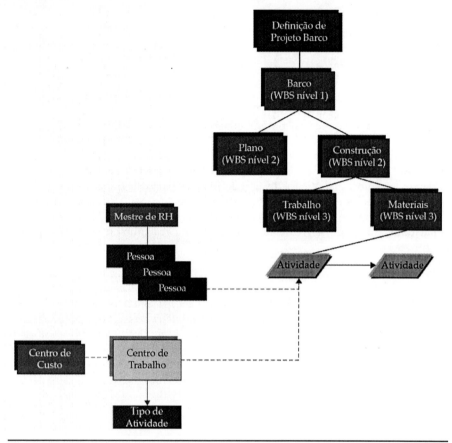

Figura 2-11 Planejamento de Força de Trabalho

 O Status

Transações Sugeridas: **CJ01, CJ20N, CJ27, CJ2D**

Este processo lhe permitirá "Executar" o projeto e iniciar a confirmação dos custos reais. Para fazê-lo, você deve Liberar. Você notará, já, que o Status de seu projeto mudou - ele terá um status de CRIADO, ORÇADO, CUSTOS PLANEJADOS, e talvez alguns mais. Mas até ele ser LIBERADO, não acontece muita coisa. Quando você LIBERA o projeto, várias coisas acontecerão, algumas das quais são:

- Será verificada a disponibilidade dos Materiais.
- Requisições serão geradas.

Capítulo 2: Cenários **27**

• Reservas serão emitidas.

• Compromissos (suas Requisições) serão checados com relação ao Controle de Disponibilidade.

Progressivamente, você pode querer controlar quais transações de negócio podem ou não ser permitidas, por exemplo, se você mudar o status do seu projeto (ou de apenas uma WBS) para TECNICAMENTE FECHADO, este status removerá quaisquer Reservas e permitirá que compromissos sejam finalizados. Você pode reverter este status a qualquer momento. Depois do repasse final, o projeto pode ser FECHADO. Se você precisar controlar o status você mesmo, configure-o como "STATUS DE USUÁRIO". Veja a Figura 2-12.

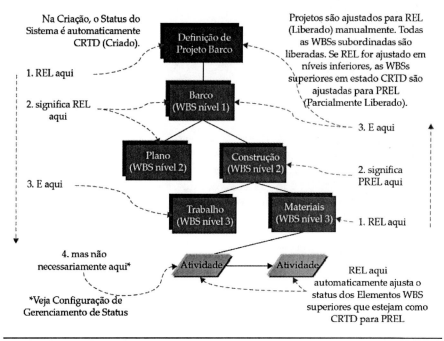

Figura 2-12 A estrutura do projeto com Status

Os Reais

Transações Sugeridas: **CAT2, CN25, CNMM, CNL1, FB50, KB11N**

Há diversas maneiras de um projeto poder atrair reais. Algumas são

- Planilha de tempo sendo "confirmada" para uma Atividade através do Sistema de Planificação de Tempo entre Aplicações (CATS);

- Alocações de Atividade (onde você simplesmente confirma todas as horas sem uso de uma Planilha de Tempo);

- Materiais ordenados através da entrega de um projeto;

- Jornais de FI sendo registrados diretamente para um Projeto;

- Alocações Financeiras, Vantagens, e assim por diante;

- Repasse para o Projeto a partir de outros objetos, como as Ordens de Manutenção;

- Ganho recebido do Cliente.

Em todos os casos, a data em que o evento ocorreu se torna significante, porque ela diz ao projeto quando as coisas realmente aconteceram. Isto, por si mesmo, faz o projeto "progredir" de forma que você possa calcular o "Valor Recebido" (uma facilidade que compara o onde você acha que estaria, com o onde você está e o onde você estará no futuro, se a tendência continuar). Lembre-se que cada vez que um custo atinge seu projeto, o Controle de Disponibilidade checa se você não estrapolou o orçamento (veja a Figura 2-13).

DICA: *Os Custos e Ganhos reais permanecem em um Projeto até serem repassados. Você não pode fechar um Projeto, a menos que ele tenha sido completamente repassado ou especificado como "não para Repasse".*

Capítulo 2: Cenários 29

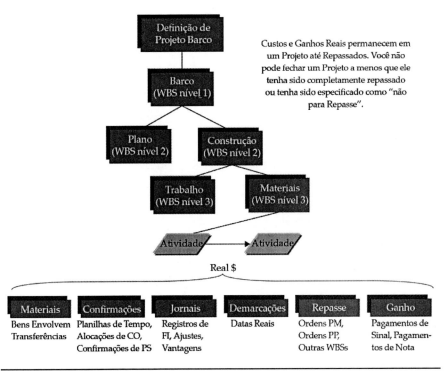

Figura 2-13 A estrutura do projeto com Reais

O Repasse

Transações Sugeridas: **CJ88, CJ8G**

Nem todos os projetos estão sujeitos a Repasse (isto é controlado pelo Perfil de Repasse). O Repasse transfere os custos reais de um Objeto do Projeto para objetos externos (tais como Recursos, Centros de Custo, Contadores GL (livro-caixa geral), etc.). Projetos baseados em Vendas poderiam ter seus custos repassados para um Segmento de Rentabilidade e estar sujeitos a RA (Análise de Resultados), que é realizada antes do repasse. Os recipientes de repasses mais comuns são Centros de Custos e Recursos Em Construção, que são atribuídos a projetos de Despesas e de Capital, respectivamente. Alguns Projetos têm ambos, onde parte do custo é Despesa, o Capital de balanço. Comumente, custos de Atividade repassam para a WBS superior. Isto certifica que todos os custos sejam transferidos para a estrutura da WBS, que, por sua vez, pode ser repassada para um recipiente externo (veja a Figura 2-14).

30 SAP - Manual do Sistema de Projetos

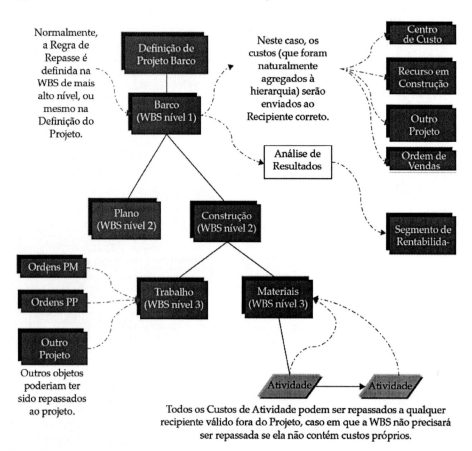

Figura 2-14 A estrutura de projeto com Estabelecimento

DICA: *A menos que um Projeto seja considerado "não para repasse", ele não pode ser Fechado até ter sido completamente repassado (balanceado para ZERO). Uma das melhores maneiras de analisar um balanço de Projeto é através da transação CJI3, que, entre outras coisas, fornece uma lista de todos os registros de CO.*

Resumo

O cenário precedente ilustra algumas das permutações disponíveis - o próximo capítulo examinará as várias formas em que o PS pode ser aplicado, dependendo dos tipos de projeto que você quiser gerenciar: Recurso, Cliente, Construção, e assim por diante.

CAPÍTULO 3
Métodos e Estilos

O PS pode ser usado para gerenciar projetos de muitos tipos ao mesmo tempo, se necessário tipicamente criação de Recurso, serviço ao Cliente, Manufatura, Custeios, e assim por diante.

Formas de Uso do PS

Você provavelmente terá idealizado, por ora, que o Projeto e as Definições de Rede regem o todo e determinam os vários estilos e métodos disponíveis. Portanto, é perfeitamente aceitável misturá-los em um negócio (muitos negócios têm Recursos que eles constroem para os Clientes, em que eles podem até mesmo realizar a manutenção). O Programa do Negócio será, claro, a base sobre a qual você decidirá como o PS será utilizado, mas a seguir estão os métodos mais prováveis.

Projetos de Recursos

A construção de um Recurso usando o PS envolve o uso de IM (Gerenciamento de Investimento). Embora seja bem possível que se atinja um resultado apenas com o uso do PS, isto não é recomendado se o Fundo de Capital precisa ser monitorado. É o Programa de Investimento que (opcionalmente) distribui o Orçamento do Capital entre os vários Elementos WBS ou Ordens Internas. Um importante ingrediente é um objeto chamado Classe de Recurso, e é este que disparará, em última instância, a criação do Recurso Em Construção (AUC), sendo este o termo que o SAP usa para identificar o Recurso enquanto ele está sendo construído. O Projeto pode comprar todos os materiais necessários (via WBSs em Planejamento Fácil de Custos, ou Redes, ou ambos). O PS cria, realmente, um AUC no ponto em que um projeto é liberado. É o Perfil de Investimento dentro do Perfil de Orçamento e a Posição do Programa dentro da WBS (chamado de Medida) que diz ao PS que este é um Projeto de Investimento. Regras de Repasse para um projeto como este são automaticamente criadas durante a primeira execução do Repasse. A execução final do Repasse é chamada de Capitalização e é quando o AUC é manualmente convertido em um Recurso Fixo.

34 SAP - Manual do Sistema de Projetos

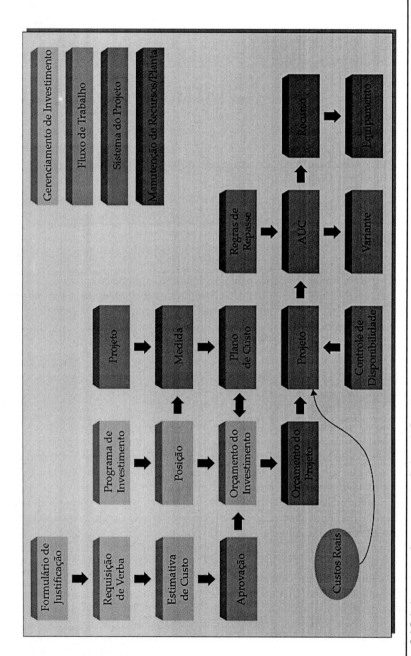

Figura 3-1 Relacionamentos do processo para Projetos de Recursos

Capítulo 3: Métodos e Estilos 35

Veja a Figura 3-1. Esta detalha os passos e processos lógicos necessários para se trazer um recurso desde a "verba" até a criação do recurso fixo em si, que pode ser uma parte de um equipamento.

- **Processo de Verba para Recurso** Submissão formal de planos de investimento liberações de aprovação para o gasto do Investimento de Capital sancionado (CAPEX).

- **Planejamento de IM & Distribuição de Orçamento** A acumulação de planos de investimento submetidos dentro da hierarquia de gerenciamento de investimento e a distribuição de cima para baixo de orçamento atrelado.

- **Configuração do Projeto** A criação de uma hierarquia de projeto apropriada para refletir as necessidades de controle de custo de compras de capital complexo. O planejamento de custo de baixo para cima no nível apropriado da hierarquia do projeto está alinhado com o orçamento aprovado.

- **Execução e relatório do Projeto** Registros reais e relato de reais versus orçamento e plano.

- **Repasse do Projeto** O processo de realocação periódica de custos do projeto para o recipiente apropriado. Para projetos CAPEX, esta realocação é para os Recursos fixos ou para um AUC. Regras de repasse precisam ser compreendidas para assegurar sua relevância continuada e a atribuição acurada de custos na planilha de balanço.

Termos Chaves para Projetos de Recursos

Os seguintes termos são usados no SAP para identificar processos específicos, objetos ou elementos mestres de dados usados na criação de um Recurso:

Termo	Descrição
Aplicador	Pessoa que efetua uma requisição de orçamento de capital, freqüentemente um gerente ou contador do projeto.
Requisição de Verba	Mecanismo dentro da medida de investimento para requisitar fundos de investimento. A requisição de reserva mantém todos os detalhes da proposta de projeto/investimento e é submetida ao sistema com os detalhes do projeto anexados. O Fluxo de Trabalho é usado para levar a requisição ao aprovador. Quando a requisição de reserva é aprovada e liberada, uma Medida de Investimento é definida.

36 SAP - Manual do Sistema de Projetos

Termo	Descrição
Mestre de Recurso	Registro definido na Contabilidade do Recurso para acompanhar o gasto e a depreciação de recursos fixos no registro de recurso.
Recurso em Construção (AUC)	Recurso em Construção é um registro mestre de recurso especial para coletar despesas com capital despendido onde o recurso fixo não é capitalizado e depreciado de imediato. O Recurso em Construção registra despesas na planilha de balanço, mas não será criado como um registro de recurso fixo depreciável até que o recurso esteja comissionado.
Registro de Equipamento	Registros mantidos na Manutenção de Planta (PM) contendo todos os detalhes, incluindo localização e valor de uma parte de um equipamento. Há uma ligação de um-para-um entre um registro de equipamento e um registro de recurso, ambos referindo-se um ao outro. O fluxo de trabalho pode notificar o PM para criar um registro de equipamento quando um registro de recurso tiver sido criado.
Gerenciamento de Investimento (IM)	O módulo de Gerenciamento de Investimento no SAP R/3. Usado para planejar gastos com investimento, gerenciar a verba de fundos, controlar gastos e monitorar orçamento versus real. O IM é altamente integrado com os módulos Sistema de Projeto (PS) e Finanças (FI) do SAP R/3.
Medida de Investimento	Usada para coletar gastos reais com projetos de capital e custos de instalação e serviço para venda de equipamento. Medidas de Investimento são ligadas à hierarquia de gerenciamento de investimento para auxiliar o controle orçamentário.
Posição de Investimento	O menor nível da hierarquia de investimento normalmente no nível de centro de lucro ou de custo. Medidas de investimento, ou seja, projetos, são atribuídos a posições de investimento.
Programa de Investimento	O programa de investimento representa uma hierarquia de custos planejados e orçados de gasto de capital. Normalmente há um programa de IM por unidade de negócio, mas isto não é, de forma alguma, uma restrição.
Ordem de Serviço	Ordens de serviço são usadas para coletar custos associados à venda de equipamentos, por exemplo, a instalação e prestação de serviços de recursos mantidos nas dependências do cliente. Ordens de serviço são parte do módulo de Gerenciamento de Serviço do SAP. Ordens de serviço são mantidas como medidas de investimento na hierarquia de investimento e são emitidas através da aprovação de requisições de verba da mesma forma que outros projetos de capital.
Repasse	O processo periódico de realocação de custos de um elemento WBS para um recipiente apropriado, tais como um Recurso Fixo ou um Recurso Em Construção.
Variante	Alternativa para completamento de um investimento proposto variações técnicas e financeiras.

O uso de todos os termos precedentes pode ser visto como um modelo integrado na Figura 3-2.

Capítulo 3: Métodos e Estilos

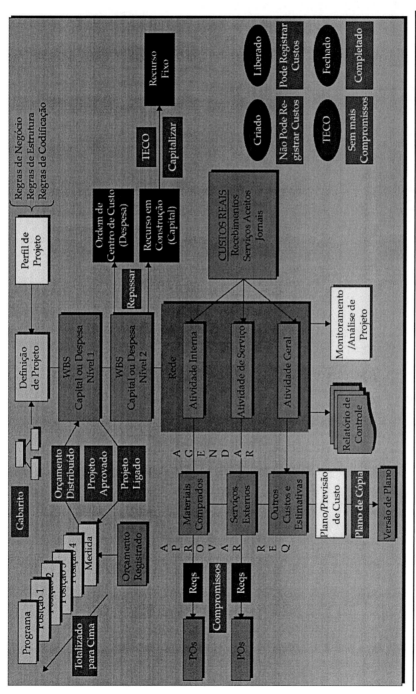

Figura 3-2 Fluxo de processos integrados para Projetos de Recursos

38 SAP - Manual do Sistema de Projetos

Passos Detalhados para Processo de Recurso

Os passos transacionais a seguir são os mais prováveis no processo de criação de Recurso:

Passo	Código T
Criar requisição de verba para projeto de capital	IMA11
Aprovar requisição de verba	IMA11
Planejar a partir de requisições de verba	IMAPL
Criar medida de investimento	IM12
Repôr requisição de verba com medida	IM05
Planejamento de gerenciamento de investimento	IM35
Determinar valores padrões do plano a partir do projeto	IM34
Criação de orçamento	IM32
Converter plano para orçamento em programa de investimento	IM44
Processar a distribuição do orçamento para medidas de investimento	IM52
Atualizações de orçamento	IM32
Suplemento de orçamento para o programa de investimento	IM30
Retorno de orçamento no projeto	CJ34
Suplemento de orçamento no projeto	CJ37
Construtor do projeto manter dados mestres do projeto	CJ20N
Planejamento do projeto	CJ40
Redistribuir plano do projeto	IM34
Redistribuir orçamento do projeto	CJ30
Construtor do projeto liberar o projeto	CJ20N
Registro em livro caixa geral	FB01L
Criar recurso e entrar regra de repasse no elemento WBS	CJ20N
Repasse real do projeto: processamento individual	CJ88
Repasse real do projeto: processamento coletivo	CJ8G
Fechar projeto	CJ20N
Fechar tecnicamente e fechar projeto (construtor do projeto)	CJ20N

Como auxílio na compreensão da Configuração, a Figura 3-3 mostra os relacionamentos dos objetos chaves entre o IM e o PS.

Projetos de Clientes

O PS pode ser usado para gerenciar a venda de qualquer coisa. Se você estiver construindo algo que, depois de pronto, estará vendendo a um Cliente, você pode fazê-lo de uma dentre duas maneiras, como descrito nas próximas seções.

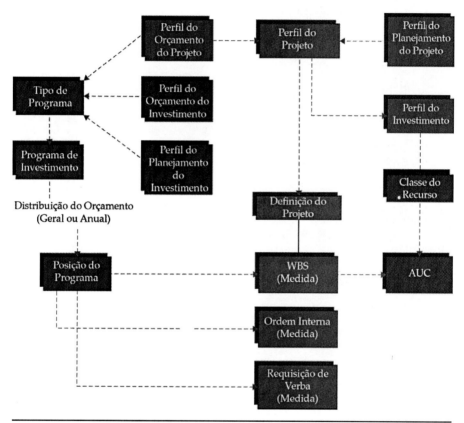

Figura 3-3 Relacionamentos dos objetos chaves (PS/IM)

Projeto de Cliente com Processamento de Montagem

Você pode criar uma cotação que leva a uma Ordem de Vendas contendo Material Configurável como Itens de Linha. Isto gerará, automaticamente, um Projeto e, em seguida, dispara automaticamente a criação de Reservas de Material ou Requisições de Compra e Ordens de Compra (do Estoque ou de um terceiro). Em conjunto com isto, você pode disparar uma requisição para manufatura de seus itens Configuráveis. A parte que toca ao projeto neste processo é gerenciar o agendamento básico do ciclo de

40 SAP - Manual do Sistema de Projetos

aquisição e não a manufatura em si (isto é feito em Planejamento de Produção [PP]). A Cobrança do Cliente também é realizada a partir do Projeto com base em Demarcações, que foram usadas para criar um Plano de Cobrança na Ordem de Vendas, quando o projeto foi inicialmente criado. Tenha cuidado com certas limitações na CN08 - principalmente que o número do material é a chave e você pode ter apenas um. Da mesma forma, só é possível ter-se uma WBS Padrão. A Figura 3-4 descreve o processo envolvido no uso do Processamento de Montagem para gerar um projeto.

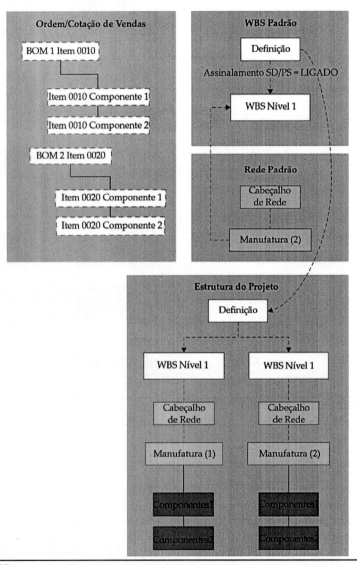

Figura 3-4 Processamento de montagem

Capítulo 3: Métodos e Estilos 41

Dica: Um Projeto é automaticamente gerado a partir de uma Ordem de Vendas quando Materiais no Item de Linha forem "Alocados" na transação **CN08**. Isto determina qual estrutura WBS será usada como base para a criação do projeto, que também foi ligado a uma Rede Padrão. Em virtude do Assinalamento SD/PS estar LIGADO na Definição do Projeto Padrão, uma perna WBS é criada para cada Item de Linha da Ordem de Vendas, incluindo Redes similares. Se o Assinalamento do SD/PS estivesse DESLIGADO, apenas uma perna WBS com um Cabeçalho de Rede seria criado, mas haveria múltiplas Atividades. Para tornar este processo mais flexível, você pode usar o campo "Classe" na CN08 para identificar uma característica. Então, durante a criação de Ordem de Vendas (VA01) você pode completar valores (por exemplo, Planta), que podem ser transferidos para a Atividade de Rede subseqüente, através de "Dependências de Objeto" na Rede Padrão.

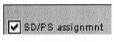
Copyright by SAP AG

Projeto de Cliente com Vendas Diretas

Você pode criar um Projeto, realizar Planejamento Fácil de Custos para WBSs e fazer o PS automaticamente Executar a aquisição/reserva de vários itens que compõem a venda, e depois criar um Documento de Vendas (Ordem de Cotação ou de Vendas). Isto se consegue pelo uso de Perfis de DIP (Processador Dinâmico de Item). Normalmente, para este cenário, você usaria o que é chamado de Materiais de Serviço, na Ordem de Vendas (materiais que não são físicos, apenas uma descrição do que você está vendendo). Você pode, então, simplesmente cobrar o cliente com base num valor demarcado de seus Custos Planejados (Cobrança Relacionada à Ordem). Alternativamente, você poderia cobrar o cliente com base nos recursos que você usou o que é chamado RRB (Cobrança Relacionada a Recurso) e, novamente, o Perfil de DIP é usado de uma forma ligeiramente diferente para consegui-lo através da transação DP91. O repasse de projetos baseados em Vendas comumente inclui o uso de Análise de Resultados. Isto é um processo que popula os Segmentos de Lucratividade, que são, então, repassados como normais.

Projeto de Serviço

Estes são projetos que existem com o propósito de prestar serviço a equipamento que possa estar numa dependência do cliente (ou mesmo em suas próprias dependências). Com toda a honestidade, você mais provavelmente se engajaria nos serviços do módulo CS (Serviços ao Cliente) do SAP em conjunto com o PM (Manutenção de Planta). Mas você pode facilmente simular partes dessa facilidade criando um projeto que tem uma estrutura representando as várias partes de equipamento que você está gerenciando. É um pouco como um projeto baseado em Vendas, mas você conectaria Ordens PM à WBS ou à Rede. Os custos planejados podem ser vistos pelo projeto e custos reais podem ser repassados para o projeto. A cobrança do cliente poderia utilizar o RRB, onde Planilhas de tempo CATS e outros custos reais podem ser transferidos para a nota do cliente com uma sinalização.

Trabalhando com Materiais

Materiais (como definido em MM - Gerenciamento de Materiais) são identificados pelo uso de um Número de Material. Os vários valores dos dados mestres e ajustes de configuração de um material determinarão seu comportamento dentro de um projeto.

Se o **Custeio de Unidade** (UC) é usado, Materiais são entrados para uma WBS na Visão de Item. Se Atividades de Custo Geral estão sendo usadas para Planejar, você pode acessar o Custeio de Unidade a partir do Construtor de Projeto, através do ícone mostrado aqui.

Se o **Planejamento Fácil de Custo** (ECP) é usado, são entrados para uma WBS na Visão de Item (não há muita diferença entre UC e ECP). O ECP é mais amigável para o usuário por causa dos Modelos de Custo, mas não distribui os custos ao longo do tempo. Também, com o ECP você trabalha exclusivamente dentro do Construtor de Projeto.

Copyright by SAP AG

Se **Redes** são usadas, Materiais são entrados para uma Atividade de Rede na visão do Componente Material.

Além disso, se o **SRM** (Gerenciamento de Relacionamento de Suprimento) é usado, você pode dar entrada no material através do Catálogo, que pode ser acessado usando este ícone na tela de Visão Geral do Componente:

Copyright by SAP AG

Capítulo 3: Métodos e Estilos 43

Estes são os únicos métodos pelos quais você pode planejar os materiais diretamente em um projeto.

Em todos os casos, é possível controlar processos subseqüentes, tais como criação de uma Reserva, Requisição de Compra e Ordem de Compra.

Os seguintes dados de Material têm efeito no que acontece ao material nos projetos:

• **Categoria do Item** (Mais comumente L=Item de Estoque, N=Item não de Estoque) Este determinará se uma Reserva ou Requisição será subseqüentemente criada.

• **Indicador de Aquisição** (Configurado no OPS8) Este contém a Categoria padrão do Item, a Prioridade e os ajustes de Controle.

• **Registro de Informação de Compra** Este contém a informação fonte da aquisição de um material específico e de um vendedor específico.

• **Acordo de Delineamento** Às vezes a organização compradora tem contratos de longo prazo ou acordos de agendamento com fornecedores para o suprimento de materiais ou serviços. Especificando-os, direciona o MRP para usar o contrato/acordo.

Considere o uso do ProMan (Transação CNMM) para tornar o trabalho de gerenciamento do ciclo de aquisição mais fácil.

Reservas Ativas são removidas quando um projeto é Tecnicamente Fechado (Status de Sistema TECO).

Estoque do Projeto

"O Estoque do Projeto é criado automaticamente para identificar em quantidade e valor todos os Materiais assinalados para Planejamento. Ele é opcional para gerenciar fisicamente o estoque do projeto de um local de armazenamento para outro" (*há um importante ponto de sincronização com PP, MM, FI e CO, porque o Estoque do Projeto pode ter impacto nas requisições de Materiais para as Ordens de Produção, Gerenciamento de Inventário e registros de FI. Os custos resultantes nos Estoques do Projeto ou nos Projetos devem ser vistos em concordância com o CO*).

Uma Entrada de Estoque credita Valor de Estoque de Projeto e uma Saída de Estoque debita Valor de Estoque de Projeto. Uma Saída de Material de Cliente reduz o Valor de Estoque de Projeto e registra um Custo Real no Projeto.

Para Material Comprado

- Requisições de Compra e Ordens de Compra gerarão um compromisso num projeto.

- Recebimento de Bens e Notas atribuirão valor ao Estoque de Projeto se a WBS estiver ajustada para Estoque de Projeto apreçado.

- Dados Reais serão registrados quando o Material for entregue ao Cliente.

Para Material Manufaturado

- Requisição gera compromisso.

- Recebimento de Bens apreçarão o Estoque de Projeto se a WBS estiver ajustada para Estoque de Projeto apreçado.

- Dados Reais serão registrados quando o Material for entregue ao Cliente.

Para Material Estocado

- Saída de Estoque apreçará o Estoque de Projeto se a WBS estiver ajustada para Estoque de Projeto apreçado.

- Dados Reais serão registrados quando o Material for entregue ao Cliente.

De uma forma geral, os Materiais necessários para uma Ordem de Produção são gerenciados através de MRP. O MRP cria uma Proposta de Aquisição que é transformada em uma Requisição de Compra.

Às vezes isto não pode ser feito porque o Tempo Guia de Aquisição para o Material é mais longo que o Tempo Guia do MRP.

Neste caso, uma Aquisição Antecipada (tempo guia longo) deve ser criada antes que exista a Ordem de Produção. Quando a Ordem de Produção é criada, o MRP leva em conta a Requisição de Compra e não cria uma nova Proposta de Aquisição.

Quando o Material é recebido, ele é entrado no Estoque de Projeto. Quando ele é usado pela Ordem de Produção, os Custos são repassados para o Projeto.

Capítulo 3: Métodos e Estilos **45**

Trabalhando com CRM

CRM (Gerenciamento de Relacionamento com o Cliente) é uma ferramenta gerenciada externamente que "replica" informação De e Para o SAP. Ela opera numa instância separada do SAP sob a Suíte de Negócios mySAP. Este guia não cobre a implementação de CRM, apenas um dos pontos principais de integração que é útil para o PS (Campanhas).

Sendo uma ferramenta orientada ao Cliente, o CRM trabalha melhor com SD (Vendas e Distribuição) na área de Cotações, Ordens de Vendas e Documentos de Vendas em geral. Por exemplo, Cotações criadas no CRM (que contêm informação adicional não encontrada no SAP) podem ser replicadas no SAP de forma transparente.

O CRM proporciona Campanhas de Marketing - que permitem a possibilidade de se ter Projetos criados automaticamente a partir de uma estrutura de Campanha de Marketing que foi criada no CRM. Este processo é útil se você quer gerenciar projetos cuja criação não depende de ferramentas tais como a CJ20N ou a CJ01 e podem estar sob o controle de pessoas que não são necessariamente gerentes de projeto. Os projetos criados podem ser para uso simples, como coleta de custos. O CRM é capaz de enviar Custos e Orçamentos Planejados para os projetos.

Falta dizer que toda a configuração normal do PS deve ser realizada antes da criação de Projetos via CRM - normalmente, você teria de configurar:

- Perfil do Projeto (note: o CRM só pode referenciar um Perfil de Projeto)
- Tipo de Projeto
- Pessoas Responsáveis
- Perfil de Planejamento
- Perfil de Orçamento
- Tolerâncias do Controle de Disponibilidade

46 SAP - Manual do Sistema de Projetos

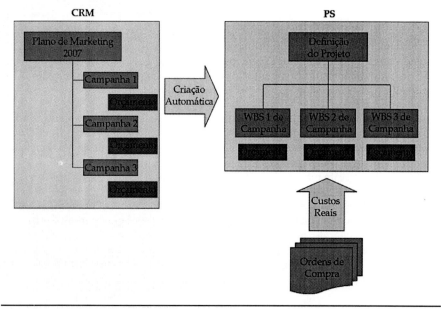

Figura 3-5 Integração PS/CRM

- Máscara de Codificação
- Regras de Repasse
- Definição de Projeto e Seleções de Campos de WBS
- Perfis e Tipos de Rede se você pretende realizar agendamento de tarefas

Uma coisa que você deve considerar é que o CRM criará uma nova Definição de Projeto e WBS cada vez que você liberar a Campanha. Além disso, ele não utiliza a facilidade de "número aberto" do PS para criar o projeto - ele usará o número assinalado da Campanha (que pode ser automático do ponto de vista do CRM, mas não do PS). Para fazer com que a numeração funcione apropriadamente, entretanto, você deve criar uma Máscara de Codificação de Projeto no CRM, que deve corresponder àquela configurada no PS.

A Figura 3-5 mostra o que pode ser uma forma padrão de integração de Projetos com o CRM.

Capítulo 3: Métodos e Estilos 47

A Figura 3-5 serve apenas para ilustrar a forma como o CRM criaria uma estrutura de projeto. Cada nó no CRM poderia potencialmente criar uma WBS; entretanto, ele só o fará se você disser ao CRM para fazê-lo, liberando-o.

Resumo

A decisão do estilo de seus projetos depende enormemente do resultado que você busca - se você está criando Recursos para o negócio, cobrando Clientes, manufaturando algo, acompanhando custos, e assim por diante. Todos estes resultados podem ser combinados em um único tipo de projeto se você desejar - assim, você teria que ser bastante experiente para saber de quais Características você pode precisar, o que nos leva ao próximo capítulo - entendendo e escolhendo as características que você poderia usar.

CAPÍTULO 4
Características do Sistema de Projeto

O PS tem muitas características que você pode usar para desenvolver um Programa para um cliente. Elas são os blocos que formam a base do seu esquema. As páginas a seguir explanam os elementos que o PS oferece para o gerenciamento de um projeto. Para auxiliá-lo na busca de onde configurar e operar estas características, referências de transações são fornecidas após a descrição de cada característica, posteriormente neste capítulo.

O PS pode ser dividido em vários "elementos de trabalho" progressivos. Em suma: você precisa de uma Estrutura, de modo a Planejar Custos e Recursos, que pode ser a base para um Orçamento. Para agendar e marcar o Tempo de Trabalho a ser feito, você precisa de Datas e Recursos, que podem ou não ter uma Capacidade para realizar o trabalho. Se você quiser ser pago pelo que fabrica ou vende, você precisa de um Plano de Ganhos. Quando você estiver pronto com o seu Planejamento, você segue em frente e Executa o projeto mudando seu Status. Periodicamente, você monitora seu Progresso e Repassa seus Reais para o devido recipiente Financeiro de forma que o projeto "irradie" seus valores.

LEMBRE-SE: *Projetos são um repositório temporário para Custos e Ganhos. Eles têm uma duração definida e estão sujeitos a fechamento quando todo o trabalho é completado, mas não podem ser fechados se eles ainda tiverem valores não repassados.*

Elementos Estruturais

Máscaras de Codificação
Perfis de Projeto
Definição de Projeto
Elementos WBS
Gabaritos
Demarcações
Redes
Ordens Internas
Anexos e Texto de PS

Planejamento de Custo/Recurso

Planejamento de Custo de Estrutura (WBS)
Planejamento Detalhado de Custo (WBS)
Planejamento Detalhado de Custo (Rede)
Planejamento Fácil de Custo (WBS)
Perfis de DPI
Versões de Plano (CO)
Figuras Chaves Estatísticas
Excedentes (CO)
Categorias de Valores

Orçamento

Em Projetos
Em Programas de Investimento
Controle de Disponibilidade

Planejamento de Tempo e Capacidade

Datas em WBS
Agendamento em Redes
Centros de Trabalho e Tipos de Atividade
Planejamento de Força de Trabalho

Planejamento de Ganhos

Planejamento de Estrutura de Ganhos
Planejamento Detalhado de Ganhos
Ordens de Vendas (SD)

Execução

Gerenciamento de Status
Reais
Simulação
Versões

Capítulo 4: Características do Sistema de Projeto **51**

Término de Período
Repasse
Término de Período
Progresso
Arquivamento
Cobrança

Elementos Estruturais

Um projeto não pode existir sem uma estrutura. No mínimo, você precisa de uma Definição de Projeto, além de, pelo menos, uma WBS. Estes dois elementos são o que forma a base de um projeto. Estender o seu projeto para incluir Redes torna-o mais complexo e usualmente significa que você precisa de agendamento e manipulação complexa de material. Entretanto, algumas implementações usam apenas as WBSs para planejar e capturar custos. Em todos os casos, é bom (embora não obrigatório) ter um método pelo qual sua estrutura WBS é reconhecida pelos seus vários níveis - daí as Máscaras de Codificação.

Dependendo da implementação, uma máscara que contém inteligência (ou seja, contém números e letras que significam alguma coisa para o negócio) pode não ser a melhor abordagem, uma vez que freqüentemente a codificação se torna redundante com o tempo.

Máscaras de Codificação: Como os Números do Projeto são Codificados

Máscaras de Codificação são importantes, como se segue, se você precisar ter alguma inteligência na forma como a sua Definição do Projeto e seus Elementos WBS aparecem para o usuário:

- Pode haver muitos.

- Eles podem refletir a estrutura de um projeto.

- Eles podem controlar a identificação do projeto.

- Eles apenas se relacionam às Definições de Projeto e Elementos WBS.

- Eles determinam que caracteres especiais são permitidos para separar a visão da estrutura.

- Eles não estão conectados a Perfis - a "ID do Projeto" usada nos projetos Operacionais ou Gabaritos determinam a máscara.

- Máscaras diferentes podem ser usadas com um ou muitos Perfis de Projeto.

NOTA: *Esta informação é dada para lhe auxiliar a localizar pontos de configuração e onde a funcionalidade pode ser encontrada na operação do PS. Não é sempre claro onde uma ou outra é encontrada, porque a funcionalidade pode estar embutida numa transação, portanto, use-a apenas como um guia.*

Personalização:	OPSK, OPSJ
Operação:	CJ20N

Perfis de Projeto : Como um Projeto Deve se Comportar: O que é permitido fazer

Um Perfil de Projeto é mandatório quando da criação de um projeto:

• Só pode haver um por projeto.

• Eles contêm os parâmetros de controle usados em um projeto: Regras de Negócio, Ajustes Organizacionais, e assim por diante.

• Eles influenciam o comportamento de um projeto provendo informação padrão.

Eles transportam "sub-perfis" que influenciam ainda mais um projeto:

• Perfil de Versão

• Perfil de Planejamento

• Perfil de Orçamento

• Perfil de Investimento

• Perfil de Status

• Perfil de Simulação

• Perfil de Rede

e assim por diante.

Personalização:	OPSA
Operação:	CJ20N

Capítulo 4: Características do Sistema de Projeto 53

Definição de Projeto: O que são os padrões de um projeto

Quando um projeto é criado pela primeira vez, todos os ajustes do Perfil de Projeto são copiados na Definição de Projeto:

- Ele não pode planejar Custos ou Ganhos.
- Ele não pode ter Custos ou Ganhos registrados para si.
- Ele é o "Cabeçalho" do Projeto.
- Só pode haver uma única Definição de Projeto para um projeto.
- Elementos WBS criados subseqüentemente sempre herdarão dados chaves organizacionais e de perfil da Definição do Projeto (mas estes podem ser mudados manualmente).

Personalização:	OPSA
Operação:	CJ06, CJ20N

Elementos WBS (Estrutura de Detalhamento de Trabalho): A estrutura hierárquica

Uma Estrutura de Detalhamento de Trabalho representa o relacionamento estrutural que elementos de trabalho de um projeto têm entre si:

- É um modelo do trabalho a ser realizado em um projeto numa estrutura hierárquica.
- Forma a base para organização e coordenação em um projeto.
- Transporta as datas associadas com um pacote de trabalho.

Estruturas de Detalhamento de Trabalho podem ser representadas de diversas formas:

- Orientada pela Lógica de acordo com a FASE (Planejar, Definir, Adquirir, e assim por diante).
- Orientada pela Função de acordo com a FUNÇÃO (Engenharia, Construção, Comissão, Suporte, e assim por diante).
- Orientada pelo Objeto de acordo com os objetos FÍSICOS (Recurso, Componentes de Recurso, e assim por diante).
- Elementos WBS podem ter custos planejados e registrados para si.

- Elementos WBS podem ter ganhos planejados e registrados para si.
- Elementos WBS podem ter um Orçamento controlado.

Personalização:	OPSA
Operação:	CJ01, CJ11, CJ20N

Gabaritos: Que aparência um projeto deve ter

Um gabarito é uma estrutura neutra que pode ser usada para padronizar estruturas WBS, Redes e Demarcações:

- Gabaritos são Dados Mestres.
- Você pode ter muitos gabaritos para refletir diferentes cenários de projetos.
- Gabaritos de Projeto e de Rede contêm um Perfil de Projeto ou de Rede.
- Gabaritos podem conter regras de negócios inerentes.
- Gabaritos não são mandatórios (a menos que você esteja usando Processamento de Montagem), mas se você tiver estruturas complexas comuns, eles ajudam a manter a consistência.
- Projetos Operacionais e suas Redes podem ser usados como gabaritos, mas estão inclinados a herdar erros na estrutura.
- Com o Processamento de Montagem, Projetos são criados em segundo plano a partir de uma Ordem de Vendas, assim você deve ter WBSs Padrões e Redes Padrões.
- Gabaritos de Demarcação (Demarcações Padrões) podem ser anexadas a WBSs Padrões e Redes Padrões.
- Gabaritos padrões não contêm Regras de Repasse.

Personalização:	OPUI, OPUH
Operação:	CJ92, CN02

Capítulo 4: Características do Sistema de Projeto   **55**

Demarcações: Coisas que um projeto deve lembrar de fazer

Demarcações contêm datas e funções que podem ser disparadas no futuro:

- Elas podem ser anexadas a uma WBS ou a uma Rede (com uma funcionalidade ligeiramente diferente).
- Em sua forma mais simples, Demarcações podem ser datas de lembrete.
- Em sua forma mais complexa, Demarcações podem ser usadas para:
- Disparo automático de Cobrança de Cliente (por Percentagem ou Quantia).
  - Pré-ajustar o Plano de Cobrança de Cliente (por uma quantia definida).
  - Disparo automático de eventos subseqüentes, tais como a liberação de uma Atividade de Rede relacionada.
  - Demarcações podem disparar uma mensagem de Fluxo de Trabalho para lembrar um evento ao destinatário.
- Demarcações formam a base da função de relatório "Análise de Tendência de Demarcação" do SAP.
- Quando o Processamento de Montagem é usado para criar projetos automáticos e existem Demarcações nas Redes Padrões, o Plano de Cobrança de Ordem de Vendas é automaticamente criado.
- A Cobrança é sensível às Categorias de Datas configuradas em Demarcações:
  - Por Porcentagem
  - Por Quantia

Personalização:	OPSR, OPT6
Operação:	CN11, CJ20N

Redes (Parte 1): Como dar conta de tarefas de uma forma, ordem e período de tempo específicos

Redes são usadas para prover o agendamento de atividades num projeto:

- Diferentemente dos Elementos WBS (que podem apenas ser conectados de forma linear), as Atividades de Rede podem ser conectadas umas às outras usando dependências especiais, chamadas regras de "Início/Término".

- Redes têm uma estrutura de três camadas:
    - Cabeçalho de Rede
    - Atividade de Rede
    - Elemento de Atividade

- Redes são identificads por um número único.

- Atividades de Rede são identificadas por Número de sua Rede proprietária mais um número seqüencial. Elementos de Atividade são identificados por mais um número seqüencial.

- Redes não são "efetivas" até que sejam liberadas.

Personalização:	OPUU, OPSC, OPUV, OPSU, OPU6
Operação:	CN21, CJ2D, CJ20N

Redes (Parte 2): Que materiais e recursos são necessários para dar conta de uma tarefa

Atividades de Rede podem realizar um número de tarefas complexas:

- Planejar/Receber Custos.
- Ordenar/Reservar Materiais e Serviços.
- Reservar Recursos.
- Agendar tarefas.
    - Há três tipos de Atividade, além de ajustes especiais para Serviço:
    - Interna para planejamento de recursos internos, tais como trabalho

Capítulo 4: Características do Sistema de Projeto **57**

- Externa - para planejamento de Serviços ou Contratos adquiridos externamente
- Custo Geral - para planejamento pelo Elemento de Custo
- Serviço - para planejamento de Serviços (por exemplo, Empreiteiras)
- Tipos de Atividade são anexadas a Redes usando-se Chaves de Controle.
- Sub-redes são outros tipos de Ordens (tais como Ordens de Manutenção ou de CS) que foram manualmente assinaladas para uma WBS ou Rede.

Personalização:	OPUU, OPSC, OPUV, OPSU, OPU6
Operação:	CN21,CJ2D, CJ20N

Redes (Parte 3): Atividades Internas - Planejamento de Recursos Internos

- Atividades Internas são definidas por Chaves de Controle. Usualmente, elas utilizam dois objetos para torná-las efetivas:
    - Centro de Trabalho - para Planejamento de Capacidade
    - Tipo de Atividade - para apreçamento de recursos
- Centros de Trabalho são objetos gerenciados independentemente. Eles podem ser um indivíduo, um grupo de pessoas, ou uma peça de equipamento. Existem para ajudar a gerenciar "Capacidades" e transportar toda a informação necessária para se determinar Capacidades disponíveis e para prover o nivelamento de Capacidade.
- Tipos de Atividade são objetos gerenciados independentemente. Pertencem a Centros de Custo. São anexados a uma "Agenda de Apreçamento", significando terem um custo planejado por unidade (que pode ser uma Unidade padrão de Medida).
- Quando Centros de Trabalho e Tipos de Atividade são usadas em conjunto, eles efetivamente "Planejam o Recurso" e "Planejam o Custo" ao mesmo tempo.
- Custos associados com uma Atividade de Rede agregam-se à WBS para a qual eles foram assinalados.
- Atividades Internas podem ter em anexo um conjunto de Componentes ou BOMs (Contas de Materiais).

58 SAP - Manual do Sistema de Projetos

Personalização:	OPUU, OPSC, OPUV, OPSU, OPU6
Operação:	CN21, CJ2D, CJ20N

Redes (Parte 4): Atividades Externas - Planejando Recursos Externos

Atividades Externas são a base para recursos adquiridos externamente, incluindo Serviços e Contratos. Elas são definidas por Chaves de Controle.

- Atividades Externas podem ter em anexo um conjunto de Components (Materiais) ou BOMs (Contas de Materiais).

- Custos associados com uma Atividade Externa agregam-se à WBS para a qual são assinalados.

- Quando "Liberadas", Atividades Externas disparam eventos:

    - Uma Requisição de Compra se o Componente Material é "Não de Estoque" (torna-se um compromisso).

    - Uma Reserva se o componente material é "de Estoque" (custo assinalado).

    - Uma Reserva é cancelada quando uma Rede de Atividade é "Tecnicamente Fechada".

    - Uma Requisição/Ordem de Compra permanece aberta quando uma Atividade de Rede é "Tecnicamente Fechada".

- Algumas Atividades Externas são "Serviços". Serviços são vistos como sendo consumidos no momento de sua realização. Eles não podem ser armazenados ou transportados, por exemplo, trabalho de construção, serviços de limpeza, serviços legais.

- Elas podem ter um Custo Total Planejado preliminar que é reduzido à medida que e quando componentes materiais são adicionados.

Personalização:	OPUU, OPSC, OPUV, OPSU, OPU6
Operação:	CN21, CJ2D, CJ20N

Capítulo 4: Características do Sistema de Projeto **59**

Redes (Parte 5): Atividades de Custo Geral - Planejando custos não especificados

Atividades de Custo Geral são a forma mais simples de custeio em Redes. Elas são definidas através de Chaves de Controle:

- Transportam uma Quantia na moeda selecionada.
- Requerem um Elemento de Custo para determinar que tipo de custo está sendo planejado.
- Podem ter anexado um conjunto de Componentes ou BOMs (Contas de Materiais).
- Por si mesmas, não geram quaisquer Documentos de Compra. Entretanto, se Componentes Materiais forem anexados, eles o farão.

Personalização:	OPUU, OPSC, OPUV, OPSU, OPU6
Operação:	CN21, CJ2D, CJ20N

Redes (Parte 6): Componentes Materiais - Planejando Materiais

Componentes Materiais representam os materiais físicos que você precisa planejar dentro de uma Atividade:

- Componentes podem ser adicionados a qualquer Atividade.
- Não há restrições quanto à quantidade de materiais que você tem.
- Formam a base de toda Aquisição de seu Projeto (a menos que você esteja usando o Planejamento Fácil de Custo).
- Contêm os métodos pelos quais o MRP ordenará os materiais.
- Podem ser de estoque ou não.
- Cada Componente Material pode disparar uma Reserva/Requisição.
- Formam a base do Planejamento de Custo do Projeto de Material.
- Todos os Componentes Materiais pertencem a uma Atividade por vez.

Personalização:	OPUU, OPSC, OPUV, OPSU, OPU6
Operação:	CN21,CJ2D, CJ20N

Ordens Internas: Objetos que podem ser assinalados a uma estrutura de projeto

Ordens Internas (IOs) são "Independentes do Projeto", a menos que sejam assinaladas a uma WBS ou Atividade de Rede. Comportam-se de maneira similar a um Elemento WBS simples, com as seguintes exceções:

- Não têm uma estrutura e não são hierárquicas.
- Não podem ser agendadas e não são orientadas pelo tempo.
- Há três tipos de IO:
    - Tipo 1 de Controle
    - Tipo 2 - Cálculo Contábil
    - Tipo 3 - Ordem Modelo
- IOs podem ter custos planejados e registrados para elas.
- IOs podem ter ganhos planejados e registrados para elas.
- IOs podem ter um orçamento controlado.
- IOs podem ser repassadas.

Personalização:	KOT2_OPA
Operação:	K004

Anexos e Texto de PS: Anexos à Estrutura do Projeto

Anexos podem ser feitos a elementos WBS e a Atividades de Rede. O SAP também permite anexação de Texto Padrão, chamado de Texto PS:

- Documentos
    - Documentos são simples "hiperlinks" ou referências de URL.

Capítulo 4: Características do Sistema de Projeto

- Podem ser de qualquer tipo de extensão Word, Excel, Access, e assim por diante.

- Podem ser muitos.

- Você pode, também, criar uma "Anotação Particular" como um anexo não "hiperligado".

- Você pode "Enviar" documentos e mensagens para outros usuários.

- Texto PS

    - É predefinido com uma descrição.

    - Pode ser anexado a uma WBS.

    - Pode ser assinalado a um Gabarito para inclusão automática em um Projeto.

Personalização:	OPS3
Operação:	CJ20N

Planejamento de Custo e Recurso

Qualquer planejamento que você possa realizar é determinado pela quantidade de detalhe de que você precisa. Do ponto de vista do Custo, o planejamento pode ser tão simples quanto entrar um valor planejado para uma WBS. Mais detalhes são conseguidos pela especificação de onde, exatamente, os custos podem ocorrer (Elemento de Custo) e exatamente quantas Unidades você quer planejar (Custeio de Unidade). Mais detalhes ainda podem ser aplicados pelo planejamento num nível de Rede por Material e, depois, integrando-o com o CO, de forma que os Centros de Custo fontes sejam informados.

O Planejamento de Recurso é principalmente sobre as pessoas (ou cargos) que você pode querer planejar através dos Centros de Trabalho e Tipos de Atividade. Este tipo de planejamento opcionalmente envolve Planejamento de Capacidade, em que você pode compartilhar recursos de um outro departamento.

Além disso, você pode querer planejar valores onde não há qualquer custo envolvido, apenas um valor que representa volumes ou quantidades baseado em Unidades de Medida. Estes tipos de planos podem ser usados para gerar Notas do Cliente através de Figuras Chaves Estatísticas.

Lembre-se de que todos os totais dos dados do planejamento são mantidos em Versões de Plano para o objeto relevante (WBS e Rede).

Planejamento de Custo de Estrutura via WBS: Entrada direta de custos para uma estrutura WBS, sem se considerarem os Elementos de Custo

Estes são Custos associados com a WBS como um todo.

- Planejamento de Custo de Estrutura é a forma mais simples de planejamento de custo.

- É independente de elementos de custo.

- Valores do plano entrados hierarquicamente para se estimar os custos esperados para um projeto.

- Geralmente um "Copião" - no sentido de que quando mais detalhes forem conhecidos, você provavelmente será mais preciso e passará para o Planejamento Detalhado de Custo.

- Podem ser entrados para qualquer WBS (a menos que a configuração no Perfil de Plano diga o contrário).

- O planejamento é geralmente de baixo para cima, no sentido de que os custos são agregados desde a WBS de nível mais baixo para cima, automaticamente.

- Podem ser "integrados" com o Controle.

Personalização:	OPSB
Operação:	CJ40

Planejamento Detalhado de Custo via WBS: Planejamento de Custos para uma WBS no nível de elemento de custo

- Custos associados com a WBS, mas divididos entre os Elementos de Custo (por exemplo, Trabalho, Materiais, Viagem, etc.).

  - O planejamento de custo por elemento de custo é usado quando uma informação precisa se torna disponível.

Capítulo 4:   Características do Sistema de Projeto   **63**

• Cobre o planejamento de custos primários, capacidades a serem tomadas e figuras chaves estatísticas por elemento de custo.

• O planejamento de custo de WBS pode ser aplicado a qualquer Versão de Plano de CO.

Personalização:	OPSB
Operação:	CJ240

Planejamento Detalhado de Custo via Rede: Planejamento de Custos para uma Atividade de Rede Usando Elementos de Custo, Materiais, Serviços ou Tipos de Atividade

• Custos associados com a Rede e calculados de uma dentre três formas:

• Custos Gerais por Elemento de Custo

• Custos Internos - por Tipo de Atividade (Trabalho e Maquinário)

• Custos Externos - por Material e Serviços

• Ao realizar o planejamento detalhado de custo no nível de Atividade de Rede, custos calculados se agregam ao Elemento WBS proprietário.

• O planejamento de custo de Atividade de Rede só pode unicamente ser aplicado à Versão 0 do Plano.

Personalização:	OPUU, OPSC, OPUV, OPSU, OPU6
Operação:	CN21, CJ2D, CJ20N

Planejamento Fácil de Custo via WBS: Planejamento de Custos para uma WBS via Custeio de Unidade, mas com o uso de Modelos de Custo para tornar a entrada de dados mais simples

Modelos de Custo precisam ser projetados para que o Planejamento Fácil de Custos (ECP) funcione.

- Modelos ECP têm três atributos:
- Características (o tipo de dados)
- Derivativas (como os custos são derivados)
- Tela de Entrada (Código HTML)

- Podem ser usados para calcular custos baseados em Unidades x Preço de Atividade ou Materiais.

- Podem transportar Elementos de Custo padrões para entrada manual de custos planejados.

- Simplificam a entrada de custos para uma WBS porque o "modelo" usado contém toda a informação de referência.

- O ECP pode ser usado apenas no Construtor de Projeto.

- O ECP não pode ser usado para Redes.

- Os itens de ECP (os custos) não são distribuídos ao longo do tempo.

- Serviços de Execução são uma extensão do ECP para a criação subseqüente de documentos tais como PRs, POs, e assim por diante.

- Os Custos Planejados em ECP se mostrarão sob o Planejamento Anual para o ano de início da WBS.

Personalização:	SPRO
Operação:	CKCM

Capítulo 4: Características do Sistema de Projeto 65

Versões de Plano: Repositórios distintos para manter seus Custos planejados em separado

Versões de Plano são projetadas para manter um histórico de versões originais e revisadas de seus custos planejados:

- Você pode ter tantas quantas quiser.

- São criadas de uma dentre duas maneiras:

    - Entrando-se diretamente os custos planejados nelas

    - Copiando-se uma versão de plano para outra

- São dependentes de "Ano Fiscal".

- A Versão 0 do Plano é reservada como plano básico e também transporta os Custos Reais.

- Redes sempre planejam para a Versão 0 do Plano.

- Planejamento Fácil de Custo pode planejar para qualquer Versão de CO.

- Versões de Plano podem ser usadas para acompanhar a POC (Porcentagem de Completamento) de um projeto.

Personalização:	OKEQ
Operação:	CJ9BS, CJ9CS, CJ9FS, CJ9C, CJ9B, CJ9F

Figuras Chaves Estatísticas (SKF): Objetos usados para Armazenamento e Planejamento de Custos ou Consumo Invisíveis

- SKFs são projetadas para transportar os valores estatísticos planejado e real (normalmente Quantidades).

- Uma vez definidas, datas e valores reais podem ser entrados para elas que são assinalados para uma WBS ou Atividade de Rede.

- SKFs são usadas apenas para propósitos de registro e não têm impacto na contabilidade.

- SKFs podem ser usadas como entradas para Cobrança SD (Cobrança Relacionada a Recurso).

66 SAP - Manual do Sistema de Projetos

- SKFs podem ser distinguidas de três formas:
- Valores não agregados
- Valores agregados
- Nível de progresso para determinação de resultado

Personalização:	KK01
Operação:	CJS2, CJK2, KB31N

Excedentes (CO): Custos adicionais calculados via Planilhas de Custeio

Os custos de excedentes planejados são baseados nos custos Planejados mais uma marcação (por porcentagem ou quantia fixa):

- Planilhas de Custeio transportam o cálculo sobre o qual custos excedentes planejados são baseados.
- Podem ser calculados com base em Elemento de Custo, Tipo de Atividade ou Material.
- Podem ser calculados para uma WBS ou uma Rede.
- São calculados instantaneamente quando os custos são planejados.
- Podem ser vistos como itens de linha separados no plano de custos.
- Planilhas de Custeio são anexadas a WBSs e Redes.

Personalização:	KZS2
Operação:	CJ20N

Categorias de Valor: Dando significado aos valores

Categorias de Valor são intervalos de Centros de Custo, Itens de Compromisso e Figuras Chaves Estatísticas. São requeridas para:

- Atualização da base de dados de informação do projeto
- Cálculo da vantagem do projeto

Capítulo 4:   Características do Sistema de Projeto   **67**

- Definição de relatórios de estrutura para custos, ganhos e pagamentos
- Atualização de quantidades na base de dados de informação do projeto RPSQT

Personalização:	OPI1
Operação:	Não aplicável

Orçamento

Uma clara compreensão de Orçamento é obrigatória quando usada no PS. Embora similar a Planejamento, ele definitivamente não é a mesma coisa. Um orçamento é usado no PS para transportar valores que são mais "definitivos" que Custos Planejados, porque representam um valor aprovado, ao invés de um valor usado para calcular o plano. Normalmente, o negócio realizaria o Planejamento e, em seguida, usaria esse Plano como base para geração de um Orçamento. Então, qualquer atividade que resulte em um "Compromisso a gastar" pode ser monitorada e pode-se atuar sobre ela com o Controle de Disponibilidade.

Orçamento em Projetos: Quando o Orçamento é controlado de dentro de um Projeto

Orçamento é o processo de transferência do Plano (normalmente Versão 0) para a área reservada no projeto para o orçamento (não é obrigatório copiar do Plano):

- Se o planejamento de custo foi, ou não, realizado no nível de WBS, o orçamento pode ser diretamente chaveado.

- Orçamentos só se aplicam a Elementos WBS (ou Ordens Internas são usadas).

- O Orçamento não tem que igualar-se ao Plano de Custo.

- Para Projetos de Capital, o orçamento pode ter sido originalmente distribuído a partir do Programa de Investimento ao qual pertence.

- O Perfil de Orçamento contém seus ajustes padrões e são estes ajustes que influenciarão o comportamento do PS.

- Um Orçamento de projeto tem as seguintes "colunas":

    - Orçamento Original

    - Orçamento Suplementar (dentro de, ou para projeto)

- Orçamento Liberado

- Orçamento Transportado

• Cada vez que um Orçamento é modificado, um registro é mantido para propósitos de auditoria.

• Quando uma WBS tem um orçamento, seu Status é ajustado para BUDG. Isto pode ser desfeito na transação OPSX, mas apenas se condições adversas forem encontradas.

• O Controle de Disponibilidade se aplica ao nível mais baixo de uma WBS ele não pode ser aplicado exclusivamente em níveis mais altos de WBS.

Personalização:	OPS9, CJBN, OPTK
Operação:	CJ30, CJ37, CJ38, CJ32, CJ3A, CJBV

Orçamento em Programas de Investimento: Quando o orçamento para todos os projetos é controlado por um programa de investimento de capital

A funcionalidade do Orçamento em programas de Gerenciamento de Investimento (IM) é quase idêntica à de orçamento em Sistemas de Projeto:

• Um Orçamento IM é efetivamente um orçamento gerenciado e distribuído para Elementos WBS ou para Ordens Internas.

• Um Orçamento IM pode ser derivado de um Plano de Projeto desde que:

A Posição de IM de nível mais baixo (chamada de Medida de Investimento) seja ligada a um Projeto ou Ordem Interna.

Um Plano de Custos exista no Projeto ou Ordem Interna.

Mesmo que o orçamento seja distribuído para um projeto a partir de um programa de IM, o orçamento ainda pode ser gerenciado de dentro do projeto (se configurado).

Personalização:	OIB1, OIB3
Operação:	IM34, IM32, IM44, IM52, IM32, IM30, CJ34, CJ37

Capítulo 4: Características do Sistema de Projeto **69**

Controle de Disponibilidade: Quando você precisa controlar gastos

O Controle de Disponibilidade (AC) é o processo de checagem de gastos em relação a limites permitidos. Ele é disparado quando você tenta registrar custos para um projeto que tem AC ativado na WBS que receberá o custo, ou numa WBS mais alta se o AC estiver ativado para incluir WBSs subordinadas.

O sistema usa limites de tolerância configurados tanto acima quanto abaixo do total do orçamento real para determinar que ação é tomada.

Se, quando custos são aplicados a uma WBS, for detectado que a tolerância foi alcançada, certa ação pode ser tomada. Você pode configurar o PS para:

• Apresentar uma mensagem de advertência e permitir que a transação continue.

• Enviar uma mensagem de correio para a pessoa responsável pelo projeto, detalhando o que aconteceu (e opcionalmente impedir a transação).

• Se requerido, ter o AC ativado através de um trabalho de lote regular (executado em segundo plano) para checar que projetos alcançaram um nível de gasto predeterminado. Qualquer que o tenha alcançado, terá o AC ativado automaticamente. A vantagem disto é mais uma questão de desempenho (por que ter um cálculo que exige tempo ocorrendo antes de ele ser realmente necessário?).

• Grupos de Transação e Elementos de Custos selecionados poderão ser excluídos do AC.

• Quando o orçamento mudar, ou os limites de tolerância mudarem, eles "reconstruirão o AC" automaticamente (ou seja, todos os elementos WBS relevantes serão modificados).

• Controle de Disponibilidade em Status de Usuário se você quiser gerenciá-lo no nível WBS individual.

Personalização:	SPRO
Operação:	CJBV, CJBW

Planejamento de Tempo e Capacidade

Estes são os métodos à sua disposição para o gerenciamento de Agendamentos relacionados com Datas e Tempos e os Recursos Humanos dentro do ciclo de vida de um Projeto. A forma como você gerencia as datas associadas a WBS e Redes depende do detalhe que você quer: por exemplo, se você usa apenas Elementos WBS, você não pode "agendar" seu projeto com base em limites ou durações (como você pode com Redes). As Datas, entretanto, têm um papel no Planejamento de Custo, porque a duração das várias WBSs determina onde, no calendário, o planejamento será mostrado. Para as Redes, o "Agendamento" real pode ser realizado porque cada Atividade pode ter dependências de outras Atividades.

Datas em WBS: Gerenciando datas básicas e previstas

• Datas em WBSs são divididas em três categorias:

• Básica entrada manualmente ou tomada das datas básicas de início mais antigas e da última data básica de término das atividades assinaladas para o elemento WBS.

• Prevista - tal qual as Datas Básicas.

• Real - pode ser entrada manualmente ou através de Confirmações e Reais.

• Todas as datas contêm uma Duração.

• Datas podem ser reconciliadas, extrapoladas e deslocadas referenciando-se Elementos WBS subordinados.

Personalização:	OPTQ
Operação:	CJ21, CJ24, CJ29, CJ20N

Agendamento em Redes (Parte 1): Gerenciando Regras de Início/Término e Executando Agendamento

O agendamento só é apropriado para projetos que usam Atividades de Rede. Para ser efetivo, ele é dependente das datas de Início e Término de Atividades, sendo associadas umas com as outras via regras de "Início/Término".

As seguintes datas são relevantes para o agendamento:

Capítulo 4: Características do Sistema de Projeto 71

- **Início Agendado** Para quando você agendou o início deste trabalho.

- **Término Agendado** Para quando você agendou o término deste trabalho.

- **Última Previsão** Se você vai perder o Término Agendado, qual a sua melhor estimativa de uma data de término.

- **Datas Reais de eventos ocorridos** Quando você realmente iniciou. Esta informação pode ser automaticamente completada por outros gatilhos relacionados (tais como um Registro de Tempo ou o completamento de uma Ordem de Compra).

- **Última Data de Início** Se você não cumprir o Início Agendado, qual seria a última data para iniciar.

- **Últimas Datas de Término** Se você não cumprir o Término Agendado, qual seria a última data para término.

Personalização:	OPU6
Operação:	CJ20N, CN24(N)

Agendamento em Redes (Parte 2): Gerenciando Regras de Início/Término e Executando Agendamento

- Há duas técnicas de agendamento:

    - **Para a frente** Atividades agendadas iniciando-se com a data básica de início e calculando-se avanços para determinarem-se as datas de início e término mais antecipadas.

    - **Para trás** - Atividades agendadas em que as últimas datas de início e término para as atividades são calculadas retroativamente, iniciando-se a partir da data básica de término.

- **Flutuações** são o número de dias entre a Última Data de Início e a Data Agendada de Início. Elas podem ser negativas se o Agendamento retrógrado calcular uma Data de Término irreal:

    - **Flutuação Total** - Número de dias que podem ser deslocados sem afetar as últimas datas da Rede subseqüente.

    - **Flutuação Livre** - Número de dias que podem ser deslocados sem afetar as datas mais anteriores da Rede subseqüente.

- Um Projeto pode "Iniciar no Passado".

- Atividades são conectadas usando Tipos de Relacionamento: FS - Término/Início, SS Início/Início, FF Término/Término, SF Início/Término.

- A duração determina a quantidade de tempo que uma Atividade leva.

- Relacionamentos entre Atividades determinam a seqüência de fases em termos de tempo.

Personalização:	OPU6
Operação:	CJ20N, CN24(N)

Centros de Trabalho e Tipos de Atividade: Planejando Capacidades e o Custo de Utilização do Recurso

- Centros de Trabalho podem representar, por exemplo, uma peça de maquinário, um cargo ou um trabalho individual. Os valores ajustados contidos que determinam o seguinte:

    - Uso Que seção da organização usa-o, que Chave de Valor (dimensão, tempo, área) é aplicada, como ela é ajustada e assim por diante.

    - Padrões - Chave de Controle para determinar listas de tarefas ou Tipos de Ordem (no caso do PS, o Tipo de Rede) e Unidades de Medida.

    - Capacidades - Para especificar a Fórmula usada quando da determinação da capacidade.

    - Agendamento - Para calcular o tempo gasto para se realizar uma unidade.

    - Custeio - Atribui um Centro de Custo e opcionalmente o(s) Tipo(s) Padrão(ões) de Atividade (permitido(s)) que serão assumidos quando o Centro de Trabalho for usado para planejar nas Atividades de um projeto.

    - Técnico - Tipo de máquina, Categorias Circulares, por exemplo.

- Tipos de Atividade podem representar uma unidade específica de trabalho oneroso, como um teste de laboratório ou o emprego de uma pessoa. Eles também contêm valores de ajuste que determinam o seguinte:

    - Dados Básicos - Unidade de Medida, Categoria de Centro de Custo, Elemento de Custo padrão, Indicador de Apreçamento (por exemplo, baseado no Preço do Plano ou calculado Manualmente).

        - Pertencem a um Centro de Custo

Capítulo 4: Características do Sistema de Projeto   **73**

• Têm uma validade (entre datas) e podem expirar.

• Tipos de Atividade tem Preços Planejados, os quais são a base para o Planejamento de Custos em Redes e/ou Elementos WBS.

Personalização:	OP40, OP45, OP42, OP13
Operação:	CMP2, CNR2, CM01, CM01, CM51, KP26, KL01-KL05

Planejamento de Força de Trabalho: Planejando quem faz o quê, e quando

O Planejamento de Força de Trabalho envolve o módulo HR (Recursos Humanos) do SAP para prover um Número de Pessoal para uso na determinação da capacidade e custo real do provimento de um recurso individual. É usado em relação a um Centro de Trabalho, e um Tipo de Atividade que foi entrado para uma Atividade de Rede Interna (se forem usadas Redes) ou em Custeio de Unidade (caso contrário).

• Quando o Número de Pessoal é adicionado à aba de Assinalamento de Pessoal de uma Atividade de Rede, o PS determinará a Capacidade para o Centro de Trabalho de realizar a tarefa.

• A entrada do Número de Pessoal auxilia no processo de confirmação de tempo no CATS (Cross-Application Time Sheets - Planilhas de Tempo entre Aplicações).

• Dados entrados na Atividade de Rede são disponíveis para Planejamento e Nivelamento de Capacidade. Entretanto, o sistema não previnirá a respeito da sobre-utilização de um recurso.

Personalização:	CMPC
Operação:	CJ20N, CMP9

Planejamento de Ganho

Isto envolve a forma como o lucro aguardado é planejado e gerenciado para Projetos baseados em Vendas. O ganho pode ser planejado para um projeto mesmo se não houver conexão com uma Ordem de Vendas. Entretanto, o Elemento WBS deve ser marcado como um Elemento de Cobrança. O plano de ganho pode vir de uma Ordem de Cotação ou de Vendas, se você configurar seu Perfil de Plano para fazê-lo (no sentido de que se você ticar a caixa "Automatic Revenue Planning" (planejamento de ganho automático), o ganho planejado será mostrado no relatório do projeto). Em essência, o mais básico do planejamento de ganho (estrutural) trabalha exatamente da mesma forma que o Planejamento de Custo de Estrutura. Num nível detalhado (por Elemento de Custo), você usa "Elementos de Ganho", que são apenas Elementos de Custo com um indicador especial.

Ganho associado a um projeto sempre é mostrado com um sinal de negativo (-) no relatório.

Planejamento de Ganho de Estrutura: Entrada direta de ganho para uma estrutura WBS, sem considerar os elementos de ganho

É o ganho associado com a WBS como um todo.

- É a forma mais simples de planejamento de ganho.

- É independente de elementos de ganho.

- Os valores são entrados hierarquicamente para Elementos WBS a fim de se estimar o ganho esperado para um projeto.

- É comumente um "copião", significando que quando maiores detalhes forem conhecidos, você provavelmente será mais preciso e passará para o Planejamento de Ganho Detalhado.

- O Plano de Ganho só pode ser entrado para "Elementos de Cobrança".

- Não suporta nenhuma relação com Ganho planejado numa Ordem de Vendas.

Personalização:	OPSB
Operação:	CJ42

Planejamento Detalhado de Ganhos: Planejamento de ganho para uma WBS por elemento de ganho

Ganho associado com a WBS, mas dividido pelos Elementos de Ganho (por exemplo, Trabalho, Materiais, Viagem, etc.).

- O planejamento de ganho por Elemento de Ganho é usado quando informações precisas se tornam disponíveis (quando você sabe quais Elementos de Ganho usar).

Capítulo 4: Características do Sistema de Projeto

• O planejamento de ganho não pode se dar em uma Rede.

• Se um "Plano de Cobrança" é criado a partir de uma WBS, a Ordem de Vendas subseqüente o reconhecerá para "Cobrança Periódica". Entretanto, se um Plano de Cobrança é criado para uma Ordem de Venda que esteja conectada a uma WBS, o Plano de Cobrança do Projeto será excluído.

• O planejamento de ganho de WBS pode ser aplicado a qualquer Versão de Plano.

Personalização:	OPSB
Operação:	CJ42

Ordens de Vendas (SD): Planejamento de ganhos via Ordens de Vendas (ou de Cotação)

Não é obrigatório ter-se uma Ordem de Vendas (SO) associada com um Projeto para Planejamento de Ganho se o Planejamento de Estrutura for usado.

• Planejamento de ganho para um projeto através de uma SO é realizada de uma dentre duas formas:

  • Entrando-se os valores de ganho para um Item de Linha de SO que é assinalada para uma WBS.

  • Criando-se um Plano de Cobrança (que deve ter um Elemento de Custo).

• Quando se realiza o planejamento detalhado de ganho no nível de Atividade de Rede (que pode apenas ser feito via Ordens de Vendas), os planos de ganhos se agregam ao Elemento WBS proprietário.

• O planejamento de ganho de WBS pode ser aplicado a qualquer Versão de Plano.

• O planejamento de ganho de Atividade de Rede só pode ser aplicado, unicamente, à Versão 0 do Plano.

Personalização:	OPSB
Operação:	CJ20N

Execução

Embora não seja específico do PS, "Execução" é um termo genérico para o ponto no qual um projeto se encontra pronto para ser liberado. É normalmente o ponto no qual custos, ganhos, datas, e assim por diante, "Reais", serão registrados para o projeto. Assim, normalmente, um projeto que foi Liberado pelo Status do Sistema entraria nesta categoria. Execução também pode ser controlada pelo Status de Usuário no sentido de que um projeto pode continuar num estado Criado, mas pode ter Transações de Negócios abertas através de um Status de Usuário. Em qualquer evento, é lógico que muitos projetos alcançam esta fase, que incluiria, também, o Término de Período.

Gerenciamento de Status: Ajustando as restrições do projeto (Processos de Negócios) pelo status

- Há dois tipos de Status:

    - de Sistema - Status predeterminado pelo SAP.

    - de Usuário - Determinado por configuração.

- O status de sistema CRTD é automaticamente definido pelo SAP quando o projeto é criado.

- O Status de sistema ajustado pelo usuário está restrito a:

    - REL - Liberado.

    - TECO - Tecnicamente Fechado.

    - CLSD - Fechado.

- Outros status de sistema podem ser usados para TRAVAR certas informações dentro de um projeto.

- O Status de Sistema definido em níveis mais altos afeta todos os níveis mais baixos (não se dá o mesmo com o Status de Usuário - este deve ser copiado hierarquia abaixo).

- O Status de Usuário pode ser configurado para prevenir certas transações de negócio.

- Um histórico de Status pode ser mantido se você tiver ticado a caixa "Change Documents" (documentos de mudanças) no Gerenciamento de Status de Perfil de Projeto.

Capítulo 4: Características do Sistema de Projeto **77**

• Um número de Status de Sistema "Ocultos" lhe informa a respeito de eventos passados, tais como Orçado, Custos Planejados, Controle de Disponibilidade, Data não Atualizada, Ativado, e assim por diante.

Personalização:	OK02
Operação:	CJ20N

Reais: Registrando Custos Reais, Ganhos e Datas para um Projeto

Reais são valores "reais" que chegam a um projeto com base em eventos reais.

Há várias formas dos reais chegarem a um projeto:

• Registros Financeiros (Custo e Ganho);

• Planilhas de Tempo (Confirmações);

• Registros de CO (Excedentes);

• Entregas de Materiais e Serviços;

• Alocações de Atividade;

• Pagamentos;

• Demarcações Realizadas (liberam Blocos de Cobrança se conectadas com Ordem de Vendas);

• Repasse de outros objetos (por exemplo, Ordens de Manutenção, Ordens Internas);

• O Status deve ser REL para se receberem Reais ou TECO para se receberem compromissos realizados;

• Uma WBS deve ter o indicador "Account Assignment" (assinalamento de conta) ajustado em Ligado antes de ela poder receber custos;

• Datas Reais são automaticamente atualizadas quando custos alcançam um projeto;

• Os Reais são normalmente registrados no nível mais baixo de uma estrutura de Projeto (com a exceção de Ganho).

Simulações: Simulando o que você quer fazer antes de você realmente fazê-lo, sem comprometimento

Simulações são o que o próprio nome já diz: provêem uma ferramenta para experimentar as coisas num projeto. Elas incluem as seguintes informações:

- Estruturas

- Datas

- Custos

- Componentes materiais

- Demarcações

- Planos de cobrança

• São identificadas pelo que é chamado de uma Chave de Versão, que é anexada ao seu projeto "simulado"

• Requerem um Perfil de Simulação, que diz ao projeto simulado que tipo de dados podem ser gerenciados

• Em essência, você estará usando toda a funcionalidade das estruturas e Planos de PS, mas não estará fazendo qualquer registro real

• São uma ferramenta de planejamento e usam o Quadro de Planejamento para gerenciar estruturas e dados de planejamento.

• Simulações podem ser criadas de projetos Operacionais/Padrões existentes e de outros projetos simulados.

• Projetos operacionais podem ser gerados a partir de projetos simulados.

Personalização:	OPUS, SPRO
Operação:	CJV1-CJV6

Versões de Projetos: Instantâneos de um Projeto para fins de comparação

• Versões de Projeto não devem ser confundidas com Versões de Planos.

• São cópias exatas de um projeto, incluindo todos os planos, custos reais e informação de progresso.

Capítulo 4: Características do Sistema de Projeto   **79**

- Estão sujeitas a um "Perfil" que é usado para determinar o tipo de informação que uma versão conterá.
- Podem ser criadas automaticamente com base no Status do Projeto.
- Não podem ser modificadas.
- São úteis quando da comparação da informação básica com a informação atual.
- Podem ser vistos em muitos relatórios padrões.

Personalização:	OPTS
Operação:	Não Aplicável

Término de Período (e processos regulares)

Este termo não se aplica apenas à demarcação financeira que ocorre numa base mensal ou anual, mas, também, a processos dentro de um projeto que precisam ser realizados numa base regular, como Repasse e Cobrança.

Repasse: Transferindo Valores Reais para o "Proprietário"

O Repasse não é obrigatório, mas se não for feito num projeto que recebeu custos, o projeto não pode ser fechado. A exceção é um Perfil de Repasse que ateste "Not to be Settled" (não ser estabelecido).

- O propósito do Repasse é zerar o balanço de um projeto.
- Ele é necessário por causa da natureza temporária de um projeto.
- Um projeto pode ser repassado para qualquer outra entidade:
    - Um Segmento de Rentabilidade (para Análise de Resultados)
    - Um Recurso
    - Um outro Projeto
    - Um Material
    - Um Centro de Custo
    - Uma Conta P&L

- "Regras" de repasse devem estar em vigor, ou seja, deve haver uma Origem (por Elemento de Custo) e um Recipiente.

- Quantias repassadas de uma WBS ou Rede podem ser subdivididas por porcentagem ou quantias específicas.

- O Repasse pode ser realizado "Individualmente" ou "Coletivamente" usando-se Variantes.

- Regras de Repasse podem ser geradas automaticamente (CJB1 e CJB2).

- Quando uma WBS é considerada como um Recurso em Construção, Regras de Repasse são geradas automaticamente ao primeiro repasse.

Personalização:	OKO7, OKEU, OKO6
Operação:	CJB1, CJB2, CJ88, CJ8G, CJIC

Término de Período: Executando processos cíclicos regulares

Em Sistemas de Projeto, Fechamento de Término de Período (PEC) não é baseado necessariamente num período financeiro. Você pode realizar PEC pelas seguintes razões:

- **Análise de Valores Recebidos** Cada vez que você executa Valor Recebido (o processo de cálculo do progresso real de um projeto, do ponto de vista do custo/tempo/porcentagem de completamento), os campos EV no projeto são recalculados e sobrepostos.

- **Análise de Resultados** Cada vez que você executa Análise de Resultados, os campos RA no projeto são sobrepostos. Os resultados podem ser usados como entrada para o Repasse.

- **Repasse** Dependendo do recipiente, os custos do Projeto são usados para transferir custos para Recursos Fixos, Segmento de Rentabilidade, Centro de Custo, e assim por diante.

- **Versão de Projeto** Para se ter um "instantâneo" do projeto em determinado momento de sua vida para propósitos de comparações futuras.

- **Vantagem** Calcula a vantagem a ser registrada em Projetos/Ordens de Vendas e outros objetos aplicáveis.

Capítulo 4: Características do Sistema de Projeto

• **Transferências periódicas** Registros relevantes para contabilidade de custos (tais como despesas telefônicas) são coletadas em centros de controle de custo. Os registros coletados são, então, transferidos aos centros de custo recipientes ao Término de Período (despesas telefônicas, por exemplo, são transferidas para todos os centros de custo no negócio, na proporção das unidades telefônicas usadas por cada centro de custo recipiente).

• **Determinando sobretaxas excedentes** Excedentes para provisão de máquinas, edificações, materiais, pessoal e assim por diante, são aplicados aos custos usando-se sobretaxas em Planilhas de Custeio. Tanto os valores do plano, quanto os valores reais, se aplicam para sobretaxas excedentes. Todos os relatórios devem ser rodados neste instante para assegurar que os resultados de PEC sejam capturados.

Progresso (Parte 1): Atualizando e Revisando o Progresso de um Projeto

O Progresso (Porcentagem de Completamento - POC) é determinado por diversos fatores:

- Versão de Progresso.
- Técnica de Medição.
  - Início-Término
  - Demarcação
  - Estimativa
  - Proporcional de Tempo
  - Grau de Processamento
  - Proporcional de Quantidade
  - Proporcional Secundária (esforço compartilhado)
  - Proporcional de Custo
  - Real = Plano
  - Individual (saída do usuário)
- O POC pode ser usado como entrada para Análise de Resultados.
- Uma Versão de Plano CO especial deve existir para a análise de Progresso.
- O POC é registrado em Figuras Chaves Estatísticas especiais (assinalado para sua Área de Controle).

Personalização:	SPRO
Operação:	CNE1, CNE2

Progress (Parte 2): Atualizando e revisando o progresso de um Projeto

- Entradas para o Cálculo do POC incluem:
    - Custos Planejados.
    - Custos Reais.
    - Influências para o cálculo do POC são a Técnica de Medição usada.
    - O POC de um Projeto é atualizado quando você roda a Análise de Progresso.
    - Para Análise de Tendência de Demarcação, uma Versão de Projeto terá sido criada para registrar a situação "anterior".
- O Progresso do Projeto pode ser monitorado de diversas formas, incluindo:
    - Quadro de Planejamento.
    - Relatório padrão.

Personalização:	SPRO
Operação:	CNE1, CNE2

Arquivamento: Retirando os seus projetos do sistema real

O arquivamento em Projetos requer que você tenha o Sinalizador Deletion (exclusão) ligado.

- O arquivamento é realizado em três estágios:
    - Ligar o Sinalizador Deletion (CJ20N).
    - Ligar o Indicador de Deletion em modo de lote (ligado para todos os Projetos Excluídos no CN80).
    - Realizar o Arquivamento no CN80 (Redes são arquivadas apenas após os tempos 1 e 2 de residência serem alcançados).

Capítulo 4: Características do Sistema de Projeto **83**

- Alguns dados não podem ser arquivados:
  - Versões de Simulação
  - Plano de Cobrança para elemento WBS
  - Plano de emissão de notas para atividade ou componente de rede
  - Custeio de unidade para atividade ou componente de rede
  - Atributos adicionais para resumo de projeto usando características de dados mestres
  - Dados de classificação para resumo de elementos WBS
  - Dados de classificação para resumo de ordem de redes
  - Atribuições de valores característicos em configuração variante
  - Informação de entrega para redes/estruturas de detalhamento de trabalho
  - Endereços de Entrega para componentes materiais em ordens de terceiros
  - Requisições de capacidade
  - Planejamento de força de trabalho
- Projetos Operacionais serão arquivados com suas respectivas Versões "Dependente de Status". Versões Dependentes de Tempo devem ser arquivadas separadamente

Personalização:	Não Aplicável
Operação:	CJ20N, CN80

Cobrança: Enviando uma Nota ao Cliente

Projetos de cliente podem ter os Custos Reais cobrados usando-se Cobrança Relacionada com Recurso (RRB).

- Perfis DIP são usados para reunir os custos reais relevantes dos Elementos WBS e Atividades de Rede.
- Demarcações de Projeto podem ser usadas para gerar um Plano de Cobrança.
- Ordens de Vendas que estão ligadas a projetos podem ter seu Plano de Cobrança atualizado de dentro de um projeto.

- O Perfil de Plano do projeto determina como o Plano de Ganho é enviado para o projeto.

Personalização:	ODP1
Operação:	DP91

Resumo

Agora você deve estar bem familiarizado com os aspectos e características principais do PS. De posse deste conhecimento, você pode passar para a Configuração (ou Personalização, como também é chamada). Ao longo do Capítulo 4, houve referências para onde a configuração é feita - mas isto não significa que você já conhece tudo; você ainda precisa conhecer o que cada transação de configuração contém. No próximo capítulo, você verá como isto é feito.

CAPÍTULO 5
Configuração

O processo de configuração está no coração de qualquer implementação SAP. Em si mesmo, o processo é relativamente direto, mas exige um bocado de experiência se a implementação for complexa. Freqüentemente, um mínimo ajuste na Configuração pode fazer uma enorme diferença na forma como um processo trabalha. Às vezes, você arrancará os cabelos tentando entender por que algo não funciona da forma que você esperava. Para ajudar a resolver algumas destas questões, dê uma olhada na seção "Por dentro do Project Builder" no Capítulo 6, onde os códigos de transação para configuração são referenciados para sua conveniência.

Nota Importante: Configurações menores, tais como Requerente, Pessoa Responsável e Prioridade, não são detalhadas, uma vez que não apresentam nenhuma complexidade. Ao final deste livro, você pode encontrar o Guia de Implementação completo (IMG), onde você pode se divertir à vontade tentando descobrir onde você deveria estar! Tentar incluir cada ponto de configuração tornaria este livro grande o bastante para uso em musculação.

O IMG e a Personalização

Este ícone é usado para identificar um ponto de Configuração:
Copyright by SAP AG

O Guia de Implementação do SAP (IMG) é acessado com o Código de Transação SPRO.

A configuração básica pode ser conseguida através de alguns passos simples:

- Ativar o Project System na Área Controladora (OKKP).
- Definir Caracteres Especiais no Número do Projeto (OPSK).
- Criar uma Máscara de Codificação (OPSJ).
- Criar um Perfil de Projeto (OPSA).
- Definir Versões de Plano para o Ano Fiscal (OKEQ).

Alguns outros ajustes já devem estar ativados antes de você realizar os precedentes - isto é, o CO (Controle) deve ter ajustado os valores básicos Organizacionais (tais como Área de Controle, Código da Companhia, Área de Negócio). Estes e outros valores de integração (por exemplo, Planta) devem estar ajustados antes de você poder tentar qualquer configuração significativa e, portanto, criar um Projeto Operacional. Preocupe-se particularmente com o CO - ele tem um efeito profundo na área de Custeio e Estabelecimento do PS.

Como Proceder

Você não pode continuar com a configuração do PS sem discutir os pontos de integração com outros proprietários de módulos. O PS é evidentemente o módulo mais integrado no SAP. Para começar, você deve buscar uma visão global de suas necessidades, traçando um mapa de integração.

Pergunte-se o seguinte: Quais são meus elementos Organizacionais Primários? (Refira-se à Figura 1-2, Elementos Organizacionais, no Capítulo 1).

Elemento Organizacional	Comentários
Área de CO	Deve ser configurada independentemente.
Código da Companhia	Múltiplos Códigos de Companhia podem afetar a Moeda.
Área de Negócio	Múltiplas Áreas de Negócio tornam os relatórios complexos.
Centro de Lucro	Afiliado ao Código da Companhia, relevante para a PA (Análise de Rentabilidade).
Planta	É crítica em um ambiente de manufatura ou de aquisição crítica.
Centro de Custo Responsável	Tratamento de vendas e de itens de documento de distribuição, no caso de múltiplas atribuições ao elemento WBS.
Centro de Custo de Expedição	Para integração de plano e estabelecimento de Plano/Ordens integradas.
Programa de Investimento	Para Projetos de Capital e Recursos em Construção.
Localização Técnica	Para Manutenção de Planta de projetos de tipo de equipamento.
Jurisdição de Imposto	Para Imposto dos EEUU.
Organização de Compras	Uma unidade organizacional de Logística, que subdivide uma empresa de acordo com suas necessidades de Compras.
Grupo de Compra	Chave para um comprador ou grupo de compradores responsáveis por certas atividades de compras. Você precisa deste para gerar Requisições de Compras.
Local de Armazenamento	Onde um Material é armazenado.

Capítulo 5: Configuração 87

Pela análise do exposto e decidindo o que você pode precisar, você está a meio passo de decidir a extensão que a sua configuração precisa ter.

A seguir, uma tabela descrevendo os tipos de projetos que você pode precisar para cada um dos elementos Organizacionais. Projetos podem ser divididos nas seguintes categorias gerais (você pode ter outras):

Custeio	Projetos que existem apenas com o propósito de planejamento de custos no nível WBS.
Recursos	Projetos que recebem fundos de Capital de Programas de Investimento.
Vendas	Projetos que são focados no Cliente.
Manufatura	Projetos que são focados em Material/Logística.
Estatístico	Projetos que não planejam ou recebem custos.
Manutenção	Projetos que existem para gerenciamento de Equipamento.

A matriz abaixo apresenta o relacionamento entre configurações Organizacionais e "tipos" de projetos que as utilizam:

Elemento Organizacional	Custeio	Recursos	Vendas	Manuf.	Estat.	Manut.
Área de CO	✓					
Código da Companhia	✓	✓	✓	✓	✓	✓
Área de Negócio	✓	✓	✓	✓	✓	✓
Centro de Lucro	✓		✓	✓		✓
Planta		✓	✓	✓		✓
Centro de Custo Responsável	✓	✓	✓	✓		✓
Centro de Custo de Expedição		✓				
Programa de Investimento		✓				✓
Localização Técnica		✓				✓
Jurisdição de Imposto	✓		✓			
Organização de Compras		✓	✓	✓		
Grupo de Compra		✓	✓	✓		✓
Local de Armazenagem		✓	✓	✓		✓

A decisão do que configurar vai depender do tipo do seu Projeto.

Em resumo, pense nos seguintes pontos:

• *Se você quiser apenas fazer custeio e não precisar planejar seus custos usando Materiais ou outros Recursos*: Você não precisa de Redes, Planejamento Fácil de Custos ou Custeio de Unidade. Você pode usar a técnica simples de Planejamento de Estrutura de planejamento de custos com ou sem Elementos de Custo. Todos os seus Custos Reais serão registrados através de Jornais ou Alocações de FI. Orçamento é opcional.

• *Se você quiser fazer custeio e planejar Materiais e outros Recursos, e você quiser disparar a criação de Documentos de Compra, mas não estiver interessado em Agendamento*: Use o Planejamento Fácil de Custos. Esta opção também lhe permite criar Modelos simples para entrada de Dados de informação comum. Use Custeio de Unidade se você quiser, mas isto redunda no mesmo, sem uma "cara bonitinha". Cuidado porque o Planejamento Fácil de Custos não lhe permite distribuir seus custos planejados ao longo de um espaço de tempo (Regras de distribuição) - o Custeio de Unidade, sim, permite. Usar o Planejamento Fácil de Custo permite fazer todo o seu planejamento, incluindo a criação de Documentos de Vendas, no Project Builder. Valores planejados de ECP aparecerão no ano para que eles foram planejados.

• *Se você quiser agendar quando as atividades de seu projeto deverão ser realizadas (uma em relaçãoà outra) e ao mesmo tempo você quiser programar suas aquisições com precisão*: Precisará de Redes. Usar Redes pode ser bem simples para o gerenciamento básico de Componente Material e Custeio Geral por Elemento de Custo. Mas pode ser, também, bastante complexo se você quiser planejar Materiais de Estoque/Não estoque, Reservas, PRs, POs, Materiais Catalogados, Serviços, Subcontratantes e Recursos Internos. Também, se você quiser usar Sub-redes (isto é, Ordens de diferentes módulos tais como Manutenção, Serviço ao Cliente), então sua configuração se torna um pouco mais complexa.

• *Se o seu projeto combina alguns dos anteriores e ainda gerencia a criação de Recursos em Construção*: Você precisará configurar Gerenciamento de Investimento. Embora em si mesmo isto não seja muito complexo, IM não é completamente abordado neste livro. Projetos baseados em Recursos são descritos com razoáveis detalhes no Capítulo 3.

• *Se o seu projeto envolve um Cliente*: Você precisa considerar o método pelo qual você quer processar Documentos de Vendas (Cotações, Ordens de Vendas, etc.). Este livro descreve os vários métodos - Processamento de Montagem, Simulação de Vendas e assim por diante. Em alguns casos, a Cobrança de Cliente é bem direta (Cobrança de Ordem); em outros, não o é (Cobrança Relacionada a Recurso). Para esta última, você precisa de Perfis de DIP, que auxiliam na cobrança do cliente com base em recursos utilizados em um Projeto.

Capítulo 5: Configuração

- Se seus projetos existem apenas com o propósito de representar uma estrutura e não têm nenhum plano, mas têm custos e estes podem ser estabelecidos para vários recipientes: Você pode querer considerar o uso de Ordens Internas.
- Se você está tonto! Dê uma olhada na seção "Por dentro do Project Builder" no Capítulo 6. Lá você encontrará pontos de configuração relacionados à Estrutura do Projeto. Ela pode ajudar você a decidir o de que precisa.

A tabela a seguir apresenta os pontos de entrada de configuração de nível mais alto do PS e seu uso básico:

Referência IMG	Uso
Estruturas	Ajustes relacionados com o gerenciamento de Definição de Projeto, WBSs, Redes e Demarcações
Quadro de Planejamento de Projeto	Ajustes de como seus Diagramas de Gantt se apresentam
Documentos	Texto PS e Documentos anexados tais como Word, Excel, PowerPoint
Colaboração	Ajustes para Engenharia Colaborativa e Gerenciamento de Projeto
Pedido	Gerenciamento de Pedidos - registrando variações para um projeto e, provavelmente, trabalhando com CS (Serviços ao Cliente)
Recursos (bens) e Ferramentas de Produção	Integração com Planejamento de Produção
Custos	Custos planejados e gerenciamento de Orçamento - cobre planejamento de Estrutura, Planejamento Fácil de Custos, planejamento de custo de Rede, recebimento de Sinais e categorias de Valores
Ganhos e Recebimentos	Planejamento de ganhos e recebimentos - cobre Versões de CO, Taxas de Câmbio, Alocações, planejamento de estrutura e integração com SD
Pagamentos	Gerenciamento do Caixa do Projeto com Áreas de Financiamento, ajuste de Gerenciamento de Caixa no Código da Companhia
Datas	Métodos de agendamento em Redes e planejamento de Data de WBS
Recursos	Centros de Trabalho, Capacidades, Fórmulas, Taxas de Eficiência de Desempenho (PP), Seqüências de Deslocamento e Perfis de Planejamento de Força de Trabalho
Material	Aquisição, ProMan, Transferências BOM, Produção baseada em Vendas

Referência IMG	Uso
Confirmação	Parâmetros de Confirmação do PS, Causas de Variação, Seleção de Campos para Confirmações
Simulação	Perfis de simulação, chaves de versão para Projetos simulados
Progresso	Valores Recebidos, Cenários de Eventos, Perfis de Acompanhamento de Progresso
Fluxo de Trabalho	Ajustes para os Fluxos de Trabalho padrões do PS
Sistema de Informação	Personalização de Perfis de Seleção/Base de Dados de Relatório, Vistas, relatórios Técnicos (Datas, Estruturas), Base de Dados de Informações, melhoramentos de Custos e Ganhos, Interfaces de sumarização com Excel, MS Project, Access
Gerenciamento de Autorização	Manutenção de Cargo, verificação de Autorização
Replicação de Projeto	Perfis para sumarização de dados para exportação para sistemas externos
Versões de Projeto	Configuração de Perfis de Versão, controle de Status de Sistema e de Usuário para criação de versão

Estruturas

Nesta seção pode ser realizada a configuração relacionada a elementos Estruturais de seu projeto. Isto pertence a todas as coisas que estão relacionadas à Definição do Projeto, WBS e Rede, o que inclui Máscaras de Codificação, Status, arranjo de Campo e ajustes de Dados Mestres, Tipos de Projetos, Demarcações, Validações, Substituições, e assim por diante.

Em outras palavras, um bocado de configurações chave.

Codificando a WBS

Cada projeto que você cria (seja Gabarito ou Operacional) tem Máscaras de Codificação Associadas a ele. A configuração da máscara cai em duas áreas:

- Caracteres Especiais para definir regras de formatação
- Máscaras de Codificação para definir a representação visual (a Máscara)

Capítulo 5: Configuração **91**

Caracteres Especiais

Esta configuração tem duplo propósito - determinar o formato da Definição de seu Projeto e Prefixos de Números de WBS e estabelecer os caracteres especiais que serão permitidos na numeração de seu projeto.

Caminho do Menu	Project System->Structures->Operative Structures->Work Breakdown Structure
Ponto de Configuração	Define Special Characters for Projects
Transação	OPSK

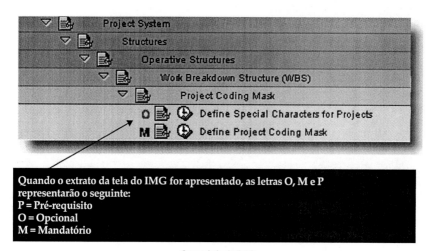

Copyright by SAP AG

DICA: Certifique-se de ter sua Máscara de Codificação correta desde o início. Depois que você tiver criado projetos operacionais, você não poderá mudar a máscara facilmente.

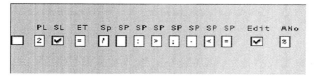

Copyright by SAP AG

- **PL Comprimento do Projeto Comprimento do Prefixo.** Este comprimento determinará o tamanho da primeira parte do seu número do projeto (tanto Definição de Projeto quanto Elementos WBS). O máximo é 5 caracteres. Ele trabalha em conjunto com o indicador SL.

- **SL Comprimento da Estrutura** Se você ticar este, todos os projetos devem ter um prefixo igual ao número de caracteres especificados em PL.

- **ET Ferramenta de Entrada** Qualquer que seja o caractere que você insere aqui, pode ser usado para "entrada rápida" de seus Elementos WBS. Por exemplo, se você usar o sinal de igual (=), cada vez que você entrar um = (seguido por um número) quando criando manualmente um projeto, o sistema determinará a nova WBS adicionando este número à WBS anterior:

WBS anterior é **XX-00001-01**.

Entrar =2 na caixa WBS.

Você obtém **XX-00001-02**.

- **Sp Caractere Especial** Quaisquer caracteres que sejam entrados nestas oito caixas determinarão os caracteres que podem ser usados como separadores em sua WBS.

- **Edit** Se você ticar esta, apenas projetos codificados serão permitidos (ou seja, com base no PL, você só estará habilitado a criar projetos que tenham um código associado a eles). Se você não ticá-la, você está liberado para criar projetos que não estão submetidos a regras de codificação.

- **Ano Atribuição Automática de Número** Selecione um símbolo que será usado para atribuir automaticamente um Número de Projeto/WBS à funcionalidade Número Aberto do PS. A atribuição Automática de Número está ativa se você entra um caractere neste campo. Neste caso, o sistema determina o próximo número livre, de acordo com o método Buscar número livre. O valor inicial é o número estendido por um dígito ou, no caso de máscaras de edição, por uma seção do elemento WBS de mais alto nível ou da definição do projeto. Se o sistema não puder determinar um número usando este método, ele atribui um "número de ajuda", que se inicia com o caractere entrado aqui. Normalmente, se o SAP não puder atribuir um número automaticamente, é porque a máscara está em seu comprimento máximo.

Capítulo 5: Configuração **93**

Máscara de Codificação

Esta configuração determinará como sua Definição de Projeto e Elementos WBS se apresentarão. Porque isto é só uma "máscara", fica a seu critério decidir como os números inseridos serão representados. Note, também, que a numeração de Projetos em geral é apenas o que o usuário vê - o SAP mantém sua própria numeração (objeto Número) nos bastidores, de forma que não importa que número você entre, ele não fará qualquer diferença para a numeração interna do SAP.

Caminho do Menu	Project System->Structures->Operative Structures->Work Breakdown Structure (WBS)->Project Coding Mask
Ponto de Configuração	Define Project Coding Mask
Transação	OPSJ

PrjID	Coding mask	Description	Lck	LkS
XX	-03000/00-XX.0000	Sample Masking	☐	☐
			☐	☐

Copyright by SAP AG

• **PrjID Identificador do Projeto**   O que quer que você entre aqui será atado ao que quer que você entre no próximo campo (Coding Mask). A forma como o SAP determina uma máscara é decidida aqui. Assim, se você entra XX *aqui, SAP usará isto para definir sua numeração em todos os projetos.*

Você pode ter tantos PrjIDs quantos quiser.

• **Coding Mask**   Dados entrados aqui determinam o visual dos números/caracteres que você entrará (quando da criação de um projeto). No exemplo mostrado anteriormente (XX-00000/00-XX.0000), você obteria o seguinte resultado:

Dados entrados **PK1/1-GG.1**

São convertidos para **PK-00001/01-GG.01**

(Este é um exemplo complexo e provavelmente atípico).

Um exemplo mais usual seria:

XX-00000.00-00-00-00-00

Neste exemplo, vemos a máscara representando Níveis de WBS, com cada nível representado como um 00.

• **Lck Bloquear Operacional**   Marque este campo se você quiser bloquear a máscara - o efeito será que nenhum projeto novo poderá ser criado com esta máscara. Esta funcionalidade é freqüentemente usada para prevenir a criação de projetos que têm significância especial.

• **LkS Bloquear Padrão**   Tal qual o anterior, mas para os Projetos Padrões (Gabaritos).

NOTA: *Com Máscaras de Codificação em geral, tenha em mente que, uma vez que você criou projetos operacionais, não é tão fácil modificar sua máscara (especialmente num cliente de experimentação que já tem projetos). SAP não lhe impede de transportar uma nova máscara para um cliente, mas projetos existentes podem se tornar inutilizados, com ocorrência de paradas súbitas e geração de erros. Para maiores informações a este respeito e uma solução para a conversão de números de projetos,, veja Nota 453280 no portal de ajuda do SAP.*

Gerenciamento de Status

Toda vez que uma transação de negócio é realizada (por exemplo, Criar projeto, Planejar projeto, Liberar projeto), o SAP automaticamente muda o Status de um projeto. O status ativo do sistema determina que transações de negócio você pode realizar com elementos WBS. Os status do sistema são passados da definição do projeto para os elementos WBS e destes para os elementos WBS subordinados. Os status de sistema *Bloqueado* e *Cobrança final* são exceções. Você pode cancelar certos status, por exemplo, *Tecnicamente completo*, *Fechado* e *Sinal de Exclusão*. Fazendo-o, o status anterior é ajustado. Os status de sistema são cancelados um a um, até que você chegue a um status que não possa ser cancelado. Você não pode cancelar status de sistema que são definidos automaticamente (em segundo plano, pelo sistema); por exemplo, *Parcialmente liberado* é definido pelo SAP quando WBSs subordinadas são ajustadas e a WBS superior não é Liberada. Se você cancelar os status *Tecnicamente completo* ou *Fechado*, o sistema cancela automaticamente este status no elemento WBS superior. Entretanto, o sistema não cancela o status nos elementos WBS subordinados.

Status de Sistema (não configurável). O status de sistema é ajustado de acordo com o status atual de um elemento e afeta que ações podem ocorrer para um elemento WBS ou Rede. Os principais (dentre muitos) são:

- *Created* Um projeto foi criado mas ainda não está ativo e não pode ter muitas transações de negócios aplicadas.

- *Released* O projeto foi liberado, significando que agora está ativo e sujeito a muitas transações de negócios (ele pode atrair cursos, gerar compromissos, etc). Reservas serão removidas.

- *Technically completed* O projeto está perto de se completar - este status impedirá qualquer novo compromisso de ser criado, mas permitirá que compromissos existentes sejam completados.

- *Deleted* O projeto está marcado para exclusão, mas não realmente removido. Um processo separado é necessário para excluir fisicamente (ou arquivar) um projeto. Adicionalmente, um projeto deve ter um "balanço zero" para ser considerado para exclusão.

- *Closed* O projeto está fechado e não pode ter quaisquer transações de negócios aplicadas. Ele ainda pode, no entanto, ser mantido. Elementos Bloqueáveis de uma WBS podem ser bloqueados (Dados Mestres, Datas, Planejamento, Assinalamento de Conta, ou todos) para prevenir atividade de atualização.

Status de Usuário (configurável). O status de Usuário pode ser aplicado tanto às WBSs quanto às Redes. Eles provêem controle do usuário sobre que Transações de Negócios são permitidas quando o status é definido pelo usuário. Regras complexas podem ser configuradas para ajustar o Status de Usuário com base no que é o Número de Status de um projeto. "Menor Número" e "Maior Número" são ajustados para determinar o que pode acontecer. Um Projeto pode ter vários status ao mesmo tempo. Entretanto, apenas um dos status tem um número de status. Se um outro status com um número de status é ativado, o status velho com um número de status é desativado para abrir caminho para o novo (desde que o novo número de status não exceda o "maior número" definido para o status velho).

A regra oposta se aplica quando usando o "Menor Número" - um bom exemplo para seu uso é a determinação da Fase. Se você tiver, digamos, duas fases para um projeto - Status de Usuário A para Fase 1 e Status de Usuário B para Fase 2, você pode impedir a Fase 2 de ser iniciada se uma certa WBS não tiver sido "Repassada". Isto, por sua vez, poderia impedir a WBS de ser "Liberada", o que preveniria custos de serem atribuídos a ela.

Perfil de Status

Caminho do Menu	Project System->Structures->Operative Structures->WBS User Status
Ponto de Configuração	Create Status Profile
Transação	OK02

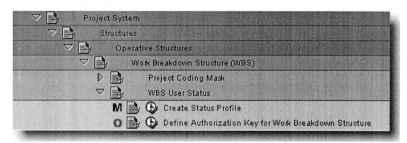

Copyright by SAP AG

Crie uma Nova Entrada e dê um duplo-clique nela.

Copyright by SAP AG

[tabela de configuração do Status profile ZZ000001 My User Status Profile, Maintenance Language EN English, com colunas Stat, Status, Short Text, Lon, Init. st, Lowest, Highest, Posit, Prior, Auth. code]

Copyright by SAP AG

• **Stat**   Número de Status - único e atado ao Status. Ele é usado para identificar o Menor/Maior, que segue.

• **Status/Short Text ID**   de Status única e Descrição.

• **Init. st**   Tique se o Status é para ser ajustado como o status inicial quando um projeto que use este perfil for criado.

• **Lowest/Highest**   Estes números são o inteiro que controla se o Status pode ser definido após um outro status com um número menor/maior. Um proje-

Capítulo 5: Configuração **97**

to pode ter vários status ao mesmo tempo. Entretanto, apenas um dos status pode ter um número de status. Se um outro status com um número de status é ativado, o status velho com um número de status é desativado. Isto só é válido sob certas condições. O sistema faz uma anotação do status com o maior número de status que foi alcançado até então. O "menor número" deste número de status determina que número de status um novo status deve ter.

• **Posit/Prior**   Há dois tipos de mostragem de status:

Linha de status: Até oito status ativos são mostrados em uma linha (apenas a ID de status, de quatro caracteres).

A posição especifica em que lugar na linha de status um status deveria ser mostrado. Se vários status ativos tiverem a mesma posição, apenas o status com a maior prioridade será mostrado. Se nem todas as posições da linha de status forem usadas, as posições são movidas para a esquerda.

• **Auth. code**   Um código único que identifica o Código de Autorização ajustado na Transação. Isto lhe permitirá ser específico acerca de quem pode fazer o quê com o ajuste de status.

Antes de poder continuar com o próximo passo (Transações de Negócios), você deve clicar o botão Object Types e selecionar os Objetos permissíveis (para PS, eles são WBS e Rede).

Copyright by SAP AG

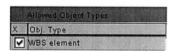

Copyright by SAP AG

Para ir aos ajustes das Transações de Negócios, dê um duplo-clique em um Status de Usuário.

98 SAP - Manual do Sistema de Projetos

Status profile	ZZ000001	My User Status Profile						
Status	zz1	My Status						

Transaction Control

	Influence				Next action		
Business Transaction	No infl	Allowed	Warning	Forbidd.	No acti	Set	Delete
Acct. assignment order/project	●	○	○	○			
Activate final billing doc.	●	○	○	○	●	○	
Actual Overhead Assessment	●	○	○	○			
Actual Overhead Distribution	●	○	○	○			
Actual Periodic Repostings	●	○	○	○			
Actual activity allocation	●	○	○	○			
Actual inverse activity alloc.	●	○	○	○			
Actual overhead (periodic)	●	○	○	○			
Actual settlement	●	○	○	○			
Approval	●	○	○	○	●	○	
Assign PS texts	●	○	○	○			
Assignment order/WBS	●	○	○	○			
Autom. gener. settl. rule	●	○	○	○			
Autom. gener. settl. rule	●	○	○	○			
Automat. WIP/results analysis	●	○	○	○	●	○	

Copyright by SAP AG

Listas estendidas de Transações de Negócios para WBS e Rede seguem resumidamente.

As Transações de Negócios permissíveis agora podem ser ajustadas pela seleção do botão de rádio relevante:

• **No infl** Ajuste se a transação de negócio não tiver qualquer influência no Status (ajuste padrão).

• **Allowed** Ajuste se esta transação de negócio for permitida quando o status for ajustado.

• **Warning** Ajuste se você quiser que uma advertência seja emitida quando o status for ajustado.

• **Forbidden** Ajuste se a transação de negócio for proibida quando o status for ajustado.

• **No Action** O ajuste padrão se a Transação de Negócio for um Status de Sistema.

• **Set** Se a Transação de Negócio for um Status de Sistema, ajuste o Status de Usuário quando tal Status de Sistema ocorrer.

LEMBRETE: *O Status de Usuário NÃO PODE definir Status de Sistema.*

Capítulo 5: Configuração 99

O Perfil de Status de Usuário pode ser inserido no Perfil de Projeto e/ou Tipo de Rede (não no Perfil de Rede). Ele pode ser inserido em Projetos Padrões, mas não em Redes Padrões.

Ele pode ser mudado dentro de Projetos Operacionais ou Redes através do botão de Informação.

Lista estendida de Transações de Negócios para **Definição de Projeto** (os destacados são Status):

Copyright by SAP AG

Assign PS texts (Atribuir textos PS)	Change WBS number (Mudar número de WBS)
Change structure (Mudar estrutura)	**Complete** (Completar)
Complete back to tech complete (Completar de volta para completar tecnicamente)	**Confirm WBS** (Confirmar WBS)
Create change document (Criar documento de mudança)	Delete basic dates (Excluir datas básicas)
Delete element (Excluir elemento)	Expand structure (Expandir estrutura)
Funds commitment (Compromisso de fundos)	**Lock** (Bloquear)
Lock master data (Bloquear dados mestres)	**Maintain settlement rule** (Manter regra de repasse)
Mark for deletion (Marcar para exclusão)	**Partially confirm WBS** (Confirmar WBS parcialmente)
Partially release project (Liberar projeto parcialmente)	Plan Settlmnt Acc. Assignment (Planejar Atribuição de Conta de Repasse)
Release (Liberar)	Remove deletion flag (Remover sinalizador de exclusão)
Revoke status "Closed" (Revogar status "Fechado")	Revoke technical completion (Revogar completamento técnico)
Schedule basic dates (Agendar datas básicas)	Set basic finish (Ajustar término básico)
Set basic start (Ajustar início básico)	**Technically complete** (Tecnicamente completo)
Unlock (Desbloquear)	**Unlock master data** (Desbloquear dados mestres)

100 SAP - Manual do Sistema de Projetos

Lista estendida de Transações de Negócios para WBS (os destacados são Status):

Acct. assignment order/project (Ordem/Projeto de atribuição de Conta)	**Activate final billing doc** (Ativar documento de cobrança final)
Actual Overhead Assessment (Volume Excedente Real)	Actual Overhead Distribution (Distribuição de Excedente Real)
Actual Periodic Repostings (Reposições Periódicas Reais)	Actual activity allocation (Alocação de atividade real)
Actual inverse activity alloc. (Alocação de atividade inversa real)	Actual overhead (periodic) (Excedente real (periódico))
Actual settlement (Repasse real)	**Approval** (Aprovação)
Assign PS texts (Atribuit textos PS)	Assignment order/WBS (Ordem/WBS de atribuição)
Autom. gener. settl. rule (Regra de repasse geral automático)	Autom. gener. settl. rule (Regra de repasse geral automático)
Automat. WIP/results analysis (Análise automática de resultados/WIP)	Availability control (Controle de disponibilidade)
Budget Release (Liberação de Orçamento)	Budget return (Retorno de orçamento)
Budget supplement (Suplemento de Orçamento)	**Budget transfer (receiver)** (Transferência de orçamento (recipiente))
Budget transfer (sender) (Transferência de orçamento (remetente))	Budget transfer (transfer) (Transferência de orçamento (transferir))
Budgeting (Orçamento)	Change WBS number (Mudar número de WBS)
Change structure (Mudar estrutura)	**Complete** (Completar)
Complete back to tech complete (Completar de volta para completar tecnicamente)	**Confirm WBS** (Confirmar WBS)
Confirm order (Confirmar ordem)	**Copy basic->forecast** (Copiar básico->previsto)
FI: Memo postings (FI: registros de Memo)	FI: Postings (FI: Registros)
FI: Statistical postings (FI: Registros estatísticos)	Financial budgeting (Orçamento financeiro)
Funds commitment (Compromisso de fundos)	Goods Movement (Movimentação de Bens)
Goods issue delivery (Entrega de remessa de bens)	**Goods receipt for prodn. order** (Recebimento de bens por ordem de produção)
Goods receipt for purch. order (Recebimento de bens por ordem de compras)	ISR Account Assignment (Atribuição de Conta ISR)
Incoming invoice (Nota de lucro)	Interest Calculation (Plan) (Cálculo de Vantagem (Plano))

Capítulo 5: Configuração 101

Interest calculation (actual) (Cálculo de vantagem (real))	Inventory difference (Diferença de inventário)
Lock (Travar)	**Lock assignment** (Travar atribuição)
Lock budgeting (Travar orçamento)	**Lock dates** (Travar datas)
Lock master data (Travar dados mestres)	**Lock planning** (Travar planejamento)
Maintain settlement rule (Manter regra de repasse)	**Manual WIP/results analysis** (Análise manual de WIP/resultados)
Manual cost allocation (Alocação manual de custo)	**Mark for deletion** (Marcar para exclusão)
Material debit/credit (Débito/crédito de Material)	Material purchase order (Ordem de compra de material)
Material purchase requisition (Requisição de compra de material)	PRC: Activity Backflush (PRC: Desfazimento de Atividade)
Partially confirm WBS (Confirmar WBS parcialmente)	**Partially release project** (Liberar projeto parcialmente)
Periodic Reposting: Plan Data (Reposição Periódica: Planejar Dados)	Plan Revenue Types (Planejar Tipos de Ganho)
Plan Settlmnt Acc. Assignment (Planejar Atribuição de Conta de Repasse)	Plan indirect activity alloc. (Planejar alocação de atividade indireta)
Plan overhead (periodic) (Planejar excedente (periódico))	Plan overhead cost assessment (Planejar volume de custo excedente)
Plan overhead cost distrib. (Planejar distribuição de custo excedente)	Plan settlement (Planejar repasse)
Planning activities (Atividades de planejamento)	Planning primary costs (Custos primários de planejamento)
Planning secondary costs (Custos secundários de planejamento)	Planning stat. key figures (Figuras chaves estatísticas de planejamento)
Post goods issue (Registrar envio de bens)	**Receiver of carryover** (Recipiente de transferência)
Release (Liberar)	**Remove deletion flag** (Remover sinalizador de exclusão)
Repost CO line items (Repor itens de linha de CO)	Repost costs (Repor custos)
Repost revenue (Repor ganho)	**Reset "accepted" flag** (Limpar sinalizador "aceito")
Revenue planning (total) (Planejamento de ganho (total))	**Revoke "Fully billed"** (Revogar "Completamente cobrado")

Revoke status "Closed" (Revogar status "Fechado")	Revoke technical completion (Revogar completamento técnico)
Schedule actual dates (Agendar datas reais)	Schedule basic dates (Agendar datas básicas)
Schedule forecast dates (Agendar datas previstas)	Schedule order (Agendar ordem)
Sender of carryover (Remetente de transferência)	Set "accepted" flag (Ligar sinalizador "aceito")
Set basic finish (Ajustar término básica)	Set basic start (Ajustar início básico)
Set forecast finish (Ajustar término previsto)	Set forecast start (Ajustar início previsto)
Settlement account assignment (Atribuição de conta de repasse)	Shift basic dates (Deslocar datas básicas)
Shift forecast dates (Deslocar datas previstas)	Tech compl revoke created (Revogação de completamento técnico criada)
Tech compl revoke part rel'd (Revogação de complemento técnico parcialmente liberada)	Technically complete (Tecnicamente completo)
Total cost planning (Planejamento de custo total)	Transfer price agreement (Transferir acordo de preço)
Transfer price allocation (Transferir alocação de preço)	Unit costing (planning) (Custeio de unidade (planejamento))
Unlock (Destravar)	Unlock assignment (Destravar atribuição)
Unlock budgeting (Destravar orçamento)	Unlock dates (Destravar datas)
Unlock master data (Destravar dados mestres)	Unlock planning (Destravar planejamento)
Write budget line items (Escrever itens de linha de orçamento)	Write plan line items (Escrever itens de linha de plano)

Lista estendida de Transações de Negócios para Cabeçalho de Rede (os destacados são Status):

Actual activity allocation (Alocação real de atividade)	Actual overhead (periodic)(Excedente real (periódico))
Actual settlement (Repasse real)	**Automat. WIP/results analysis** (Análise automática de WIP/resultados)
Block assembly order (Bloquear ordem de montagem)	Change(Mudar)

Capítulo 5: Configuração 103

Change automatically (Mudar automaticamente)	Check PRT availability (Checar disponibilidade de PRT)
Check material availability (Checar disponibilidade de material)	**Complete** (Completar)
Complete back to tech complete (Completar de volta para tecnicamente completo)	**Confirm order** (Confirmar ordem)
Create subnetwork (Criar sub-rede)	Debit from actual settlement (Debitar do repasse real)
Determine costs (Determinar custos)	Earmarked funds (Fundos destinados)
Enter statistical key figures (Entrar figuras chaves estatísticas)	FI: Memo postings (FI: registros de Memo)
FI: Postings (FI: Registros)	FI: Statistical postings (FI: Registros estatísticos)
Goods Movement (Movimentação de bens)	Goods issue delivery (Entrega de bens remetidos)
Goods receipt for prodn. Order (Bens recebidos por ordem de produção)	**Goods receipt for purch**. Order (Bens recebidos por ordem de compras)
ISR Account Assignment (Atribuição de Conta ISR)	Incoming invoice (Nota de lucro)
Interest Calculation (Plan) (Cálculo de Vantagem (Plano))	Interest calculation (actual) (Cálculo de vantagem (real))
Inventory difference (Diferença de inventário)	**Lock** (Travar)
Lock assignment (Travar atribuição)	**Maintain settlement rule** (Manter regra de repasse)
Manual WIP/results analysis (Análise manual de WIP/resultados)	cost allocation (Alocação manual de custos)
Mark for deletion (Marcar para exclusão)	debit/credit (Débito/crédito de material)
Material purchase order (Ordem de compra de material)	Material purchase requisition (Requisição de compra de material)
PDC download of order data (Download PDC de dados de ordem)	**Partially confirm order** (Confirmar ordem parcialmente)
Partially release order (Liberar ordem parcialmente)	Plan Settlmnt Acc. Assignment (Atribuição de Conta de Repasse de Plano)
Plan overhead (periodic) (Planejar excedente (periódico))	Planning stat. key figures (Planejamento de figuras chaves estatísticas)
Print order (Imprimir ordem)	**Print order (original)** (Imprimir ordem (original))

Release (Liberar)	**Remove deletion flag** (Remover sinalizador de exclusão)
Repost CO line items (Repor itens de linha de CO)	Repost costs (Repor custos)
Reprint order (Reimprimir ordem)	Reread master data (Reler dados mestres)
Revoke status "Closed" (Revogar status "Fechado")	**Revoke technical completion** (Revogar completamento técnico)
Schedule order (Agendar ordem)	**Set deletion indicator** (Ligar indicador de exclusão)
Settlement account assignment (Atribuição de conta de repasse)	**Technically complete** (Tecnicamente completo)
Transfer price agreement (Transferir acordo de preço)	price allocation (Transferir alocação de preço)
Unblock assembly order (Desbloquear ordem de montagem)	**Unlock** (Destravar)
Unlock assignment (Destravar atribuição)	**WMS: mat. provisn prodn order** (WMS: ordem de produção de provisão de material)

Lista estendida de Transações de Negócios para **Atividade** (os destacados são Status):

Actual activity allocation (Alocação real de atividade)	Actual overhead (periodic)(Excedente real (periódico))
Actual settlement (Repasse real)	**Automat. WIP/results analysis** (Análise automática de WIP/resultados)
Automatic deletion (Exclusão automática)	**Cancel Scheduling** (Cancelar Agendamento)
Change Activity/Element Number (Mudar Número de Atividade/Elemento)	automatically (Mudar automaticamente)
Check material availability (Checar disponibilidade de material)	**Complete** (Completar)
Complete back to tech complete (Completar de volta para tecnicamente completo)	**Confirm order** (Confirmar ordem)
Confirm transaction (Confirmar transação)	subnetwork (Criar sub-rede)
Debit from actual settlement (Debitar de repasse real)	**Delete operation** (Excluir operação)
Dispatch (Despachar)	funds (Fundos destinados)

Capítulo 5: Configuração 105

Enter statistical key figures (Entrar figuras chaves estatísticas)	FI: Memo postings (FI: registros de Memo)
FI: Postings (FI: Registros)	FI: Statistical postings (FI: Registros estatísticos)
Goods Movement (Movimentação de bens)	Goods issue delivery (Entrega de bens remetidos)
Goods receipt for purch. Order (Bens recebidos por ordem de compras)	ISR Account Assignment (Atribuição de conta ISR)
Incoming invoice (Nota de Lucro)	**Individual measure** (Medida individual)
Interest Calculation (Plan) (Cálculo de Vantagem (Plano))	Interest calculation (actual) (Cálculo de Vantagem (real))
Inventory difference (Diferença de Inventário)	**Lock** (Travar)
Lock assignment (Travar atribuição)	operation number (Manter número de operação)
Maintain settlement rule (Manter regra de repasse)	**Manual WIP/results analysis** (Análise manual de WIP/resultados)
Manual cost allocation (Alocação manual de custos)	**Mark for deletion** (Marcar para exclusão)
Material debit/credit (Débito/crédito de material)	Material purchase order (Ordem de compra de)
Material purchase requisition (Requisição de compra de material)	PDC download of operation data (Download PDC de dados operacionais)
Partially confirm operation (Confirmar operação parcialmente)	Settlmnt Acc. Assignment (Atribuição de Conta de Repasse de Plano)
Plan overhead (periodic) (Excedente de Plano (periódico))	Planning stat. key figures (Figuras estatísticas de Planejamento)
Print order (Imprimir ordem)	**Print order (original)** (Imprimir ordem (original))
Release (Liberar)	**Release operation** (Liberar operação)
Remove deletion flag (Remover sinalizador de exclusão)	CO line items (Repor itens de linha de CO)
Repost costs (Repor custos)	Reprint order (Reimprimir ordem)
Reschedule (Reagendar)	**Revoke status "Closed"** (Revogar status "Fechado")
Revoke technical completion (Revogar completamento técnico)	account assignment (Atribuição de conta de repasse)

106 SAP - Manual do Sistema de Projetos

Technically complete (Tecnicamente completo)	Transfer price agreement (Transferir acordo de preço)
Transfer price allocation (Transferir alocação de preço)	Unit costing (planning) (Custeio de Unidade (planejamento))
Unlock (Destravar)	Unlock assignment (Destravar atribuição)

Perfil de Seleção de Status

Use-o se você quiser filtrar a seleção de registros de Sistemas de Informação por Status de Sistema ou de Usuário de uma WBS ou Rede.

Note que em Sistemas de Informação, este é um único método confiável que você tem ao seu dispor para selecionar informação com base no Status (a única alternativa é usar o Filtro nos Sistemas de Informação). Na configuração, você cria um Perfil de Seleção único e, opcionalmente, o anexa a um Perfil de Status de Usuário.

Caminho do Menu	Project System->Structures->Operative Structures->Milestones
Ponto de Configuração	Define Selection Profiles
Transação	BS42

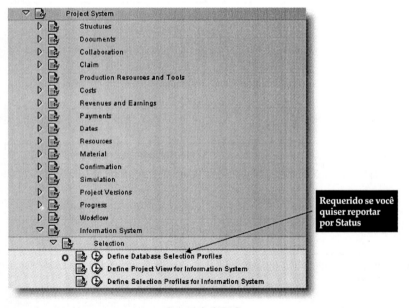

Copyright by SAP AG

Capítulo 5: Configuração 107

Crie uma nova entrada e dê-lhe um nome, depois, opcionalmente, entre o nome do Perfil de Status de Usuário.

Copyright by SAP AG

Clique Selection Conditions.

Copyright by SAP AG

• **User** Tique esta caixa se o status for um Status de Usuário (o sistema o ligará ou desligará para você).

• **Stat.prof.** Opcionalmente, entre um Perfil de Status de Usuário (Código de correspondência).

• **Status** Selecione qualquer status na caixa de lista apresentada (se o status for um Status de Usuário, um X o indicará na caixa de lista).

• **Not** Tique esta se você quiser que o critério de seleção exclua sua seleção do relatório.

• **State** Indica que o critério de seleção está Ativo.

Na coluna da esquerda, você notará o operador "and" - para múltiplas linhas, você pode trocá-lo por "or" clicando neste ícone:

Copyright by SAP AG

O símbolo que você usa nos sistemas de Informação para selecionar seu Perfil é:

Copyright by SAP AG

A Seleção de Status é específica para os elementos primários de uma estrutura de projeto e está atada ao Perfil de Status de Usuário que você aplicou ao Objeto de Projeto relevante. Perfis de Seleção não são permanentemente anexados a qualquer objeto PS - eles servem apenas para prover um filtro para relatório. Se você não está usando Status de Usuário, você pode executar o Perfil de Seleção para qualquer um dos quatro objetos de projeto e não necessita de um Perfil de Status.

Copyright by SAP AG

Perfil de Projeto

Muitos dos parâmetros de controle para o trabalho no Sistema de Projetos são armazenados em perfis. Estes perfis contêm valores e parâmetros padrões de controle para processamento de vários objetos e funções. Eles influenciam o comportamento de um projeto. O perfil de projeto pode ter perfis "dependentes" (por exemplo, Perfil de Projeto contém Perfil de Planejamento, que, por sua vez, carrega um Perfil de Gráficos, etc). O perfil de projeto contém valores e parâmetros padrões para gerenciamento de seu projeto, por exemplo, valores chaves organizacionais, perfil de repasse, calendário de fábrica para agendamento, ou ajustes para gráficos. Você pode mudar alguns destes valores padróes quando você está trabalhando na estrutura de detalhamento de trabalho, mas não todos.

Geralmente, uma vez que um projeto foi passado para a fase de "execução" (liberado e pronto para registros reais), mudanças feitas no Perfil de Projeto não terão efeito no projeto. Entretanto, algumas mudanças em sub-perfis terão um efeito em novos elementos WBS naquele projeto. Por exemplo, se você mudar o Perfil de Status, da próxima vez que o projeto for submetido a uma mudança de Status

Capítulo 5: Configuração

de Usuário, ele será afetado, da mesma forma que qualquer mudança no Perfil de Planejamento afetará novas WBSs naquele Projeto. Valores organizacionais permanecerão protegidos.

Para se certificar, você deve sempre criar um novo projeto quando a configuração de perfil tiver sido mudada - então você pode estar certo de um teste confiável.

A Figura 5-1 é um "mapa" das várias conexões de configuração relevantes para um Perfil de Projeto.

Caminho do Menu	Project System->Structures->Operative Structures->Work Breakdown Structure (WBS)
Ponto de Configuração	Create Project Profile
Transação	OPSA

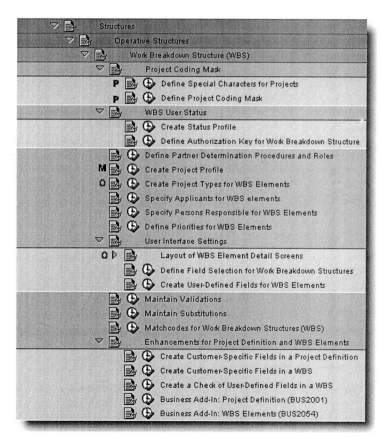

Copyright by SAP AG

110 SAP - Manual do Sistema de Projetos

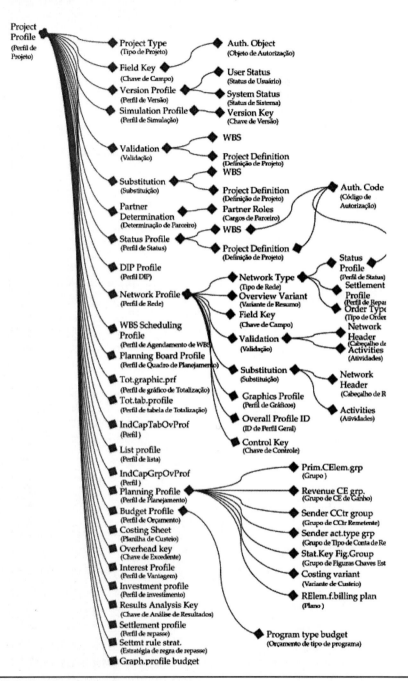

Figura 5-1 Mapa de perfil de projeto

Capítulo 5: Configuração 111

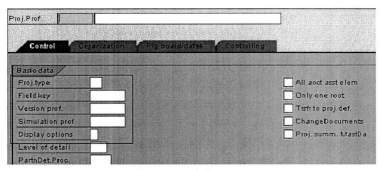

Copyright by SAP AG

Proj.Prof./Description

Esta é a ID única associada com seu perfil de projeto e será usada para identificá-lo quando um novo Projeto Padrão ou Operacional for criado. Atente para o fato de que é boa prática manter Perfis em um mínimo e controlar coisas como diferenças organizacionais em Projetos Padrões que usam Perfis comuns.

ABA CONTROL (Controle): Dados Básicos

• **Project Type** Isto é usado para "categorizar" o projeto. É opcional, mas quando usado, é selecionável em Sistemas de Informação através da Seleção Dinâmica de Campo.

• **Field Key** Se você tiver utilizado a facilidade Campos Definidos pelo Usuário (UDF), esta será usada para especificar a variante. É importante notar que Perfis diferentes podem ter Field Keys (Chaves de Campos) diferentes se desejado - dando, conseqüentemente, a projetos diferentes seus próprios conjuntos de UDFs.

• **Version Prof.** Versões de Projetos, quando usadas, podem ter um perfil associado a elas que especifica quais elementos de um projeto são usados para criar aquelas versões. Isto não deve ser confundido com Versões de Plano. Versões de Projeto são cópias físicas de um projeto e podem ser, por exemplo, geradas automaticamente quando um projeto é liberado inicialmente com base no Status.

• **Simulation Prof.** Perfis de Simulação podem especificar quais elementos de um projeto são usados para criar a simulação. Uma simulação é muito parecida com um Projeto Operacional, porque você pode planejar custos e realizar muitas funções que você poderia realizar com um projeto real. A limitação é que o projeto não pode ser realmente "executado", no sentido de não poder atrair custos reais ou gerar compromissos de qualquer espécie. Eles podem, entretanto, ser usados para derivar um projeto real por meio de cópia.

• **Display Options** Determinam como seu projeto será identificado quando mostrado inicialmente no Construtor de Projeto:

1	Identification using project number
2	Identification using short description
3	Identification using text

Copyright by SAP AG

• **Level of Detail** Determina quantos níveis serão mostrados quando você mantiver seu projeto no Construtor de Projeto. Isto é útil se você tem projetos com muitos níveis e quer carregar rapidamente o projeto e decidir expandir, naquele momento, o nível de detalhe.

• **Partn Det. Proc.** Para Projetos que serão conectados a Ordem de Vendas, o Procedimento de Determinação de Parceiro é usado para configurar o tipo de Cliente (Vendido a, Enviar para, etc) que você quer limitar o usuário a entrar. Este campo é necessário para projetos que utilizarão a funcionalidade Apreçamento de Vendas do Construtor de Projeto (através do ícone). Veja, também, Perfil DIP, uma vez que este trabalha em conjunto com o Procedimento de Determinação de Parceiro quando realizando "Apreçamento Simulado de Vendas" (no Construtor de Projeto, o uso deste campo tornará a aba Partner (parceiro) visível para preenchimento de detalhes de Cliente).

• **All Acct Asst Elem** Tique esta caixa se todas as WBSs criadas através deste Perfil deverem ter o indicador Elemento de Atribuição de Conta automaticamente LIGADO. Lembre-se que isto significa que seus Elementos WBS podem atrair custos, portanto dependerá do usuário demarcá-lo como DESLIGADO no Projeto Operacional ou Padrão, a menos que o ajuste esteja lá para inclusão de Redes ou conexão a Ordens externas.

• **Only 1 Root** Cada Projeto Operacional tem ao menos uma WBS "raiz". Isto significa, na realidade, que ele terá no mínimo uma WBS de Nível 1. Se você ticar esta caixa, você não será capaz de ter mais que uma WBS de Nivel 1 em um projeto com este ajuste no Perfil. O benefício de se ter mais que uma serve

Capítulo 5: Configuração 113

apenas para tornar grandes projetos "mais achatados" e capazes de se agregarem a WBSs logicamente independentes.

• **Trsfr to Proj Def** Este ajuste é usado quando você está criando Elementos WBS usando a função "Elemento Único". Uma Definição de Projeto é criada automaticamente se você criar uma WBS única na CJ11. Além disso, mudanças feitas em um elemento WBS único na CJ12 serão refletidas na Definição do Projeto.

• **Change Documents** Tique esta caixa se você quiser manter um acompanhamento de quaisquer mudanças feitas em um projeto; por exemplo, se você mudou a descrição de uma WBS de "Minha WBS 1" para "Sua WBS 1", você será capaz de ver o histórico da mudança na transação CN60. Note que isto não inclui mudanças Financeiras; só se aplica a mudanças de conteúdo de WBS.

• **Proj. summ. Mastda** Tique esta caixa se você quiser Resumir os Dados Mestres de seu projeto através das Características. SAP tem ameaçado que, a longo prazo, o Resumo através de Classificação não será mais suportado, então você pode, também, ticá-la, a menos que você tenha BW (Depósito de Negócio). Se você não ticá-la, não poderá realizar qualquer relatório de Resumo.

Copyright by SAP AG

Validação/Substituição no nível do Projeto apenas se aplica aos ajustes mostrados na caixa destacada (tela extraída de Validation/Substitution Configuration).

Copyright by SAP AG

ABA VALIDATION (Validação)

IDs de Validação e Substituição devem ser colocadas no Perfil de Projeto se você quiser que os Projetos Padrões e/ou Operacionais executem estas tarefas automaticamente em segundo plano, quando um projeto for salvo. Colocar estes valores na WBS Padrão ou Operacional (em Settings) não tem o mesmo efeito e você terá de executá-los manualmente.

• **Project def.** Se você estiver usando Validação de Definição de Projeto, entre a ID. Isto se aplica a todas as Validações relevantes apenas para a Definição do Projeto.

• **WBS elements** Se você estiver usando Validação de WBS, entre a ID. Isto se aplica a todas as Validações relevantes apenas para a WBS.

• **Autom. validation** Para ambas as Validações, tique esta caixa se você quiser que o sistema realize suas Validações automaticamente, quando o Projeto Operacional for salvo. Se você não ticá-la, você deve seguir o caminho do menu Edit->Validation/Substitution para ativá-la quando criar/alterar um Projeto Operacional.

ABA SUBSTITUTION (Susbstituição)

• **Project def.** Se você estiver usando Substituição de Definição de Projeto, entre a ID. Isto se aplica a todas as Substituições relevantes apenas para a Definição de Projeto.

• **WBS elements** Se você estiver usando Substituição de WBS, entre a ID. Isto se aplica a todas as Substituições relevantes apenas para a WBS.

• **Autom. substitution** Para ambas as Substituições, tique esta caixa se você quiser que o sistema realize suas Substituições automaticamente quando o Projeto Operacional for salvo. Se você não ticá-la, você deve seguir o caminho do menu Edit->Validation/Substitution para ativá-la quando criar/alterar um Projeto Operacional.

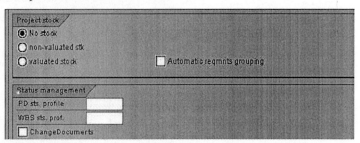

Copyright by SAP AG

ABA PROJECT STOCK (Estoque do Projeto)

- **No Stock** Sem Estoque é o padrão - o Projeto e todos os seus Elementos WBS não podem "possuir" os materiais assinalados para as Redes.

- **non-valuated stk** Ligue este botão de rádio se o seu projeto tem estoque próprio. O estoque do projeto é firmemente assinalado a um elemento WBS. Componentes podem apenas ser destinados ao elemento WBS.

- **valuated stk** Em estoque de projeto avaliado, os materiais são gerenciados com base tanto na quantidade, quanto no valor; todas as movimentações de bens disparam registros correspondentes nas contas de estoque, na Contabilidade Financeira.

- **Automatic reqmnts grouping** Para todos os Materiais gerenciados em um projeto, este indicador é ligado se você quiser Agrupamento para seus Elementos WBS. A WBS de mais alto nível é considerada a WBS de Agrupamento e todas as requisições de Material são assim agrupadas. Ajustes de WBS de Agrupamento podem ser 1 (WBS de Agrupamento para todos os Elementos WBS) ou 2 (WBS de Agrupamento para os Grupos MRP selecionados).

NOTA: *Só pode ser ligado se Project Stock (Estoque de Projeto) ou Valuated Stock (Estoque Avaliado) estiverem ligados.*

Use o valor 1 se o elemento WBS de agrupamento deve ser válido para todos os componentes materiais que são alocados para um elemento WBS (o qual é atribuído a este elemento WBS de agrupamento).

Use o valor 2 se você quiser ter diferentes elementos WBS de agrupamento para os componentes materiais em um elemento WBS. Este pode ser o caso se você planeja partes elétricas e mecânicas separadamente. A seleção dos elementos WBS de agrupamento válidos está na base do grupo MRP e da planta para o material relevante.

Se você tiver ligado o indicador Automatic Requirements Grouping (Agrupamento automático de requisições) na definição do projeto, você pode apenas ter um elemento WBS no projeto que é o elemento WBS de *agrupamento para todos os materiais (valor 1).*

- **PD sts. Profile/WBS sts. profile** Entre os Perfis de Status de Usuário aplicáveis ao Status para Definições de Projeto/WBSs. Veja "Gerenciamento de Status" neste capítulo para detalhes.

• **Change Documents** Tique esta caixa se você quiser manter um histórico de mudanças para todos os status. Você pode ver o histórico através de opções de menu em todas as telas de manutenção de WBS, usando o ícone de Informação, mostrado aqui, no projeto operacional.

Copyright by SAP AG

ABA GRAPHIC (Gráfico)

Esta parte cobre os ajustes pelos quais os Gráficos são visualizados e gerenciados quando da manutenção de um projeto em Hierarchy Graphics (Gráficos Hierárquicos).

Copyright by SAP AG

• **Master data prf. grp** O nome do perfil junto com o grupo do perfil determina os parâmetros para apresentação do gráfico hierárquico.

• **Graph.prfl mstr data** O nome do perfil é usado para diferenciar os vários perfis de gráficos dentro de uma área, de acordo com as várias aplicações. O nome do perfil junto com o grupo do perfil determina os parâmetros para apresentação do gráfico hierárquico.

• **Vertical from level** Com este valor você especifica o nível na estrutura de detalhamento de trabalho onde os elementos WBS são mostrados verticalmente no gráfico hierárquico. Você pode especificar este valor em Customizing (Personalizando) para o perfil do projeto, mas você pode mudar este nível no gráfico.

Capítulo 5: Configuração 117

• **Search TxtIndex1-3** Índice de texto para o texto que deve ser usado primeiro para a busca. No gráfico, nós são usados e são preenchidos com texto. A estrutura dos nós é definida em Customizing (Personalizando) nas definições do formulário. Estas definições de formulário consistem em vários campos, a cada um é atribuído um índice de texto.

ABA PROJECT SUMMARIZATION (Resumo do projeto)

• **All WBS elements** Resumo realizado para todos os Elementos WBS, independentemente do fato de serem de Cobrança ou Atribuição de Conta. Este ajuste estende o Relatório de Resumo a todo o projeto.

• **Billing elements** Tique esta caixa se apenas as WBSs definidas como Elementos de Cobrança devem ser consideradas no Relatório de Resumo.

• **Acct asst elements** Tique esta caixa se apenas as WBSs definidas como Elementos de Atribuição de Conta devem ser considerados no Relatório de Resumo.

ABA SALES PRICING (Apreçamento de vendas)

Esta parte cobre os ajustes usados onde um projeto tem integração com Documentos de Vendas. Os valores aqui são usados em conjunto com a Determinação de Parceiro (a parte Organizacional).

Copyright by SAP AG

• **Sales Organization, Distribution Channel, and Division** Estes valores serão os padrões de Vendas e Distribuição. Quaisquer Documentos de Vendas conectados manualmente a um projeto operacional terão que conter os mesmos valores.

• **DIP Profile** DIP é o acrônimo para Dynamic Item Processor (Processador Dinâmico de Item). Se você vai realizar "apreçamento simulado de vendas" a partir de um projeto operacional, o perfil DIP deve ser inserido aqui. Perfis de DIP e seu uso no PS serão tratados posteriormente em configuração.

ABA ORGANIZATION (Organização)

Perfis de Projeto podem ser dedicados a ajustes Organizacionais por seleção. Estes valores apenas servem como padrões - eles podem ser mudados quando o Projeto Operacional é criado.

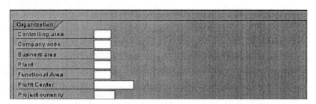

Copyright by SAP AG

- **Controlling area** Se uma entrada for feita aqui, a Controlling Area Currency (Moeda da Área Controladora) é padronizada da mesma forma.

- **Company code** Se um Código de Companhia for entrado aqui, ele deve pertencer à Área Controladora especificada acima.

- **Business area** Se a Área de Negócio for entrada aqui, ela deve pertencer à Área Controladora/Código de Companhia.

- **Plant** Se a Planta for entrada aqui, ela deve estar associada com a Área Controladora/Código de Companhia. Note que a planta entrada aqui não influencia em Redes, apenas em Elementos WBS.

- **Functional Area** Usada em Cost of Sales Accounting (Contabilidade de Custo de Vendas). A área funcional é necessária para se criar uma conta de lucro e perda na Contabilidade Financeira, usando o Conta de Custo de Vendas, por exemplo, Manufatura, Vendas, R&D, e assim por diante.

- **Profit Center** Se o Centro de Lucro é entrado aqui, ele deve estar associado à Área Controladora/Código de Companhia.

- **Project currency** A moeda é determinada tanto pela Área Controladora quanto pelo Objeto sendo usado (WBS, Rede), quanto pela Transação. Se o Código de Companhia foi entrado no Perfil de Projeto, ele será o padrão, mas você pode sobrepô-lo, entrando uma moeda válida aqui.

Capítulo 5: Configuração 119

ABA WBS TIME SCHEDULING (Agendamento de tempo de WBS)

O sistema calcula o início e término agendados das atividades nos elementos WBS, suas necessidades de capacidade e os tempos de flutuação, quando a estrutura de detalhamento de trabalho (WBS) é agendada.

As datas de início e término dos elementos WBS são a base para a determinação das datas agendadas.

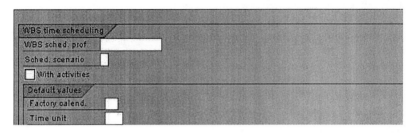

Copyright by SAP AG

- **WBS sched. prof**   O perfil de Agendamento usado para Agendamento de WBS (veja detalhes em "Parâmetros de Controle para Agendamento de WBS", neste capítulo).

- **Sched. scenario**   O método usado para Agendamento de WBS.

- **With Activities**   Se ticado, apresentará todas as atividades associadas quando um projeto operacional for mantido (por exemplo) no Construtor de Projeto.

Copyright by SAP AG

ABA DEFAULT VALUES (Valores padrões)

- **Factory calend.**   Se uma Planta não for especificada para uma WBS, este valor será o Calendário de Fábrica padrão para todos os Elementos WBS criados. Ele é apenas um padrão e pode ser sobreposto.

- **Time unit**   Para o agendamento, a unidade que será padrão para novos Elementos WBS.

Commerci..	Measurement unit text
CH	Hundredth of Hour
D	Days
DAY	Days
DMH	Ten Thousandth of Hour
H	Hour
HR	Hours
MIN	Minute
MIS	Microsecond
MON	Months
MSE	Millisecond
NS	Nanosecond
PS	Picosecond
S	Second
WK	Weeks
YR	Years

Copyright by SAP AG

ABA PLANNING METHOD (Método de planejamento)

Determina como as Datas de WBS são gerenciadas.

Copyright by SAP AG

• **Plan.meth/basic and Plan.meth/fcst** Para planejar datas básicas, você precisa especificar um método de planejamento. Isto só se aplica a estruturas de detalhamento de trabalho e não a atividades:

1. No Planejamento de cima para baixo, você planeja as datas começando pelo elemento WBS mais alto na hierarquia. As datas que você mantém nos elementos WBS subordinados devem ficar dentro dos períodos de datas dos elementos WBS superiores.

2. No Planejamento de baixo para cima, você planeja as datas começando pelos elementos WBS subordinados. As datas dos elementos WBS superiores só são mudadas se eles não incluírem as datas dos elementos WBS subordinados.

Capítulo 5: Configuração 121

3. No Planejamento Aberto, você planeja as datas sem dependências hierárquicas.

4. No Planejamento Restrito de baixo para cima, você especifica que as datas dos elementos WBS subordinados determinam as datas dos elementos superiores. Se você já entrou datas para os elementos WBS superiores, o sistema as exclui e calcula novas datas, com base nas datas dos elementos WBS subordinados.

1	Top-down
2	Bottom-up (taking dates of higher-level WBS into account)
3	Open planning
4	Strict bottom-up (without dates of higher-level WBS)

Copyright by SAP AG

• **Calc. with act** Este indicador especifica como as datas das atividades de rede assinaladas devem ser levados em conta durante o agendamento de WBS.

	without taking activity dates into consideration
1	taking activity dates into consideration
2	Consideration of activity dates by user decision

Copyright by SAP AG

ABA NETWORK (Rede)

Se você estiver usando Redes, entre seu nome de Perfil aqui. O efeito no seu projeto será permitir a adição de Redes a uma WBS - se você não entrar nada aqui, você não terá permissão para adicionar Redes.

Copyright by SAP AG

• **Network asst** Estipula que quando você cria uma atividade, o sistema mostra uma lista de todas as redes atribuídas a um elemento WBS ou à definição de projeto.

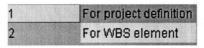

Copyright by SAP AG

• **Display network hdr** Com este indicador, você determina se o cabeçalho de rede será mostrado quando você entrar datas para um elemento WBS no momento do agendamento (se você estiver usando Agendamento de Rede, tique esta caixa).

ABA PROJECT PLANNING BOARD (Quadro de Planejamento do Projeto)

• **Planning board prf** O Quadro de Planejamento de Projeto é um diagrama de Gantt que representa geograficamente um projeto. Ele pode ser personalizado para preencher suas necessidades, embora o SAP forneça um para seu uso. Geralmente é melhor personalizar o perfil para dar um melhor visual aos seus projetos. Entretanto, os usuários podem modificar a forma como o Quadro de Planejamento deles é apresentado e salvá-lo sem necessidade de personalização aqui.

ABA CAPACITY REQUIREMENTS (Requisições de Capacidade)

Todos os ajustes aqui devem ser baseados nos ajustes do SAP Padrão.

ABA HIERARCHY GRAPHIC (GRÁFICO HIERÁRQUICO)

• **Profile group e Profile** Chaves que identificam o grupo de perfil para o gráfico de hierarquia no agendamento de tempo. O grupo de perfil, juntamente com o nome de perfil, determina os parâmetros para apresentação do gráfico de hierarquia.

• **Time schd. Prof** Chave que identifica o perfil para os ajustes no gráfico de hierarquia no agendamento de tempo.

Capítulo 5: Configuração **123**

Copyright by SAP AG

• **Object Class** A classe de objeto categoriza objetos Controladores de acordo com sua função de negócio e habilita você a analisar fluxos de custos dentro do Controlador a partir de diferentes perspectivas de negócios.

As seguintes classes de objeto estão disponíveis:

Overhead (Excedente)

Production (produção)

Investment (investimento)

Profitability analysis and sales (análise de lucratividade e vendas)

Uma classe de objeto é necessária para se determinar ou explicar certos valores nos componentes de contabilidade externa; por exemplo, o balanço de todos os objetos na classe "Produção" é categorizado como "work in process" (trabalho em andamento) ou WIP.

• **Settlement Profile** Um requisito para a criação de uma regra de repasse. Você define os seguintes parâmetros no perfil de repasse:

  • Recipientes de repasse permitidos (tais como centro de custo ou recurso)

  • Valores padrões para a estrutura de repasse e a estrutura de transferência PA

  • Bases de alocação para definição de compartilhamentos de repasse (usando porcentagens ou números de equivalência - ou ambos)

- Número máximo de regras de distribuição

- Período de residência dos documentos de repasse

- Tipo de documento para repasses relevante para a contabilidade (mais especificamente, para a planilha de balanço)

- Definições para o repasse de custos reais ou o custo de vendas

- **Settlement Rule Strategy** Chave que descreve a estratégia para geração automática de regras de repasse em elementos WBS. Você usa a estratégia para determinar o seguinte, para cada parâmetro de repasse:

Parâmetros de controle para os objetos aos quais a estratégia se aplica, tais como elementos de cobrança.

Categoria de atribuição de conta, por exemplo:

-Centro de custo responsável

-Tratamento de vendas e itens de documento de distribuição no evento de múltipla atribuição a elemento WBS

Redes

Redes são instruções de como se levar a cabo tarefas de uma forma específica, numa ordem específica e num período de tempo específico. Elas são do Tipo de Ordem 20 e exclusivamente para o PS.

Perfil de Rede

Conceitualmente, o Perfil de Rede trabalha de maneira similar ao Perfil de Projeto. Entretanto, enquanto o Perfil de Projeto controla o comportamento de Elementos WBS, Perfis de Rede determinam como as Redes se comportam. Para um projeto usar Redes, o Perfil de Rede seria, normalmente, anexado ao perfil de Projeto (esta não é uma regra estrita, uma vez que, ao invés, Elementos WBS Padrões [gabaritos] podem contê-la).

A configuração de Perfis de Rede tem certas dependências - a mais importante sendo o Tipo de Rede.

A seguir estão as conexões de configuração desde o Tipo de Rede com todas as dependências do PS.

Capítulo 5: Configuração **125**

A configuração típica é destacada na Figura 5-2.

O Perfil de Rede contém o Tipo de Rede, que é conectado aos Parâmetros de Rede e aos Parâmetros de Agendamento via Planta. O Perfil de Projeto contém o Perfil de Rede.

Embora o número de Tipos de Rede possa ser idêntico, eles servem para permitir diferentes regras através do Perfil de Projeto (por exemplo, Repasse). Eles também permitem variações em tipos de Agendamento através de Parâmetros de Agendamento.

Caminho do Menu	Project System->Structures->Operative Structures->Network->Settings for Networks
Ponto de Configuração	Maintain Network Profiles
Transação	OPUU

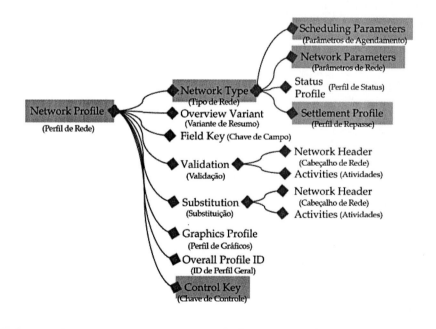

Figura 5-2 Mapa de Rede

126 SAP - Manual do Sistema de Projetos

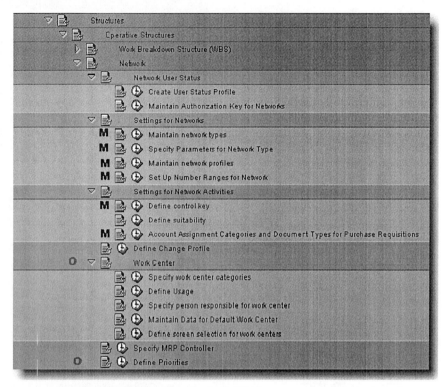

Copyright by SAP AG

Copyright by SAP AG

Capítulo 5: Configuração **127**

ABA NETWORK (Rede): Parâmetros de Rede

• **Plant**   A Planta que será a padrão para todas as Atividades sob o cabeçalho de Rede. Se não for especificada aqui, terá de ser entrada quando um projeto for criado.

• **Network type**   Diferencia os Tipos de Ordem que podem ser associados com a Rede (Tipos de Ordem contêm faixas de números, informação de custeio, etc). Esta chave também é usada no ponto de configuração "Network Parameters" (Parâmetros de Rede), posteriormente, neste capítulo, que define que Tipos de Rede são válidos com quais Plantas e como eles devem se comportar.

• **Planner group**   Que grupo é responsável por manter a Lista de Tarefas. Se ele for entrado, você terá, também, que entrar um MRP cont.group.

• **MRP cont.group**   O Grupo de Planejamento de Requisições de Materiais associado com o Grupo Planejador.

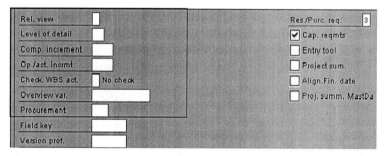

Copyright by SAP AG

• **Rel. view**   A visão de relacionamento apresentada inicialmente quando você está definindo Regras de Início/Término para ligação de Redes. A mais comum é Mixed (Mista), uma vez que esta mostrará relacionamentos Precedentes e Sucessores. Na CJ20N você pode ligar Atividades, umas às outras (e a atividades de outros projetos). As Created (Como Criada) vai deixá-las na ordem em que foram criadas.

Copyright by SAP AG

• **Level of detail**   Um número que representa o nível de detalhe que você quer ter quando vendo relacionamentos de Atividades.

• **Comp. increment**   Incremento usado entre Componentes Materiais anexados a uma Atividade, por exemplo, 10, 20, 30, e assim por diante.

• **Op.act. incrmnt**   Incremento usado entre cada Atividade em uma Rede. Usualmente 010, que incrementará por unidades de 10. Isto permite inserções onde necessário. Lembre-se que Atividades de Rede são identificadas pelo Número de Rede mais o Número de Atividade.

• **Check WBS act.**   Como você quer que o sistema reaja às Datas de WBS que podem cair fora da faixa completa de datas de Atividade associadas com a WBS.

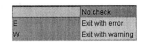

Copyright by SAP AG

• **Overview var.**   Para o PP (Planejamento de Produção), uma lista de roteamentos, planos de inspeção, listas de tarefas de manutenção e redes. A variante pode ser definida com os objetos mostrados em um resumo de objeto e a disposição das linhas de resumo do objeto.

• **Procurement**   Combina vários ajustes para a aquisição de componentes. Em que estoque os componentes devem ser gerenciados:

-O indicador de ordem de Terceiro

-O indicador de ordem Preliminar

-A categoria do item

O valor entrado aqui é o Tipo de Aquisição padrão, quando um novo Componente Material for criado. Quando você assinala um componente para uma atividade, você tem que entrar um indicador de aquisição no resumo do componente. Depois que você tiver confirmado a entrada, você não pode mais mudar o indicador de aquisição.

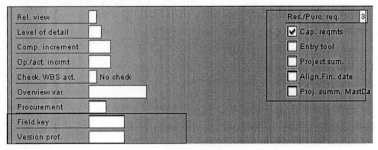

Copyright by SAP AG

Capítulo 5: Configuração 129

• **Field key**   Determina a Chave usada para Campos Definidos pelo Usuário (UDFs). Se você não usa UDFs, você não precisa entrar nada aqui. Se você estiver usando UDFs mas deliberadamente deixá-los em branco aqui, você ainda pode inserí-los manualmente num Projeto Padrão ou Operacional.

• **Version prof.**   Determina a chave usada se você estiver usando Versões de Projeto. Também é usado no Perfil de Projeto, mas aqui você pode ser específico acerca do que vai numa Versão de Atividade de Rede através do Status de uma Atividade, ao invés do status de uma WBS.

• **Res/Purc. req.**   Selecione um número de 1 a 3 para determinar quando uma Requisição de Reserva/Compra é gerada de uma Rede.

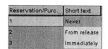

Copyright by SAP AG

• **Cap. Reqmts**   Ticado se você quiser que as necessidades de Capacidade sejam calculadas quando você salva a Rede.

• **Entry tool**   Tique esta caixa se você quiser que o sistema vá automaticamente para a entrada de dados na tela da Atividade ou elemento (internamente, externo, custo geral).

• **Project sum**   Tique esta caixa para especificar que atividades em redes com atribuição de conta de atividade serão consideradas no resumo do projeto. Note que esta caixa só pode ser ticada se o Elemento WBS superior também for selecionado para Resumo.

• **Align. Fin. Date**   Tique esta caixa se você quiser que os componentes materiais das Atividades sejam efetivados para a Data de Término Agendada. Você pode controlar os dias antecedentes (o número de dias antes da Data de Término em que os Materiais devem ser efetivados individualmente) na tela General Data of the Material Component (Dados Gerais do Componente Material), do Projeto Operacional. Para ser mais preciso acerca das Datas Mais Anteriores/Últimas, veja, também, a configuração para Especificar Parâmetros para Agendamento de Rede - Transação OPU6.

• **Proj. summ. MastDa**   Tique esta caixa se você quiser o Resumo através das Características dos Dados Mestres. Note que o SAP não pretende suportar isto no futuro.

130 SAP - Manual do Sistema de Projetos

ABA VALIDATION (Validação)

IDs de Validação e Substituição devem ser colocadas no Perfil de Rede se você quiser que as Redes Padrões e/ou Operacionais executem estas tarefas automaticamente em segundo plano, quando o projeto for salvo. Colocando estes valores nas Redes Padrão ou Operacional (em Ajustes), não resulta no mesmo efeito e você terá de executá-las manualmente. As Validações e Substituições no Perfil de Projeto trabalham independentemente destas.

Copyright by SAP AG

NOTA: *Validação/Substituição no nível de Rede apenas se aplica aos ajustes mostrados na caixa destacada (esta tela, extraída de Configuração de Validação/Substituição).*

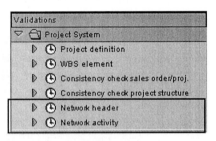

Copyright by SAP AG

• **Network header** Se você estiver usando Validação de Definição de Projeto, entre a ID. Esta se aplica a todas as Validações relevantes apenas para o Cabeçalho de Rede.

• **Network activities** Se você estiver usando Validação de Rede, entre a ID. Esta se aplica a todas as Validações relevantes apenas para as Atividades de Rede.

ABA SUBSTITUTION (Substituição)

Aqui se aplicam as mesmas instruções que para a aba VALIDATION.

Copyright by SAP AG

ABA GRAPHICS (Gráficos)

Muitos dos ajustes nesta configuração são padrões do SAP - ela não serve a qualquer propósito para se tentar uma explicação completa - apenas use os perfis padrões e faça os ajustes que você vir que cabem.

Em suma, estes ajustes afetam a forma como o Gráfico de Rede é mostrado no Construtor de Projeto, Quadro de Planejamento, ou qualquer outro lugar em que você vir o Símbolo do Gráfico de Rede, mostrado aqui.

Um Gráfico de Rede Típico usando o SAP Padrão: Copyright by SAP AG

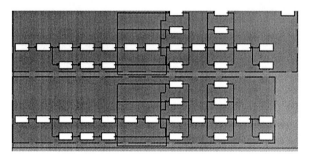

Copyright by SAP AG

NOTA: *Os ajustes de Cor (por exemplo, Demarcação Colorida), que significam "Demarcação Existe", só podem ser vistos no Modo Expandido do display gráfico, como mostrado a seguir.*

Copyright by SAP AG

ABA ACTIVITIES (Atividades)

Para que uma rede seja funcional, ela deve ter Atividades (estes são os objetos que realizam o trabalho). Estas Atividades são gerenciadas através de Chaves de Controle, que identificam de forma única cada tipo de Atividade e quais são os seus ajustes gerais. No Perfil de Rede, você pode ter apenas quatro Chaves de Controle: Interna, Externa, Geral e de Serviço. Estes quatro tipos de atividade serão discutidos em seguida.

Copyright by SAP AG

Internally Processed Activity (Atividade Processada Internamente)

Atividades que são gerenciadas usando recursos internos (máquinas, pessoal, etc). Pode ser um tanto confuso dizer interno de externo, uma vez que é possível se adicionar componentes materiais que são comprados externamente. Entretanto, estes tipos de Atividade são os únicos que permitem que você use Centros de Trabalho e Tipos de Atividade para propósitos de planejamento e são a base para planejamento de Capacidade e de recursos internos.

• **Control key**   A Chave de controle é configurada separadamente (Transação OPSU). SAP fornece padrões (PS01-PS05), mas você pode copiá-las e/ou alterá-las para satisfazer às suas necessidades (muitas intalações o fazem). Leia a respeito das Chaves de Controle antes de decidir quais usar em seu Perfil de Rede.

• **Mat.cost elem.**   Entre um Elemento de Custo de planejamento cabível - Custos planejados por Material aparecerão em relatórios "por Elemento de Custo".

Capítulo 5: Configuração 133

• **Unit for work** Unidade de Medida - este valor aparece como a Unidade padrão para todas as suas Atividades Processadas Internamente quando planejando custos por Centro de Trabalho/Tipo de Atividade (os Elementos de Custo associados a este planejamento são armazenados no Centro de Custo).

• **Norm.duratn un.** Unidade de Medida - este valor aparece como a Duração Normal para todas as suas Atividades Processadas Internamente. O valor é usado em Agendamento para Redes, mas pode ser sobreposto.

• **Calculation key** Chave de cálculo para duração, trabalho ou número de capacidades requeridas na atividade.

A base para o cálculo é:

-Número de capacidades com a categoria de capacidade

-Porcentagem de tempo de Operação (trabalho) da capacidade entrada

-Duração da atividade

-Trabalho

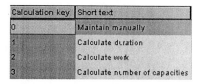

Copyright by SAP AG

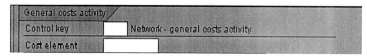

Copyright by SAP AG

General Costs Activity (Atividade de Custos Gerais)

Custos planejados desta forma normalmente são relacionados a coisas como Viagem, Seguro, Royalties, e assim por diante, e não necessitam ter quaisquer materiais ou Tipos de Atividades associados a eles - eles são uma forma simples de planejamento de custos no nível de Atividade.

• **Control key** A Chave de Controle é configurada separadamente (Transação OPSU). SAP fornece padrões (PS01-PS05), mas você pode copiá-los e/ou alterá-los para satisfazer às suas necessidades (muitas instalações o fazem). Leia sobre Chaves de Controle antes de você decidir quais usar em seu Perfil de Rede.

• **Cost element**   Entre um Elemento de Custo de planejamento cabível - Custos Gerais aparecerão nos relatórios "por Elemento de Custo".

A seguir um detalhe da tela com os campos específicos para uma Atividade de Custo Geral no Construtor de Projeto:

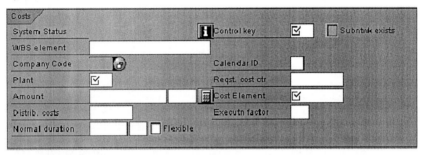

Copyright by SAP AG

Copyright by SAP AG

Service Activity (Atividade de Serviço)

Atividades de Serviço são aquelas usadas para gerenciar serviços externos por meio de Acordos de Delineamento e Mestres de Serviço. Freqüentemente, negócios necessitam planejar para subcontratadoras, e estas atividades permitem que você especifique contratos e acordos existentes:

• **Control key**   A Chave de Controle é configurada separadamente (Transação OPSU). SAP fornece padrões, mas você pode alterá-los para satisfazer às suas necessidades (muitas instalações o fazem). Leia sobre Chaves de Controle antes de você decidir quais usar em seu Perfil de Rede.

• **Cost element**   Entre o Elemento de Custo de planejamento cabível - Custos Gerais serão mostrados em relatórios "por Elemento de Custo".

• **Material group**   Chave que você usa para agrupar vários serviços com os mesmos atributos e atribuir-lhes a um grupo particular de material. A entrada deste ajuda o MRP a buscar e encontrar requisições comuns.

Capítulo 5: Configuração 135

• **Purch. group**   Chave para um comprador ou um grupo de compradores responsável por certas atividades de compra. Internamente, o grupo de compra é responsável pela aquisição de material ou de uma classe de materiais. Externamente, é o meio através do qual são mantidos contatos com os fornecedores.

• **Unit of measure**   A Unidade usada pelo departamento de compras para ordenar o Serviço.

A seguir, um detalhe da tela com os campos específicos para uma Atividade de Serviço no Construtor de Projeto:

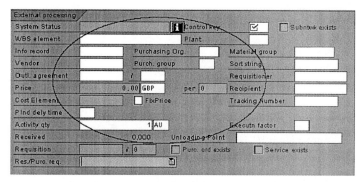

Copyright by SAP AG

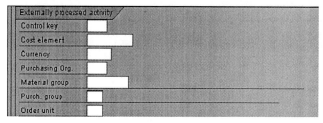

Copyright by SAP AG

Externally Processed Activity (Atividade Processada Externamente)

Atividades relacionadas com bens (e serviços) comprados externamente. Estes tipos de atividades são usados para gerenciar a compra de materiais que não existem no seu estoque.

• **Control key**   A Chave de Controle é configurada separadamente (Transação OPSU). SAP fornece padrões, mas você pode alterá-los para satisfazer às suas necessidades (muitas instalações o fazem). Leia sobre Chaves de Controle antes de você decidir quais usar em seu Perfil de Rede.

- **Cost element**   Entre o Elemento de Custo de planejamento cabível - Custos Gerais serão mostrados em relatórios "por Elemento de Custo".

- **Currency**   Moeda padrão para a Atividade (que será aplicada à nova Atividade).

- **Purchasing Org.**   Organização de Compras padrão (que será aplicada à nova Atividade).

- **Material group**   Grupo de Material padrão (que será aplicado à nova Atividade).

- **Purch. group**   Grupo de Compra padrão (que será aplicado à nova Atividade).

- **Order unit**   Unidade de Medida padrão (que será aplicada à nova Atividade).

Tipo de Rede

A função de um Tipo de Rede é categorizar o Tipo de Ordem. Ordens de Rede são do Tipo 20. É obrigatório para uma Rede ter um Tipo de Rede associado a ela (através do Perfil de Rede). O Tipo de Rede desempenha um cargo significante no controle e gerenciamento da rede, em particular no Perfil de Repasse.

Caminho do Menu	Project System->Structures->Operative Structures->Network->Settings for Networks
Ponto de Configuração	Maintain Network Type
Transação	OPSC

Capítulo 5: Configuração **137**

Copyright by SAP AG

- **Order category** Automaticamente ajustado para 20 (Ordens de Rede)
- **Order Type** A ID que é usada para este Tipo de Rede

ABA CONTROL INDICATOR (Indicador de Controle)

- **CO partner update** Definido no CO. Os ajustes são:
    - Not active (inativo) - Em alocações entre uma ordem e um outro objeto, nenhum registro de totais é produzido para o relacionamento com a ordem.
    - Partly active (parcialmente ativo) - Em alocações entre ordens, registros de totais são produzidos para cada combinação. Em alocações que não estão diretamente entre duas ordens, tais como alocações de atividade entre centros de custo e ordens, nenhum registro de totais para os relacionamentos com a ordem é produzido no outro objeto.
    - Active (ativo) - Em alocações entre uma ordem e outro objeto, um registro de totais é sempre produzido para a combinação que inclua a ordem.

138 SAP - Manual do Sistema de Projetos

• **Classification**   Marque esta caixa se a Classificação de objetos for necessária em relatórios.

• **Planning**   Marque esta caixa se dados de Planejamento deverem ser copiados para o CO.

ABA REORGANIZATION (Reorganização)

Copyright by SAP AG

Quando uma rede é excluída, ela é arquivada de acordo com quadros de tempo (Residência) definidos aqui (1 e 2). Há três passos envolvidos na exclusão de uma Rede:

1. Ligar o sinalizador de exclusão (que pode ser desligado).

2. Ligar o indicador de exclusão final (não pode ser desligado).

3. Reorganizar (escrevendo o objeto num conjunto de dados seqüenciais e excluindo-a fisicamente do sistema).

• **Residence Time 1**   O tempo 1 de permanência determina o intervalo de tempo (em meses de calendário) que deve se passar entre a ligação do sinalizador de exclusão (passo 1) e a ligação do indicador de exclusão (passo 2).

• **Residence Time 2**   O tempo de permanência 2 determina o intervalo de tempo (em meses de calendário) que deve se passar entre a ligação do indicador de exclusão (passo 2) e a reorganização (passo 3).

ABA COSTS (Custos)

• **Functional Area**   Usado para contabilidade externa. A área funcional é necessária para criar uma conta de lucros e perdas na Contabilidade Financeira usando a Contabilidade de Custo de Vendas (um tipo de cláusula de lucro e perda que relaciona os ganhos com vendas aos custos ou despesas envolvidas no processo de ganho). Freqüentemente usada em aplicações governamentais.

• **Object Class**   Pode ser Excedentes, Produção, Investimento ou Análise de Lucratividade/Vendas. Enquanto certos tipos de objetos automaticamente pertencem a uma classe particular (por exemplo, centros de custo pertencem à classe "Excedentes"), outros precisam ser assinalados explicitamente a uma classe de objeto em seus registros mestres (é o caso das ordens internas e dos elementos de estrutura de detalhamento de trabalho).

• **Settlmnt Profile**   O perfil configurado na Configuração de Repasse (OKO7). Este será o padrão para Atividades.

ABA STATUS MANAGEMENT (Gerenciamento de Status)

Qualquer Status de Usuário configurado pode ser definido como padrão para todas as Redes criadas.

[Screenshot of SAP configuration screen]

Copyright by SAP AG

- **Status profile**   O perfil selecionado na Configuração de Status de Usuário (OKO2). Este será o padrão para Atividades.

- **Release immed.**   Se selecionado, todas as atividades serão liberadas no momento de sua criação.

NOTA: *Você só pode usar o indicador para ordens que usam o gerenciamento de status geral do SAP. Ordens de Manutenção e Ordens de Serviço são liberadas automaticamente se elas forem criadas a partir de chamadas de manutenção, de uma notificação de segundo plano, ou de uma ordem de vendas. Ordens de serviço também são liberadas imediatamente se forem criadas a partir de um item de documento de vendas.*

- **Number range general**   Leva você à transação OPSC (Manter Faixas de Números para Ordens). Aqui você pode definir as faixas de números necessárias para o seu Cabeçalho de Rede, com base nos seus Tipos de Rede.

Capítulo 5: Configuração **141**

Parâmetros de Rede

Não seria possível usar Redes e processar Ordens de Compras, Reservas, Ordens de Manutenção e outras Ordens, a menos que você tenha configurado os Parâmetros pelos quais as Ordens são processadas, especialmente se as ordens forem anexadas a diferentes Plantas. Os parâmetros são a "ligação" da Planta com o Tipo de Rede (anexado ao Perfil de Rede), que é conseguida aqui. Se você tiver múltiplas Plantas em sua Organização, você precisará de uma entrada de Parâmetro para cada Planta (assumindo-se que a Planta é cabível para Redes).

Caminho do Menu	Project System->Structures->Operative Structures->Network->Settings for Networks
Ponto de Configuração	Specify Parameters for Network Type
Transaction	OPUV

• **Plant**   A Planta que usará o Tipo de Rede. Nem todas as Plantas usariam um Rede - por exemplo, se você tiver uma Planta de Serviço em que você não queira que Ordens de Serviço apareçam no Planejamento de Projeto.

• **Network type**   O Tipo de Rede (como configurado em OPSC) associado à Planta.

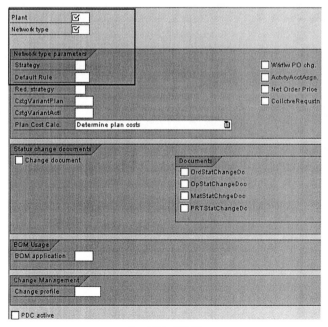

Copyright by SAP AG

ABA NETWORK TYPE PARAMETERS (Parâmetros de tipo de Rede)

• **Strategy**   De que forma a Regra de Repasse é determinada na Atividade de Rede.

• **Default Rule**   Em uma regra de repasse de CO, as regras de distribuição são, em certos casos, geradas automaticamente. A regra padrão determina como esta espécie de regra de distribuição é estruturada. As regras padrões são predefinidas pelo SAP e não podem ser MUDADAS.

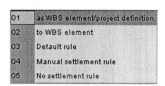

Copyright by SAP AG

Copyright by SAP AG

• **Red. strategy**   Chave que especifica a estratégia para reduzir o tempo precedente de uma Atividade.

Capítulo 5: Configuração 143

• **Cstg VariantPlan** Chave que especifica qual Variante de Custeio é usada para determinar os custos planejados. A Variante de Custeio se refere a uma Variante de Avaliação, que combina todos os parâmetros para avaliação de materiais, atividades internas e atividades externas em Custeio Preliminar. Determina, também, que esquema de cálculo é proposto para determinação de excedentes para produção e Ordens de Processo.

• **Cstg VariantActl** Chave que especifica a Variante de Custeio que é usada para determinar os custos reais. A Variante de Custeio se refere a uma Variante de Avaliação, que determina que preços de atividade são usados da contabilidade do centro de custo para avaliar as atividades internas confirmadas em Custeio Simultâneo (um processo que atribui a um objeto de custo os custos reais incorridos até a data presente para aquele objeto de custo). Determina, também, qual Planilha de Custeio é proposta para cálculo de Excedentes na ordem (Coletor de Custo de Produção ou Ordem de Produção).

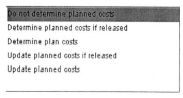

Copyright by SAP AG

• **Plan Cost Calc.** Quando você vai querer que seus Custos Planejados sejam atualizados.

Copyright by SAP AG

- **Wrkflw PO chg.** Marque esta caixa se você quiser alterações nas quantidades ou datas de componentes fora de estoque, atividades externas para criar um fluxo de trabalho (e se uma ordem de compra já existe).

- **ActvtyAcctAsgn.** Marque esta caixa se você quiser Atribuição de Conta (registros) no nível de Atividade. Se você não marcar aqui, Atribuição de Conta será feita no nível de Cabeçalho de Rede.

- **Net Order Price** Selecione esta caixa se o preço líquido não puder ser mudado quando copiado de uma requisição de compra para uma ordem de compra.

- **CollctveRequstn** Selecione esta caixa se você quer que todas as operações externas (Ordens) sejam associadas a uma Requisição de Compra Coletiva. Se você não marcar aqui, PRs separadas serão criadas para cada Operação externa.

ABA STATUS CHANGE DOCUMENTS (Documentos de mudança de status)

Marque esta se você quiser que alterações nas Redes sejam registradas (antes/depois e quem fez a alteração).

- **OrdStatChangeDc** Selecione esta caixa para registrar as alterações de Status no nível de Cabeçalho de Rede.

- **OpStatChangeDoc** Selecione esta para registrar alterações de Status numa Operação.

- **MatStatChngeDoc** Selecione esta para registrar alterações de Status num Componente Material.

- **PRTStatChangeDc** Selecione esta para registrar alterações de Status numa Ferramenta de Recurso de Produção.

Capítulo 5: Configuração **145**

ABA BOM USAGE (Uso de BOM)

Representa um processo para determinação automática de alternativas (Planejamento de Produção) nas diferentes áreas organizacionais dentro de uma companhia.

Copyright by SAP AG

BOM Application (Aplicação BOM)

Para selecionar a alternativa correta para uma área de aplicação específica, os seguintes critérios são definidos para cada aplicação:

• Prioridade para Uso de BOM

• Prioridade da alternativa específica para um material BOM em particular

• Versão de produção do mestre de material

• Verificação de certos indicadores de status

ABA CHANGE MANAGEMENT (Gerenciamento de alterações)

• **Change profile**   Este perfil determina o processo de alteração no PP para ordens de produção e como alterações efetuadas automaticamente a ordens ou redes são tratadas no PS e no PP.

• **PDC active**   Tique esta caixa se a Coleta de Dados de Planta estiver ativa (Inter-Aplicações).

Atualização de Valor de Ordem

Nesta configuração, você faz ajustes para determinar como os vários Tipos de Ordem (Redes, Ordens PP, Ordens de Manutenção, etc) atualizam o Plano de Custo do Projeto. Os custos podem ser tanto Apportioned (divididos) quanto Appended (Anexados).

• **Apportioned** (Appended desligado)   O valor do plano de uma ordem é adicionado ao valor comprometido do elemento WBS correspondente.

• **Appended**   O valor do plano de uma ordem é adicionado ao valor do plano do elemento WBS correspondente.

O propósito mais útil desta configuração (fora das Redes) é assegurar que outras Ordens (tais como Ordens de Manutenção que são atribuídas a um Projeto), terão seus custos planejados demonstrados em um Projeto.

Veja, também, a Transação OPTP (Parâmetros para Sub-redes).

Caminho do Menu	Project System->Costs->Planned Costs->Automatic costing in Networks/Activities
Ponto de Configuração	Define Order Value Updating for Orders for Projects
Transação	OPSV

Copyright by SAP AG

Capítulo 5: Configuração 147

• **Cat**   Entre uma Categoria de Ordem (por exemplo, 20, 30, 50).

• **Type**   Se você quiser que todos os Tipos de Ordem da Categoria sejam considerados para Planejamento de Custo, entre ++++. Ou entre um Tipo de Ordem (por exemplo, pode haver vários Tipos de Ordem de Manutenção, de forma que você pode ser específico acerca de quais ordens têm quais ajustes).

• **COAr**   Entre uma Área de CO, ou ++++ para todas as Áreas de CO.

• **Addit.**   Tique se Custos das Ordens são Aditivos (isto é, Appended). Se você não ticar esta caixa, Custos serão Apportioned (veja as notas anteriores).

• **Assign Funds in Plan**   Tique esta caixa se os valores do plano para uma ordem com status "Opened" (Aberta) forem inseridos nos valores atribuídos para o elemento PSP à medida que a ordem requer. Se seu Tipo de Ordem é uma Rede e seu Tipo de Rede tem um ajuste no Indicador de Controle e você tentar ser específico acerca de que Tipos de Ordem são afetados, então você obterá uma mensagem de informação afirmando que Assign Funds to Plan (Atribuir Fundos para Plano) foi controlado pelo Tipo de Rede.

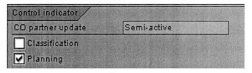

Copyright by SAP AG

Parâmetros para Sub-redes

Sub-redes são Ordens (outras que não Redes) que podem ser assinaladas para um Projeto para propósitos de planejamento. Nesta configuração, você está fazendo ajustes que apontam um Tipo de Rede para outro. Se, por exemplo, você quiser que Ordens de Serviço sejam Sub-redes de um Projeto, você primeiro especifica o Tipo de Rede do PS de que uma Sub-rede fará parte. Em seguida você especifica o Tipo de Rede pelo qual ele será substituída quando uma Ordem for assinalada a um projeto. Então, você especifica a Chave de Controle que deve ser usada para definir como a Sub-rede é gerenciada (veja a Chave de Controle OPSU). Finalmente, você especifica que Datas serão copiadas da Rede para a Sub-rede.

Veja, também, a Transação OPSV (Atualização de Valor de Ordem).

Caminho do Menu	Project System->Structures ->Operative Structures->Network
Ponto de Configuração	Define Parameters for Subnetworks
Transação	OPTP

Copyright by SAP AG

• **Network type subntwk**   Especifique o Tipo de Rede do PS de que uma Sub-rede fará parte.

• **NtwkTy replaced act.**   Especifique o Tipo de Rede pelo qual a Sub-rede será substituída quando uma Ordem for assinalada a um projeto.

ABA CONTROL PARAMETER (Parâmetros de controle)

• **Control key**   Especifique a Chave de controle que deve ser usada para definir de que forma as Sub-redes serão gerenciadas.

• **Copy dates**   Especifique quais Datas serão copiadas da Rede para a Sub-rede - Earliest (mais antiga), Latest (última) ou Earliest Start (início mais antigo) e Latest Finish (último término).

Um lembrete de como a Chave de controle aparece na Transação OPSU:

Copyright by SAP AG

Capítulo 5: Configuração **149**

Chave de Controle

Determina que Transações de Negócio são realizadas quando uma Atividade de Rede é processada. O mais importante é que sua função é identificar, de forma única, se uma Atividade de Rede é uma das seguintes:

- Processada Internamente (para recursos internos pelo Centro de Trabalho/Tipo de Atividade)

- Processada Externamente (para Materiais fornecidos externamente)

- Custo Geral (para planejamento não específico pelo Centro de Custo)

- Serviço (para Serviços [contratos] fornecidos externamente)

SAP fornece um conjunto de ajustes típicos, mas você pode subitamente mudar seu comportamento aqui, incluindo ajustes especiais. Para Sub-redes, pode haver uma Chave de Controle específica - veja a Transação OPTP.

Caminho do Menu	Project System->Structures->Operative Structures->Network->Settings for Networks->Settings for Network Activities
Ponto de Configuração	Define Control Key
Transação	OPSU

Copyright by SAP AG

- **Control key** identificador único e uma Descrição

ABA INDICATORS (Indicadores)

• **Scheduling** esta caixa se você quiser suas Atividades e de Atividade agendados de acordo com os Parâmetros de Agendamento.

• **Det. Cap. Req.** esta se você quiser que suas Atividades e Elementos de Atividade tenham suas requisições de Capacidade determinadas. Esta caixa só deve ser ticada se você também tiver ticado Scheduling (agendamento), uma vez que os resultados de agendamento determinam Capacidade.

• **Gen. costs act.** esta se você quiser que suas Atividades de Custo Geral usem esta Chave de Controle.

• **Cost** esta se você quiser que os custos associados a suas Atividades e Elementos de Atividade sejam incluídos no Custeio.

Copyright by SAP AG

• **Print time tic.** esta se você quiser imprimir tíquetes de tempo. Você deve, também, ajustar o indicador Print(imprimir) na Chave de controle. Ajuste um número maior que "0" para o número de tíquetes de tempo a serem impressos na ordem (veja General Data (Dados Gerais) para a respectiva operação, sub-operação ou fase).

Capítulo 5: Configuração 151

Um Tíquete de Tempo é um documento em que os tempos e quantidades produzidas reais de um empregado são registrados. Este documento é usado para confirmação de completamento de ordem de trabalho e remuneração pelo trabalho realizado. Tíquetes de Tempo são criados para todas as operações impressas em tíquetes de emprego se certas condições forem preenchidas, por exemplo, operação liberada, não completada, não excluída ou não confirmada.

O tíquete de tempo é um meio de registro de tempos de trabalho e alocação de custos de trabalho para centros de custo ou objetos de custo. Quando usados para registrar partes de trabalho, ele inclui dados que descrevem uma unidade de trabalho em sua totalidade.

Os campos usados nos tíquetes de tempo são campos de atribuição de conta, tais como número de ordem, operação ou centro de custo; campos de dados reais, tais como tempo necessário, número de unidades completadas ou tempo de ajuste; e campos de dados de referência, tais como tempo padrão para cada unidade, quantidade a ser completada e tempo alvo baseado no número de unidades e no tempo padrão para cada unidade.

- **Confirmation** um ajuste apropriado se você quiser permitir Confirmações.

Confirmatio...	Short text
1	Milestone confirmation (not PS/PM)
2	Confirmation required
3	Confirmation not possible
	Confirmation possible but not necessary

Copyright by SAP AG

- **Ext. processing** se você quiser que esta Chave de Controle seja usada para Processamento Externo, especifique como.

Extern...	Short text
	Internally processed operation
+	Externally processed operation
X	Internally processed operation/external processing possible

Copyright by SAP AG

152 SAP - Manual do Sistema de Projetos

• **Service** esta caixa se você quiser que esta Chave de Controle seja usada para Serviços.

Copyright by SAP AG

• **Print confirm.** esta se você quiser imprimir confirmações. Você deve ajustar, também, o indicador Print na Chave de Controle. Ajuste um número maior que "0" de tíquetes de a serem impressos na ordem (veja Dados Gerais para a respectiva operação, sub-operação ou fase).

Este ajuste só é levado em conta no PS se a impressão de lapsos de confirmação for permitida para os correspondentes tipos de ordem, planta e controlador MRP (seção *Listar controle por transação*).

• **Print** esta se você tiver definido Print Time Ticket ou Print Confirmation.

• **Sched.ext.op.** indicador determina que Atividades de Rede podem ser agendadas usando seus valores padrão se elas forem processadas externamente. Se o indicador não estiver ligado, estes objetos serão agendados usando-se o tempo de entrega planejado quando eles foram processados externamente.

Este ajuste só é levado em conta se o objeto for marcado como processado externamente na Chave de Controle (campo *external processing* (processamento externo)).

Capítulo 5: Configuração **153**

Categorias de Atribuição de Conta

Esta configuração se aplica aos ajustes para Requisições de Compra/Ordens de Compra que foram criadas como um resultado das Redes. Ordens/requisições de compra podem ser atribuídas para:

- A rede (custos planejados são atualizados na rede).

- O elementos WBS (se a rede é atribuída a um elemento WBS, custos planejados são atualizados no elemento WBS).

- A ordem de vendas (se a rede é atribuída a uma ordem de vendas, os custos planejados são atualizados na ordem de vendas).

Caminho do Menu	Project System->Structures->Operative Structures->Network->Settings for Networks->Settings for Network Activities
Ponto de Configuração	Account Assignment Categories and Document Types for Purchase Requisitions
Transação	OPTT

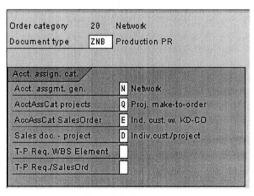

Copyright by SAP AG   Copyright by SAP AG

- **Order category** 20 para Redes.

- **Document type** o Tipo de documento. Estes são criados na configuração de Compra (o Tipo de Documento padrão de PR/PO é NB, mas você pode ter o seu próprio).

ABA ACCT. ASSIGN. CAT. (Categoria de atribuição de conta)

A Categoria de Atribuição de Conta é uma "cláusula" para recipientes de repasse de CO:

- acct. assgmt. gen.   para consumo
- AcctAssCat projects   para Estoque de Projeto
- AccAssCat SalesOrder   para Estoque de Ordem de Vendas
- Sales doc.-project   para Repasse de Ordem de Vendas
- T-P Req. WBS Element   para requisições de WBS por terceiros
- T-P Req./SalesOrd   para requisições de Ordem de Vendas por terceiros

Demarcações

Resumo

Demarcações contêm datas que representam eventos planejados. Elas podem ser usadas simplesmente para identificar eventos importantes, ou podem ter funções anexadas a elas. Por exemplo: Você está planejando a contrução de um elevador de vidro usando uma rede. Uma demarcação é anexada à atividade "aprovação". Após a "aprovação" da atividade ser liberada, a rede será automaticamente atualizada para incluir uma "aquisição" de rede padrão contendo todas as atividades relacionadas à compra.

Demarcações também podem disparar um Fluxo de trabalho (por exemplo, um e-mail interno lembrando alguém a respeito de um evento ocorreu no momento para o qual ele estava planejado).

Demarcações são eventos na vida de um projeto. Elas são controladas por datas e podem influenciar no comportamento de um projeto quando certas datas forem confirmadas como alcançadas. Demarcações podem ser anexadas tanto à WBS como a Atividades de Rede.

Funções de Demarcação

Com base no valor de status do Sistema e do Usuário (que muda à medida que o projeto progride), você realiza tarefas especiais que podem liberar atividades subseqüentes ou criar novas redes. Isto é útil quando você necessita que atividade "nos bastidores" seja disparada quando demarcações forem alcançadas.

Capítulo 5: Configuração **155**

NOTA: *"Release Stop Indicator" (Liberar Indicador de Interrupção) existe para controlar a liberação de atividades subseqüentes.*

Data de Documento de Vendas

Se a rede é ligada a uma Ordem de Vendas, a data agendada para a Demarcação pode ser replicada no Documento de Vendas (com base na Chave de Data, que determina qual data específica no Documento de Vendas é sobreposta).

Deslocamentos

Se você quiser que uma data de Demarcação seja calculada para você, você pode fazer uma das seguintes:

- Marcar o indicador Latest Date (última data), que transferirá a última data da WBS para a Data de Agenda de Demarcação

ou

- Marcar o indicador Offset to Finish (deslocamento para término), que transferirá a data de término da WBS para a Data de Agenda de Demarcação.

Em seguida, você pode (opcionalmente) completar as dependências (por exemplo, após 20 horas da Atividade passadas). Ou você pode especificar uma Porcentagem representando a Porcentagem de Completamento que uma Atividade alcançou (como especificado na Porcentagem de Completamento da Demarcação).

Plano de Cobrança

Um Plano de Cobrança é uma lista de datas para quando os clientes estão agendados para receber suas contas. É possível disparar o envio destas contas através de Demarcações. Isto é feito em dois estágios:

1. Criar as Demarcações no PS.

2. Anexar Demarcações ao Plano de Cobrança no SD (Vendas e Distribuição).

A Figura 5-3 detalha o relacionamento de objeto nas Demarcações (tanto Redes quanto WBS).

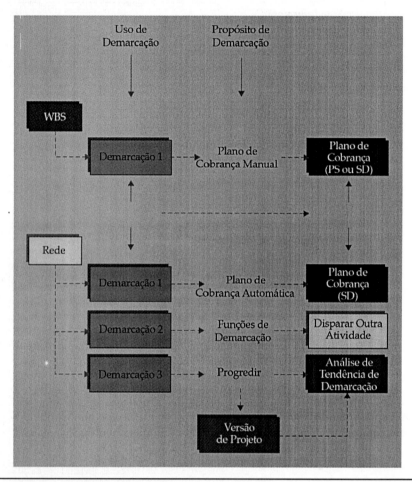

Figura 5-3 Relacionamento de objeto demarcação

NOTA: *Quando Demarcações são usadas com Redes para formar a base do Plano de Cobrança do Cliente, apenas o % inicial entrado na Demarcação é transferido para o Plano de Cobrança. Atualizações subseqüentes devem ser gerenciadas manualmente na Ordem de Vendas.*

Capítulo 5: Configuração **157**

Análise de Tendência de Demarcação (MTA)

MTA é um método simples para a analisar as datas em um projeto e compará-las com dados planejados. Você a usa para rapidamente reconhecer tendências e desvios da agenda planejada. As datas agendadas das demarcações, que são relevantes para o curso do projeto, são comparadas em vários pontos no tempo. Desvios da agenda planejada são tornados aparentes. Na forma gráfica, uma carta MTA, cujos lados triangulares são os eixos do tempo, é usada. Como mostrado na Figura 5-4 (extraída da documentação do SAP), datas de demarcações são plotadas com relação a datas relatadas.

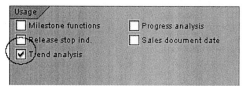

Copyright by SAP AG

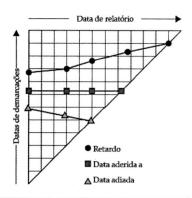

Figura 5-4 Análise de tendências de demarcações

Para tornar uma Demarcação relevante para a MTA, você deve ajustar o indicador na Demarcação para LIGADO.

Em conjunto com isto, você deve ter configurado um Perfil de Versão de Projeto com o campo MTA-Relevant (relevante para MTA) ajustado para LIGADO (veja "Criar Perfis para Versão OPTS de Projeto" neste capítulo). Isto formará a base sobre a qual a MTA pode comparar seu projeto operacional com a base original.

Criar uma Versão de Projeto através do seguinte caminho no Sistema de Informação de Projeto:

Copyright by SAP AG

Structure->Structure Overview (or in the Project Execution menu) Period-End closing->Project Versions

Em seguida selecione Evaluation->Save project version.

A MTA pode ser executada através do Quadro de Planejamento ou acessando-se este caminho:

Logistics or Accounting->Project System->Information System->Progress->Milestone Trend Analysis

A documentação do SAP contém excelente informação sobre este assunto.

Uso de Demarcação

Você não precisa de nenhuma configuração além de criar um Uso e uma Descrição se você estiver usando Demarcações na sua forma mais básica (isto é, você só as quer como datas num Diagrama de Gantt e não usa Cobranças).

Se você quiser ajustar Demarcações Padrões, você precisará de um Uso.

NOTA: *A configuração de Uso é a mesma tanto para projetos Operacionais quanto para projetos Padrões.*

Caminho do Menu	Project System->Structures->Operative Structures->Milestones System->Structures->Templates->Standard Milestones
Ponto de Configuração	Define Milestone Usage
Transação	OPSR

Capítulo 5: Configuração **159**

IMG para Milestone Usage (uso de demarcação):

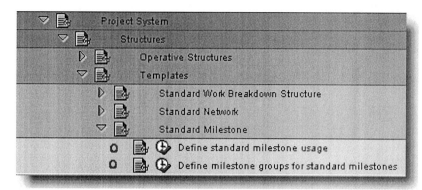

Copyright by SAP AG

IMG para Milestone Billing (cobrança de demarcação):

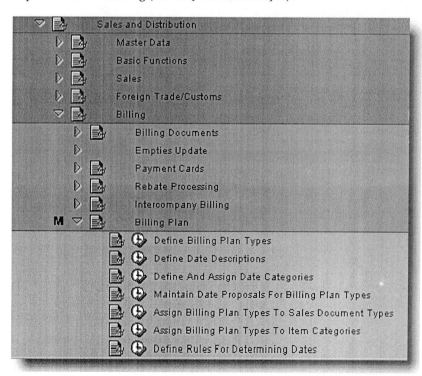

Copyright by SAP AG

160 SAP - Manual do Sistema de Projetos

Usage	Description	BillPlanTy	Date catg	S/F	No dialog
					☐
					☐
					☐

Copyright by SAP AG

• **Usage** identificador único para o uso desta Demarcação.

• **Description** descrição (se você estiver usando Demarcações com o propósito de Ordenar Cobrança, esta é a descrição que aparece no seu Plano de Cobrança SD. Note que ainda que a descrição tenha 40 caracteres de comprimento, aqui, só será possível ver 13 caracteres no Plano de Cobrança SD).

• **BillPlanTy** você estiver usando Demarcações com o propósito de Cobrança, você terá de um Tipo de Plano de Cobrança aqui. Isto controla quais campos serão oferecidos para processamento (veja "Manter Tipos de Cobrança para Cobrança de Demarcação OVBO").

• **Date catg de Data** - Novamente, se você estiver usando Cobrança de Demarcação, isto controla as Regras de Cobrança, os Tipos de Cobrança, os Bloqueios de Cobrança e outras informações relacionadas a datas (veja "Definir e Atribuir Categorias de Data OVBJ").

Start/Fini...	Short text
1	Milestone at the start of an activity
2	Milestone at the finish of an activity

Copyright by SAP AG

• **S/Fício/Término** - especifique se você quer que a data da Demarcação esteja no início ou no término de uma atividade.

• **No dialog** que quando uma função de demarcação ou função de ponto de disparo é disparada, você não será informado acerca da execução desta função. Isto presume que você manteve o uso para a demarcação ou ponto de disparo.

Uma vez que você tenha realizado esta configuração, você pode anexar Demarcações a uma Definição do Projeto, a uma WBS e a uma Rede.

Seleções de Campos

Esta configuração é sobre os campos do Projeto que você vê quando trabalhando com Definições de Projeto, WBSs e Redes. Neste livro, a configuração só é mostrada para Definições de Projeto - entretanto, conceitualmente, é a mesma para Elementos WBS e as mesmas regras se aplicam aos Projetos Padrões. Em suma, se você aplicar uma influência a um projeto, os Dados Mestres que você influencia controlarão o que você vê nas telas de entrada de dados, tais como CJ20N, CJ01, e assim por diante. Se você não usa Influenciação, quase todos os campos serão permitidos para entrada.

Definição de Projeto, WBS, Rede

Os campos selecionados podem ser um dos seguintes:

- **Input (entrada)** O campo pode ser inserido.
- **Required (exigido)** O campo é entrado e obrigatório.
- **Display (mostrar)** O campo é apenas mostrado (acinzentado).
- **Hidden (oculto)** O campo não é visível.
- **Highlighted (destacado)** O campo é entrado e destacado mas não é obrigatório.

Há duas formas de gerenciamento quanto aos campos que são mostrados num projeto:

- **Without Influencing (Sem Influenciação)** Você seleciona os campos que você quer e os ajustes serão aplicados a todos os projetos, independentemente.
- **With Influencing (Com Influenciação)** Você seleciona os campos que você quer mas aplica uma "influência". Isto significa que os campos são disponíveis com base no valor de certos Dados Mestres em seu projeto.

No caso de **Definição de Projeto,** você pode influenciar os seguintes dados chaves:
- Business Area (Área de Negócio)
- Company Code (Código da Companhia)
- Controlling Area (Área Controladora)
- Plant (Planta)
- Profit Center (Centro de Lucro)
- Project Profile (Perfil de Projeto)

No caso de **WBS**, você pode influenciar os seguintes dados chaves:
- Acct asst elem (Elemento de atribuição de conta)
- Billing element (Elemento de Cobrança)
- Business Area (Área de negócio)
- Company Code (Código da Companhia)
- Controlling area (Área controladora)
- Field key (Chave de campo)
- Level (Nível)
- Planning element (Elemento de planejamento)
- Plant (Planta)
- Priority (Prioridade)
- Profit Center (Centro de Lucro)
- Proj.type (Tipo de projeto)
- Project Profile (Perfil de Projeto)
- Statistical (Estatístico)

Capítulo 5: Configuração 163

No caso de **Cabeçalho de Rede**, você pode influenciar os seguintes dados chaves:

- Business Area (Área de Negócio)
- Company Code (Código da Companhia)
- Controlling Area (Área Controladora)
- MRP controller (Controlador MRP)
- Network profile (Perfil de rede)
- Order Type (Tipo de Ordem)
- Profit Center (Centro de Lucro)

No caso de **Resumo de Rede**, você pode influenciar os seguintes dados chaves:

- Business Area (Área de Negócio)
- Company Code (Código da Companhia)
- Control Key (Chave de Controle)
- Controlling Area (Área Controladora)
- Field key (Chave de campo)
- MRP controller (Controlador MRP)
- Network profile (Perfil de rede)
- Order Type (Tipo de Ordem)
- Priority (Prioridade)
- Profit Center (Centro de Lucro)
- Work center (Centro de trabalho)

No caso de **Detalhes de Rede**, você pode influenciar os seguintes dados chaves:

- Business Area (Área de Negócio)
- Company Code (Código da Companhia)

164 SAP - Manual do Sistema de Projetos

- Control Key (Chave de Controle)
- Controlling Area (Área Controladora)
- Field key (Chave de campo)
- MRP controller (Controlador MRP)
- Network profile (Perfil de rede)
- Order Type (Tipo de Ordem)
- Priority (Prioridade)
- Profit Center (Centro de Lucro)
- Work center (Centro de trabalho)

Caminho do Menu	Project System->Structures->Operative Structures->Work Breakdown Structure->User Interface Settings
Ponto de Configuração	Define Field Selections for Work Breakdown Structure
Transação	OPUJ

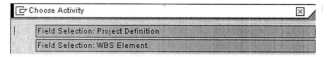

Copyright by SAP AG

Para proceder, dê um duplo-clique em Project Definition ou em WBS Element.

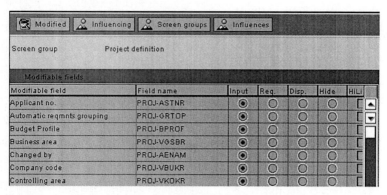

Copyright by SAP AG

Capítulo 5: Configuração **165**

Se você não quiser Influenciação, simplesmente clique os botões de rádio relevantes. Se você quiser influenciação, clique o botão Influencing:

Copyright by SAP AG

Copyright by SAP AG

Depois dê um duplo-clique no campo de Dados Mestres para o qual você quer que a influência se aplique (Project Profile, neste caso). Em seguida, insira um valor. Agora tudo o que você tem que fazer é clicar os botões de rádio que você quiser.

Copyright by SAP AG

Validação/Substituição

Estes dois procedimentos são tratados juntos porque trabalham de forma muito similar - eles são iniciados no momento em que um Projeto é salvo ou quando você dispara o procedimento manualmente. A diferença é que Validações só reportam uma situação quando ela ocorre, enquanto que Substituições fazem alterações em dados mestres em um projeto.

Validações são o processo de verificação de dados que foram entrados em um projeto e emissão de uma mensagem para informar ao usuário sobre o erro de validação (Advertência, Erro ou Informação).

Em termos simples, SAP fornece um método de comparação de valores de um campo com os de outro campo e com valores constantes. Isto pode ser feito para uma Definição de projeto, uma WBS, um Cabeçalho de Rede e uma Atividade de Rede. Você não pode validar dados em um outro objeto de projeto (por exemplo, Demarcações, Componentes e algumas outras áreas tais como Regras de Repasse). Se você aceitar que você só pode validar dados nas tabelas primárias do PS, então a validação pode funcionar para você.

Como um "bônus" adicional, o SAP permite que você valide dados entre a Definição de Projeto e suas WBSs subordinadas, e entre WBSs e suas subordinadas.

O mesmo não se aplica entre Cabeçalho de Rede e Atividades de Rede subordinadas - você não pode validar entre estes dois objetos.

Caminho do Menu	Project System->Structure->Operative Structures->Work Breakdown Structure
Ponto de Configuração	Maintain Validations
Transação	OPSI

Validações são construídas em duas fases:

- **Validation(Validação)** Isto identifica a Validação.

- **Step(Passo)** Isto identifica o primeiro (e, talvez, único) passo e contém o Pré-requisito, o Cheque que você quer fazer, e a Mensagem que você quer que seja emitida se a validação falhar.

- **Rule(Regra)** (opcional) Regras booleanas podem ser criadas e usadas tanto na Validação quanto na Substituição.

Para melhor descrever as muitas maneiras pelas quais esta função pode ser usada, usaremos um exemplo. Neste caso, validaremos a Definição do Projeto para nos certificar de que ela tem XX nos dois primeiros caracteres.

Use os três botões de "Criar", mostrados aqui, para criar uma nova validação.

Copyright by SAP AG

Capítulo 5: Configuração 167

O passo 1 é clicar o Validation:

![Create Validation: New validation (Header data)]

Copyright by SAP AG

O passo 2 é clicar o Step:

![Create Validation: ZZ001 - Step 001 - Overview]

Copyright by SAP AG

O Prerequisite (Pré-requisito) do Passo 2 diz à regra de validação qual a primeira coisa que ela deve checar antes de realizar a validação real. Como queremos que todas as entradas sejam checadas, não precisamos entrar um pré-requisito, então iremos direto para o Check (Cheque):

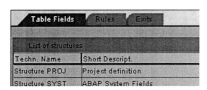

Copyright by SAP AG

168 SAP - Manual do Sistema de Projetos

Como estamos validando a Definição de Projeto, duplo-clique no nome da tabela para mostrar os campos disponíveis e use a tecla "page-down" até encontrar o campo PROJ-PSPID e ele aparecerá na caixa de diálogo.

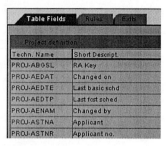

Copyright by SAP AG

Duplo-clique no campo PROJ-PSPID e veja o nome do campo aparecer na caixa de diálogo:

Copyright by SAP AG

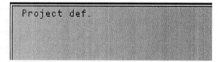

Copyright by SAP AG

Click FldComp. Depois entre 1 no campo From e 2 no campo To.

Copyright by SAP AG

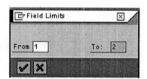

Copyright by SAP AG

Capítulo 5: Configuração **169**

Agora clique o sinal de igual:

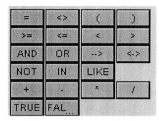

Copyright by SAP AG

E especifique Constant (constante) de forma que possamos entrar um valor:

Copyright by SAP AG

Entre **XX** no campo Constant e pressione ENTER.

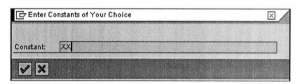

Copyright by SAP AG

Sua caixa de diálogo agora parecerá com esta:

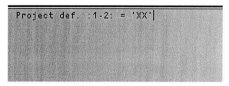

Copyright by SAP AG

O passo 3 é selecionar a mensagem que você quer que seja apresentada quando a validação falhar. Este passo requer que você tenha acesso Developer (Desenvolvedor) se a classe da mensagem não tiver sido criada. Se sua mensagem precisar incluir valores, use as Variáveis de Mensagem, que permitem que você entre um campo e um símbolo que o represente. Esta funcionalidade é útil quando (por exemplo) você quiser dizer alguma coisa como "Valor XX não é permitido" ao invés de "Valor não é permitido".

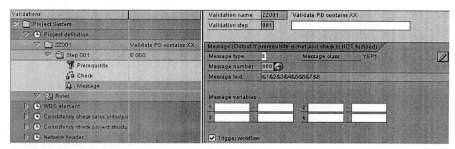

Copyright by SAP AG

Documentos

O Gerenciamento de Documento só é necessário se você estiver anexando documentos externos a um Projeto. Uma simples configuração pode ser realizada especificando-se os tipos de documentos que você deseja anexar ao Projeto (Word, Excel, PowerPoint, etc). Esta abordagem não é o verdadeiro "gerenciamento de documento" porque não gerencia o arquivamento e gerenciamento das versões. Isto é normalmente configurado em Cross-Application (inter-aplicações) em Document Management (DM) (Gerenciamento de Documento) e não é coberto neste livro.

Não confunda DM com Texto de PS.

Texto de PS

Texto de PS tem uma configuração muito básica. No Construtor de Projeto (ou qualquer outra ferramenta para manutenção de um Projeto), você anexa o texto baseado nesta configuração. Uma vez que você tenha feito a anexação, a descrição e o texto longo estarão disponíveis para uso em outros projetos.

Capítulo 5: Configuração 171

Caminho do Menu	Project System->Documents
Ponto de Configuração	Define Text Types for PS texts
Transaction	OPS3

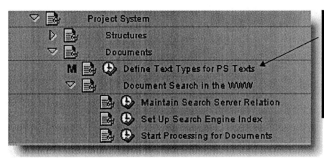

Copyright by SAP AG

Copyright by SAP AG

- **Type** um Identificador de dois caracteres.

- **Txt type** um tipo único, por exemplo - NroSerie, NomeWeb, Problema - qualquer coisa que você queira para descrever suficientemente o tipo de texto.

- **Description** descrição mais detalhada do Tipo.

- **Simul.** Ver este indicador, você estipula que o Texto de PS deve servir apenas para descrever mudanças nas versões de simulação. Textos de PS para versões de simulação são transferidos para o projeto operacional.

No Construtor do Projeto, você usa este ícone para manter o Texto de PS:

Copyright by SAP AG

172 SAP - Manual do Sistema de Projetos

<small>Copyright by SAP AG</small>

Texto Longo é mantido através deste ícone:

<small>Copyright by SAP AG</small>

Custos

Nesta seção, a configuração relacionada com o Custo no seu esquema pode ser realizada. Isto pertence aos vários métodos pelos quais os custos são planejados, como eles se integram com outros módulos e como custos reais afetam o projeto.

Custos Planejados

Custos Planejados podem ser relatados tanto para Elementos WBS quanto para Redes.

Planejamento Fácil de Custos (ECP) e Serviços de Execução (ES)

O Planejamento Fácil de Custos difere dos seguintes tipos de Planejamento de Custo porque permite que você dispare eventos de aquisição de uma forma similar às Redes. Entretanto, o ECP não suporta agendamento:

• *Planejamento Estruturado* é chaveado diretamente em uma WBS com referência a uma Versão de Plano.

• *Planejamento Detalhado* é chaveado diretamente para uma WBS com referência à Versão de Plano e Elemento de Custo.

• *Custeio de Unidade* é similar ao ECP mas é gerenciado via Formulários de Planejamento. É diferente dos Planejamentos de Estrutura e Detalhado porque você pode planejar por número de Unidades.

Capítulo 5: Configuração 173

- *Planejamento de Rede* são Custos planejados dentro das Atividades de Rede e não diretamente para uma WBS (embora custos sejam agregados à WBS). Custos de Rede são sempre planejados para a Versão 0 do Plano.

O ECP tem duas desvantagens - itens de planejamento não têm capacidades de Agendamento, e custos planejados não podem ser distribuídos ao longo do tempo (como em Custeio de Unidade). Então, a decisão de usar o ECP deve ser feita tendo-se em mente as restrições descritas a seguir.

Custos podem, opcionalmente, ser planejados com "Modelos de Custo", significando que o gabarito de custeio é usado para facilitar os cálculos e padrões não disponíveis em qualquer outro tipo de planejamento de custo (exceto Redes Padrões, que podem fazê-lo, mas não são tão fáceis de se usar). Se Modelos de Custo não forem usados, os custos podem ser planejados manualmente, diretamente no que é denominado de "Visão de Item".

Custos em ECP podem ser planejados para qualquer Versão de Plano de CO predefinido.

Planejamento de Material pode ser estendido a Serviços de Execução, que permitem que você gere Requisições de Compra, Ordens de Compra, e Reservas (incluindo Serviços).

Custos de Trabalho Planejado com base em Centro de Custo/Tipos de Atividade podem disparar Alocações de Atividade em Serviços de Execução.

Uma vantagem maior do ECP é sua habilidade única para integrar custos planejados com Apreçamento de Vendas no Construtor de Projeto.

Copyright by SAP AG

Esta facilidade permite que você simule e gere Documentos de Vendas (Ordens, Cotas, etc) através de Perfis de DIP (com a fonte como ECP). Custos de Rede não podem ser usados desta forma.

A criação de Modelos de Custeio (Transação CKCM) é Dados Mestres, não configuração. Você usará Características dentro da CKCM, mas ela usa a Transação CT05, que não lhe dá acesso à funcionalidade de Campos Adicionais, que é útil para a criação de buscas tipo F4 nas Tabelas do SAP dentro de seu Modelo de Custo finalizado (este é explicado em "Modelos de Custo") neste capítulo.

O Planejamento Fácil de Custos é realizado exclusivamente para Estruturas WBS. Ele difere do Custeio de Unidade em virtude do fato de você poder criar "gabaritos", que são modelos de custeio repetitivo e comum. Note, por favor: ECP não trabalha com Planejamento Integrado.

174 SAP - Manual do Sistema de Projetos

ECP e ES são estruturados como detalhado na Figura 5-5.

Caminho do Menu	Project System->Costs->Planned Costs->Easy Cost Planning and Execution Services->Easy Cost Planning
Ponto de Configuração	Define CO Versions for Easy Cost Planning Costing Variant Assign Plan Profile to Costing Variant Assign Plan Profile to Project Profile Define Cost Component Structure Define Alternative CO Versions Activate Multiple CO Versions
Transação	SPRO

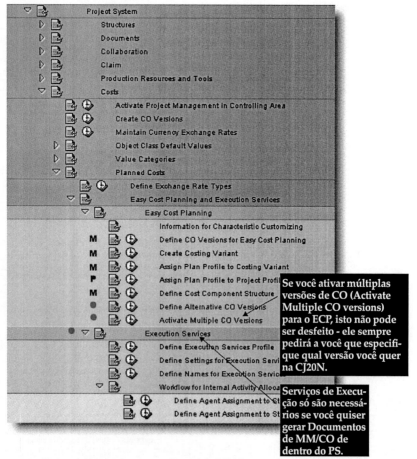

Copyright by SAP AG

Capítulo 5: Configuração **175**

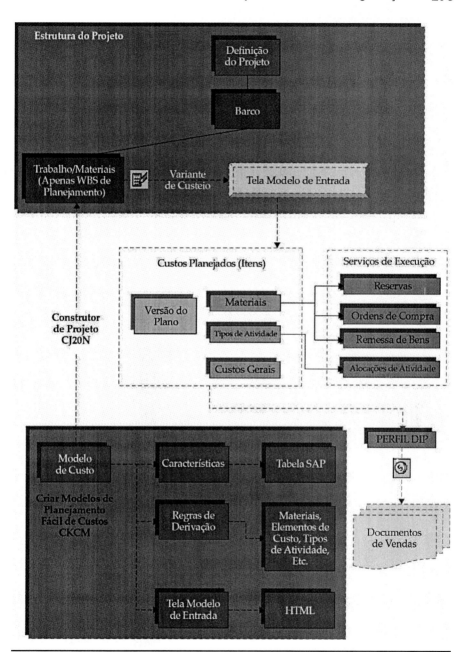

Figura 5-5 Planejamento Fácil de Custos

176 SAP - Manual do Sistema de Projetos

A maior parte do trabalho específico do ECP é realizado em Modelos de Custo e na definição de Característica, que é Dado Mestre. A seguir, um resumo dos pontos de Configuração que afetam o ECP:

• **CO Versions (Versões de CO)** O ECP trabalha, por omissão, com a Versão 0 do Plano. Aqui você estipula quais versões podem ser usadas pela Área de CO e se o Ganho Planejado a partir do Plano de Cobrança do Projeto deve ser mantido na versão.

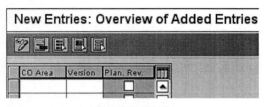

Copyright by SAP AG

• **Create Costing Variant (Criar Variante de Custeio)** Para o ECP ser efetivo, você deve criar uma Variante de custeio. É inteligente criar-se uma especial para o ECP. Veja a configuração para Variantes de Custeio em "Planejamento Detalhado de Custo".

• **Assign Plan Profile to Costing Variant (Atribuir Perfil de Plano a Variante de Custeio)** Isto também pode ser feito no Perfil do Plano.

• **Assign Plan Profile to Project Profile (Atribuir Perfil de Plano a Perfil de Projeto)** Isto também pode ser feito no Perfil do Projeto.

• **Define Cost Component Structure (Definir Estrutura de Componente de Custo - extraído da Ajuda do SAP)** Na estimativa de custo os Grupos de Componente de Custo são mostrados, e lá você pode analisar os custos. A divisão do componente de custo, entretanto, não é salvo e, conseqüentemente, não está disponível no sistema de informações. A informação nesta seção se aplica, em princípio, ao Planejamento Fácil de Custos, com as seguintes exceções: não é possível transferir os resultados do custeio para *Análise de Lucratividade* porque a divisão do componente de custo não é salva. Você não pode ver os custos na divisão auxiliar do componente de custo.

Você pode apenas ver as diferenças entre os preços de transferência (delta de lucro) se sua visão de avaliação operacional for avaliação de grupo. Você cria a visão de avaliação operacional na versão operacional (000) na Personalização para *General Controlling* (Controle Geral) sob *Organization->Maintain versions*.

• **Define Alternative CO Versions (Definir Versões de CO Alternativas)** Aqui você define as Versões de CO disponíveis para o ECP - você pode escolhê-las no CJ20N.

Capítulo 5: Configuração 177

• **Activate Multiple CO Versions (Ativar Multiplas Versões de CO)** Este procedimento ativa a habilidade de fazer seleções de Versões específicas de CO na CJ20N. Uma vez ativada, ela não pode ser desfeita, portanto, tenha cuidado, porque se você decidir reverter para apenas uma Versão de CO, você terá sempre de escolher, o que é incômodo.

Serviços de Execução para o ECP

Serviços de Execução são uma extensão do Planejamento Fácil de Custos - significando que eles são meios pelos quais você pode disparar certos eventos subseqüentes, tais como Requisições de Compra, Ordens de Compra, Alocações de Atividade, e assim por diante.

Qualquer planejamento realizado no ECP tem o potencial para Execução, desde que exista um Perfil de Execução. Serviços de Execução são gerenciados no Construtor de Projeto (CJ20N).

Configuração de Serviços de Execução Parte 1

Caminho do Menu	Project System->Costs->Planned Costs->Easy Cost Planning and Execution Services->Execution Services
Ponto de Configuração	Define Execution Services Profile
Transação	SPRO

Perfil de Serviços de Execução

Você precisa de um destes se você pretende realizar funções tais como "Criar PO, Criar PR, e assim por diante". Você deve dizer ao sistema qual dos Serviços de Execução estarão disponíveis quando você executar o ECP no Construtor de Projeto.

O ECP usa, por padrão, a Versão 0 do Plano. Aqui você estipula quais versões podem ser usadas pela Área de CO e se o Ganho Planejado do Plano de Cobrança do Projeto deve ser mantido na versão.

178 SAP - Manual do Sistema de Projetos

Dialog Structure	Execution Profl.	0001
▽ Execution Profile		
Execution Service	Execution Service	
Assign Execution Profil	Service	Name

Copyright by SAP AG

Após criar o perfil, clique em Execution Services, New Entries, e entre os Serviços que você quiser.

ACTV	Internal Activity Allocation
BFLS	Backflush Confirmation
GICR	Goods Issue
POCR	Purchase Order
REQU	Purchase Requisition
RESV	Reservation

Copyright by SAP AG

Decida qual Perfil de Serviços de Execução você quer que seja o padrão no(s) seu(s) Perfil(is) de Projeto.

Dialog Structure	Assign Execution Profile to Project Profile		
▽ Execution Profile	Project profl	Execution Profl.	Description
Execution Service	0000001		Standard project profile

Copyright by SAP AG

Agora tudo o que você tem que fazer é criar alguns Modelos de Custo. No ECP, Modelos de Custo são opcionais, uma vez que você pode, se você gostar, usar a Visão de Item para entrar valores. Modelos de Custo apenas tornam a entrada de dados mais fácil.

Capítulo 5: Configuração 179

Configuração de Serviços de Execução Parte 2

Caminho do Menu	Project System->Costs->Planned Costs->Easy Cost Planning and Execution Services->Execution Services
Ponto de Configuração	Define Settings for Execution Services Names for Execution Services for Internal Activity Allocation
Transação	SPRO

- **Define Settings for Execution Services (Definir Ajustes para Serviços de Execução)** Esta configuração se aplica aos Tipos de Documentos que são usados nas Requisições de Compras, Ordens de Compras e Reservas/Remessa de Bens. Você normalmente não alteraria estes ajustes padrões, a menos que tivesse seus próprios tipos de documentos especiais para Ordens. Para o PS, você normalmente apenas estaria interessado no Elemento WBS.

Copyright by SAP AG

- **Define Names for Execution Services (Definir Nomes para Serviços de Execução)** Embora você não possa criar seus próprios nomes de "Serviço de Execução", você pode mudar a descrição, se você quiser.

Copyright by SAP AG

- **Workflow for Internal Activity Allocation (Fluxo de Trabalho para Alocação de Atividade Interna)** Pelo fato de as Alocações de Atividade Interna serem diretamente registradas, você pode achar desejável enviar um Fluxo de Trabalho ao Controlador de Custo, de forma que ele possa igualmente realizar um registro.

Modelos de Custo

No ECP, Modelos de Custo são opcionais, uma vez que você pode, se quiser, usar a Visão de Item para entrar valores. Modelos de Custo apenas tornam a entrada de dados mais fácil.

A Transação CKCM é usada para criar o Modelo. Veja a Figura 5-5 para compreender como todos os componentes do ECP trabalham juntos. Aqui mostraremos um exemplo da criação de um modelo de custo com o propósito de entrar um Material para uma Planta e um Modelo de Custo para entrada de um Tipo de Atividade.

NOTA Se você não quiser criar um projeto para realizar uma estimativa de Planejamento Fácil de Custo, você pode criar um modelo de custo apropriado no caminho de menu:

Accounting->Controlling->Product Cost Controlling->Product Cost Planning->Easy Cost Planning & Execution Services->Edit Ad Hoc Cost Estimate

---

Quando usando esta facilidade, você não pode usar Modelos de Custo de WBS existentes; você deve criar novos modelos que usem "All Objects" (Todos os Objetos) como seus Reference Objects (Objetos de Referência).

Aqui está uma vista de como Objetos de Custo para Elementos WBS se parecerão no Construtor de Projeto:

Capítulo 5: Configuração **181**

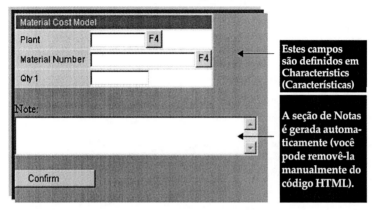
Copyright by SAP AG

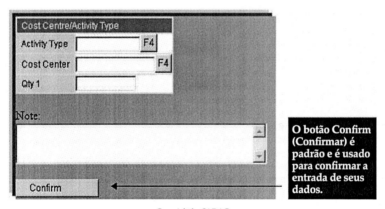
Copyright by SAP AG

A Transação CKCM tem esta aparência para ambos os Modelos de Custos:

182 SAP - Manual do Sistema de Projetos

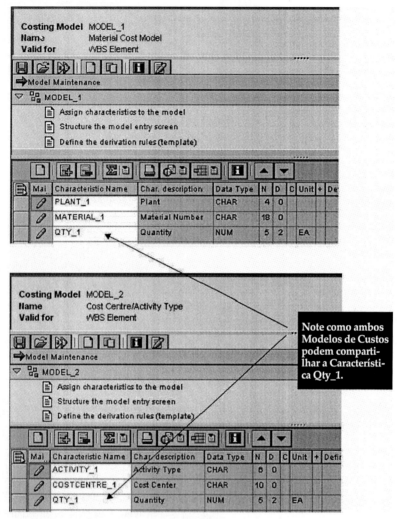

Copyright by SAP AG

A manutenção da Característica na CT04 lhe permitirá especificar uma Tabela para o Modelo de Custo "buscar", ou seja, para trabalhar como um código de relações. Você tem que criar características que realizam buscas de tabela na CT04, porque a transação CKCM chama a CT05, que é uma versão simplificada da CT04.

A Planta 1 se parecerá com isto, na CT04:

Capítulo 5: Configuração **183**

Copyright by SAP AG

Com Dados Adicionais completados como mostrado a seguir (Tabela CKF_RES_TPL Campo WERKS):

Copyright by SAP AG

Criando um Modelo de Custo

Carregue a transação CKCM e crie um Modelo de Custo usando o ícone Create (Criar):

Copyright by SAP AG

Maintain char.	Characteristic Name	Char. description	Data Type

Copyright by SAP AG

Atribuindo Características ao Modelo

Entre o nome de sua característica - você será levado à CT05 para criá-la (a menos que a característica já exista, tendo sido criada na CT04).

Defina a Regra de Derivação. Aqui você precisa especificar o que você quer "derivar" da característica. Por exemplo, você pode ter uma Planta, ou Elemento de Custo, ou simplesmente um valor padrão predefinido. Para consegui-lo, você deve criar ao menos uma linha de Item. Dependendo do tipo de Item que você criar, você fará coisas diferentes. Para criar uma linha de Material (que será, subseqüentemente, a base para a criação dos Custos Planejados pelo Material na CJ20N), você seleciona Material a partir da lista. As telas seguintes mostram as vistas que você tem.

Em Change Mode (Alterar Modo), você pode adicionar novos itens:

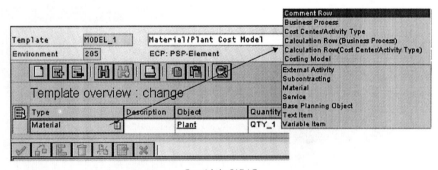

Copyright by SAP AG

Capítulo 5: Configuração   **185**

Pressionando ENTER lhe põe no Modo Display, mas com possibilidade de entrar a "Regra":

Copyright by SAP AG

Por omissão, você obtém um conjunto vazio de valores - esperando que você entre a Planta e o Material. O truque é iludir o sistema para realizar uma busca usando a função IN, como mostrado a seguir:

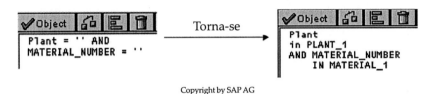

Copyright by SAP AG

O que isto quer dizer é "a Planta deve se tornar o que quer que o usuário tenha entrado na Característica PLANT_1 e o Material deve ser o que quer que o usuário tenha entrado em MATERIAL_1". O que ocorre é que o que o usuário entrou foi tirado de uma busca por um código relacional. Dando um duplo-clique no campo QTY_1, você pode agora entrar o valor que você quer que seja considerado como a Quantidade Material - neste caso, o que quer que o usuário tenha entrado:

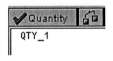

Copyright by SAP AG

Aqui temos a mesma coisa para os Itens de Centro de Custo/Tipo de Atividade:

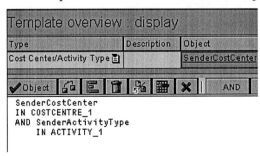

Copyright by SAP AG

186 SAP - Manual do Sistema de Projetos

Estruturando a Tela de Entrada de Modelo

Aqui você pode personalizar o visual da sua tela de Entrada de Modelo na CJ20N. Basicamente, o SAP escreve o código HTML. Se você selecionar WEB STYLE (estilo web), você obtém uma tela com visual bem maior (mais feio) na CJ20N.

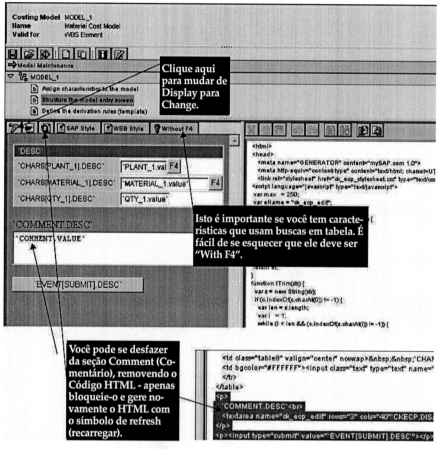

Copyright by SAP AG

Capítulo 5: Configuração **187**

Ativando o ECP na CJ20N

Requer certos pré-requisitos:

- A WBS deve ser um Elemento de Planejamento.
- Você deve ter especificado uma Variante de Custeio na Configuração.
- Você deve ter especificado uma Versão de CO.

O ECP é ativado na CJ20N através do ícone de Planejamento:

Copyright by SAP AG

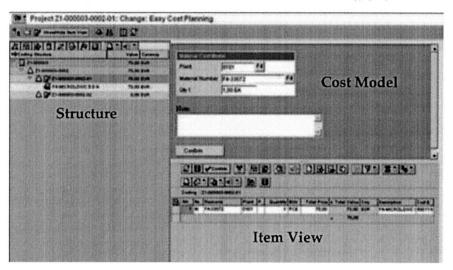

Copyright by SAP AG

Quando você posiciona inicialmente o cursor para uma WBS que não tem nenhum Planejamento, você verá esta aba - simplesmente clique nela e selecione a forma que você quer:

Copyright by SAP AG

188 SAP - Manual do Sistema de Projetos

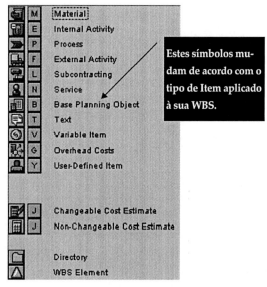

Copyright by SAP AG

DICA: *Antes de entrar no ECP através do ícone de Planejamento, você pode querer alterar a forma como sua WBS é mostrada - se você clicar com o botão direito na seção Structure (Estrutura), você pode trocar de Número de WBS para Descrição.*

Copyright by SAP AG

Capítulo 5: Configuração   **189**

Variantes de Custeio

NOTA: *Variantes de Custeio são configuração de CO - então aqui apenas cobriremos os pontos chaves.*

Use variantes de custeio para combinar todos os parâmetros controladores para o custeio. A variante de custeio representa o elo entre a aplicação e a personalização, porque todos os custeios devem referenciar uma variante de custeio, à medida que eles são criados e armazenados. A variante de custeio controla como o custeio deve ser realizado. Com ele, você controla:

- Se os resultados do custeio devem ser vistos como custos de plano ou custos reais

- Que preços são usados para avaliar materiais, atividades internas e atividades externas

- Como sobretaxas de excedentes são calculadas

Os seguintes são parte da variante de custeio:

- Custeio tipo 08 para o custeio de unidade do projeto

- Variante de avaliação

Caminho do Menu	Project System->Costs->Planned Costs->Manual Cost Planning in WBS > Unit Costing
Ponto de Configuração	Create Costing Variant
Transação	OKKT

190 SAP - Manual do Sistema de Projetos

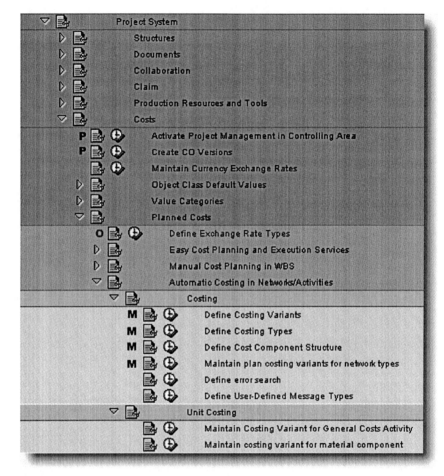

Copyright by SAP AG

Ajustes Padrões

O SAP padrão contém um número de variantes de custeio predefinidas.

Recomendação do SAP

Para o Planejamento Fácil de Custos, eles recomendam que você use a variante de custeio PS06, que eles entregam como padrão.

Capítulo 5: Configuração **191**

Atribua uma variante de avaliação diferente para cada uma das variantes de custeio que você quiser usar para armazenar custeios. Se você fizer isto, você será capaz, subseqüentemente, de alterar as estratégias de avaliação à medida que e quando você quiser.

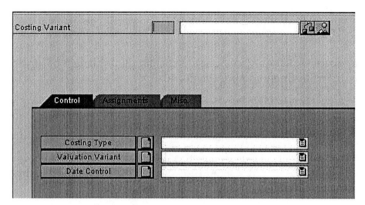

Copyright by SAP AG

Passo 1. Entre uma chave alfanumérica e um texto breve apropriado para a variante de custeio.

Passo 2. Na tela de detalhe, atribua um tipo de custeio e uma variante de avaliação à variante de custeio.

Passo 3. Se você quiser usar seus próprios parâmetros, você deve executar os passos Define costing (Definir tipos de custeio) e Define valuation variants (Definir variantes de avaliação).

Se você estiver usando a variante de custeio para um custeio de modelo, você estipula se elementos de custo têm que ser atribuídos aos itens de custeio. Os custos para outros objetos de referência no custeio de unidade devem ser totalizados usando os elementos de custo.

Você precisa da variante de custeio para o seu custeio (custos de plano) e determinação de custo (custos reais) para redes e atividades de redes.

Crie duas variantes de custeio, uma para custos de plano e uma para custos reais:

• Como valores padrões para a aplicação no guia de implementação do Sistema de Projeto nos parâmetros de rede para o tipo de rede.

• Na aplicação, nos extras para o cabeçalho de rede (se você não definiu uma variante de custeio nos parâmetros de rede).

Nos dados do cabeçalho de rede, selecione Go to->Network header->Supplement.

Em custeio de unidade para projetos ou elementos WBS, você define a variante de custeio:

- Como um valor padrão para a aplicação no perfile de planejamento de custos.

- Na aplicação, quando você acessa o custeio de unidade a partir do planejamento de custos orientado por estrutura.

Perfil de Planejamento

Se você estiver planejando Custos e/ou Ganhos no nível da WBS, você precisa de um Perfil de Plano. Este perfil é ligado ao Perfil do Projeto. Se ele não for ligado ao Perfil do Projeto, é possível anexá-lo a Gabaritos de WBS.

O Perfil de Plano define o método pelo qual todos os seus Custos/Ganhos são planejados no nível da WBS - ele não tem qualquer influência no que quer que seja nas Atividades de Rede.

Caminho do Menu	Project System->Costs->Planned Costs->Manual Cost Planning in WBS>Hierarchical Cost Planning
Ponto de Configuração	Create/Change Planning Profile
Transaction	OPSB

Capítulo 5: Configuração 193

IMG para o Planejamento de Custos de Estrutura:

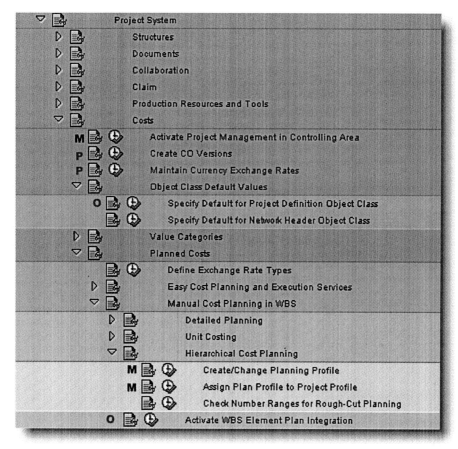

Copyright by SAP AG

IMG para o Planejamento de Custos Detalhados:

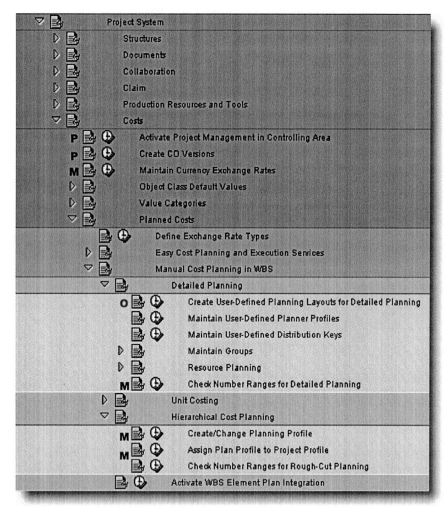

Copyright by SAP AG

Use um Perfil de Plano se você estiver realizando Planejamento de Estrutura, Planejamento Detalhado por Elemento de Custo, ou Custeio de Unidade.

O Perfil de Plano é primariamente usado nas Transações CJ40 e CJ42.

Capítulo 5: Configuração **195**

Copyright by SAP AG

• **Profile/Description** um identificador único e uma Descrição.

• **Bottom-up planning** esta caixa se você quiser que o processo de Planejamento de Estrutura (CJ40/CJ42) automaticamente "Totalize" até o nível mais alto do trabalho quando você salvar.

• **Planning elements** esta se você quiser ser específico sobre quais elementos WBS serão permitidos de ter Planejamento de Custos realizados neles (ticando-se o Elemento de Planejamento na WBS). Se você não ticar esta caixa, você pode planejar para qualquer WBS.

ABA TIME FRAME (Quadro de tempo)

• **Past** o número de anos no passado para os quais você permitirá que seja realizado (relativo ao presente ano).

• **Future** o número de anos no futuro para os quais você permitirá que seja realizado planejamento (relativo ao presente ano).

- **Start**   que determina o ano de início para planejamento. O valor de referência é o ano fiscal corrente.

- **Total values**   esta caixa se você permitir que o planejamento se dê para a WBS toda, independente de ano.

- **Annual values**   esta se você também permitir o planejamento pelo ano. Isto lhe permitirá ser específico acerca dos valores de planejamento de cada ano.

ABA DETAILED PLANNING AND UNIT COSTING (Planejamento detalhado e Custeio de unidade)

- **Prim.CElem.grpo**   Planejamento Detalhado de Custos, especifique o Grupo do Elemento de Custo a que você queira que o seu planejamento esteja limitado.

- **Revenue CE grp.**   o Planejamento Detalhado de Custos, especifique o Grupo do Elemento de Custo a que você queira que o seu planejamento esteja limitado.

- **Sender CCtr**   group organizacional para salvar um grupo de centros de custo no Sistema SAP para o qual os tipos de atividade foram planejados. Cada centro de custo neste grupo pode também funcionar como um remetente no planejamento de entrada de atividade. Um exemplo deste grupo é uma área de centro de custo da hierarquia original ou outras hierarquias alternativas (tais como o grupo "Energia"). Você também pode definir qualquer número de seus próprios grupos de centros de custo, de forma a tornar mais fácil o trabalho em sua aplicação, usando as transações de manutenção relevantes para assim fazê-lo.

- **Sender act.type grp**   organizacional para armazenamento de um grupo de Tipos de Atividade no Sistema SAP para o qual o planejamento do tipo de atividade foi completado. Cada tipo de atividade neste grupo pode aparecer como um tipo de atividade remetente no planejamento de entrada de atividade.

- **Stat.Key Fig.Group**   Planejamento de Entrada de Atividade, especifique o Grupo SKF a que você queira que seu planejamento esteja limitado.

- **Costing variant**   que determina como uma estimativa de custos é realizada e avaliada no Custeio de Unidade. Para calcular os custos de produção de um material, você cria uma estimativa de custo de produto com ou sem uma estrutura de quantidade. Numa estimativa de custo com uma estrutura de quantidade, a variante de custeio determina quais datas são válidas para a própria estimativa de custo e para expandir e avaliar uma estrutura de quantidade.

ABA REPRESENTATION (Representação)

- **Decimal places**   número de casas decimais no planejamento de seus custos.

- **Scaling factor**   fator de escala determinará as unidades constantes - por exemplo, um Fator de 3 com um valor de 1234 será representado como 1.234.000.

ABA CURRENCY TRANSLATION, OVERALL PLAN VALUE (Conversão de Moeda, Valor Geral do Plano)

- **Exchange Rate Type**   planejando custos e ganhos, a moeda usada é determinada pela Planning Currency (Moeda de Planejamento) (Controle, Objeto, Transação). O PS só pode trabalhar com duas moedas, portanto, é necessário especificar-se a taxa de câmbio que você quer usar no planejamento. É possível utilizar-se uma especial para o planejamento do projeto, para manter seus valores planejados estáticos e não sujeitos a flutuações diárias. É uma decisão das Finanças.

- **Value Date**   data do valor no planejamento determina que taxas de câmbio diárias se para a conversão de moeda. Se você entrar uma data, o Sistema R/3 usa a taxa de câmbio para aquele dia em todos os períodos. Se você não entrar uma data, o sistema faz a conversão de moeda por período. O Sistema R/3 determina uma taxa de câmbio com base nas datas de início de cada período, o que inclui potenciais flutuações da taxa de câmbio num ano fiscal. Isto não se aplica aos cálculos de contabilidade ou excedentes no plano. Você entra a data manualmente na transação, selecionando Extras->Value date.

- **Remainder translat.**   esta caixa se você quiser que o sistema converta apenas o resto, ao invés do valor geral completo. Este resto é calculado como: Resto = valor geral - soma dos valores anuais. Em outras palavras, ele é a parte do valor geral que não foi distribuído para os anos. Este valor é convertido de acordo com o perfil do plano. Para então ter uma conversão completa do valor geral, o valor restante convertido é adicionado ao total dos valores anuais convertidos.

ABA PLANNING CURRENCY (Moeda de Planejamento)

- **Controlling Area/Object/Transaction** a moeda padrão do planejamento.

- **Default Object Currency** indicador só é relevante se o planejamento for permitido em uma moeda de transação definida pelo usuário no perfil de orçamento. Ela determina o padrão por elemento WBS para a moeda de transação na qual o planejamento se dá se uma moeda de transação não for explicitamente especificada. Se o indicador estiver ligado, o objeto relevante é planejado por padrão na moeda do objeto. Se o indicador não estiver ligado, o objeto relevante é planejado por padrão na moeda da área controladora.

ABA AUTOMATIC REVENUE PLANNING (Planejamento Automático de Ganho)

Isto se relaciona com o "planejamento integrado". Cotações de Vendas e Ordens de Vendas são efetivamente Ganhos Planejados se eles têm Conta Atribuída para uma WBS de Elemento de Cobrança. Para permitir que esta integração funcione, é necessário ligar o indicador de Planejamento Integrado na transação OPO8. Veja mais notas do SAP a seguir:

- **From quotation** esta caixa se você quiser que ganhos planejados de uma Cotação associada sejam copiados no projeto.

- **From Sales Order** esta se você quiser que ganhos de uma Ordem de Vendas associada sejam copiados no projeto e disponibilizados nos Sistemas de Informação.

Estes dois ajustes podem também ser aplicados na transação OLPE.

Notas do Planejamento Integrado

Ligando o indicador na OPO8 especifica se uma ordem/projeto participa no planejamento integrado. Isto é definido por perfil de projeto para os projetos. Para as ordens, você pode armazenar um valor padrão no tipo de ordem, que você pode alterar nos dados mestres de ordem, quando necessário.

Entradas de atividades planejadas num projeto/ordem integrado ao plano são atualizadas diretamente no centro de custo remetente se "Integrated planning with Cost Center Accounting" (Planejamento integrado com Contabilidade de Centro de Custos) estiver ativado na versão.

Alterando o Indicador "Integrated Planning" (Planejamento integrado)

Você pode alterar o indicador "Integrated planning" em uma ocasião posterior sob as seguintes condições:

- Custeio de unidade nunca tenha sido realizado no trabalho afetado. Isto é, nenhum custeio de unidade foi levado a cabo, ainda que tivesse sido desfeito posteriormente.
- Dados de planejamento nunca foram entrados no trabalho.

ou

- Se dados de planejamento foram entrados, então todos os valores e quantidades do plano a partir de alocações internas devem ser zero. Dados de planejamento de custo primário são possíveis. O indicador "Integrated planning" não pode ser ligado nos dados dependentes de ano fiscal da versão do plano.

Nenhum item de linha pode existir no plano.

Perfil de Orçamento

Se você quiser manter um orçamento controlado no nível da WBS, você precisa de um Perfil de Orçamento. Este perfil é ligado ao Perfil do Projeto. Se não estiver ligado ao Perfil do Projeto, é possível anexá-lo a Gabaritos de WBS.

O Perfil de Orçamento define o método pelo qual todos os seus Custos são orçados por WBS - ele não tem nenhuma influência em quaisquer Atividades de Rede - orçamento só é unicamente mantido no nível de WBS de um projeto (ou Ordem Interna). Entretanto, custos registrados no nível de Atividade são reconhecidos e verificados na WBS agregada (assumindo-se que o Controle de Disponibilidade esteja ativo).

Orçamentos de Capital para Projetos podem opcionalmente ser gerenciados através de um Programa de Investimento.

O Orçamento é mantido nas Transações CJ30 (Orçamento Original), CJ32 (Liberação), CJ34 (Transferência), CJ37 (Suplemento) e CJ35/CJ38 (Retorno).

Documentos relacionados a Orçamento são mantidos na CJ3A.

Caminho do Menu	Project System->Costs->Budget
Ponto de Configuração	Maintain Budget Profile
Transação	OPS9

200 SAP - Manual do Sistema de Projetos

IMG para Orçamento:

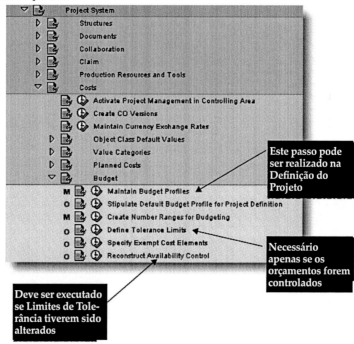

Copyright by SAP AG

Capítulo 5: Configuração   201

• **Profile/text** um identificador único e uma descrição.

ABA TIME FRAME (Quadro de tempo)

• **Past** o número de anos no passado para os quais você permitirá que se façam orçamentos (relativos ao ano presente).

• **Future** o número de anos no futuro para os quais você permitirá que se façam orçamentos (relativos ao ano presente).

• **Start** que determina o ano de início para o orçamento. O valor de referência é o ano fiscal corrente.

• **Total values** esta caixa se você permite que o orçamento se faça para toda a WBS, independente de ano.

• **Annual values** esta se você também permite orçamento pelo ano. Isto permitirá que você seja específico acerca dos valores de orçamento de cada ano.

ABA INVESTMENT MANAGEMENT (Gerenciamento de Investimento)

• **Program type budget** o Tipo de Programa se você quiser que seu Orçamento seja mantido por um Programa de Investimento. Este é um ponto de integração crítico para IM (Gerenciamento de Investimento). Um Programa de Investimento pode controlar a distribuição do orçamento geral do Projeto (veja extrato da tela da Posição do Programa de IM aqui).

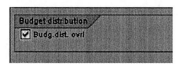

Copyright by SAP AG

ABA REPRESENTATION (Representação)

• **Decimal places** número de casas decimais que o seu orçamento usará.

• **Scaling factor** fator de escala determinará as unidades constantes - por exemplo, um Fator de 3 com um valor de 1234 será representado como 1.234.000.

ABA AVAILABILITY CONTROL (Controle de Disponibilidade)

• **Activation Type**   o método pelo qual você quer que o Controle de Disponibilidade seja ativado (0 negará quaisquer ajustes que você faça em seguida).

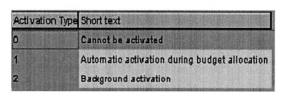

Copyright by SAP AG

• **Usage "credit limit used"**   (limite de crédito usado) expressa a razão entre os fundos assinalados e o orçamento, em porcentagem. Este valor é usado apenas em combinação com a ativação tipo 2 - se o ativador em segundo plano determinar que este valor já foi excedido por fundos assinalados muito altos, o controle de disponibilidade é ativado para a WBS.

NOTA: *A vantagem da Ativação em Segundo plano é principalmente os tempos de resposta - isto significa que o AC não será checado enquanto a transação é registrada. Ele será checado apenas quando o limite tiver alcançado a porcentagem especificada em Tolerances (Tolerâncias). Use a Transação CJBV para fazer isto.*

• **Overall**   esta caixa se você quiser que o Controle de Disponibilidade seja ativado com base nos Valores Gerais. Se você não ticar esta caixa, ele será checado em comparação aos Valores Anuais (o ano no qual a transação foi registrada).

• **Object Currency**   esta se o Controle de Disponibilidade deve ser levado a cabo na moeda do Objeto.

• **Releases**   esta se o Controle de Disponibilidade deve ser ativado no ponto em que o orçamento for Liberado (Transação CJ32).

Capítulo 5: Configuração **203**

ABA CURRENCY TRANSLATION (Conversão de Moeda)

- **Exchange Rate Type**   o orçamento, a moeda usada é determinada pela Planning Currency (Moeda de Planejamento) (Controle, Objeto, Transação). O PS só pode trabalhar com duas moedas, portanto, é necessário especificar-se a taxa de câmbio que você quer usar no orçamento. É possível utilizar-se uma especial para o orçamento do projeto, para manter seu valores de orçamento estáticos e não sujeitos a flutuações diárias. É uma decisão das Finanças.

- **Value Date**   data do valor no orçamento determina que taxas de câmbio diárias se aplicam para a conversão de moeda. Se você entrar uma data, o Sistema R/3 usa a taxa de câmbio para aquele dia em todos os períodos. Se você não entrar uma data, o sistema faz a conversão de moeda por período. O Sistema R/3 determina uma taxa de câmbio com base nas datas de início de cada período, o que inclui potenciais flutuações da taxa de câmbio num ano fiscal. Isto não se aplica aos cálculos de contabilidade ou excedentes no plano. Você entra a data do valor manualmente na transação, selecionando Extras->Value date.

- **Remainder translat.**   esta caixa se você quiser que o sistema converta apenas o resto, ao invés do valor geral completo. Este resto é calculado como: Resto = valor geral - soma dos valores anuais. Em outras palavras, ele é a parte do valor geral que não foi distribuído para os anos. Valor é convertido de acordo com o perfil do orçamento. Para então ter uma conversão completa do valor geral, o valor restante convertido é adicionado ao total dos valores anuais convertidos.

ABA BUDGETING CURRENCY (Moeda de Orçamento)

- **Controlling Area/Object/Translation currency**   a moeda padrão do orçamento.

- **Default Object Currency**   indicador só é relevante se o orçamento for permitido numa moeda de transação definida pelo usuário no perfil de orçamento. Ela determina o padrão por elemento WBS para a moeda de transação na qual o orçamento se dá se uma moeda de transação não for explicitamente especificada. Se o indicador estiver ligado, o objeto relevante é orçado por padrão na moeda do objeto. Se o indicador não estiver ligado, o objeto relevante é orçado por padrão na moeda da área controladora.

Controle de Disponibilidade

- **Tolerance Limits**   com o Orçamento para advertir/prevenir o usuário de gastar além da "tolerância" permitida. No Perfil de Orçamento, você decide o "Tipo de Ativação". Quaisquer que sejam seus ajustes lá, a configuração aqui é chamada para ativar a tolerância; ou seja, se você estiver realizando ativação em primeiro ou segundo plano, estas são as tolerâncias usadas. Você pode ter mais de uma entrada por área de CO nesta configuração para atender a situações de Advertências mais Erros. Por exemplo: uma advertência pode ser emitida sempre que o valor de um compromisso ou registro direto mais o total de despesas anteriores é feito que seja calculado como >= ao limite de tolerância para WARNING (advertência). Isto não impede que a transação seja completada, desde que o próximo limite de tolerância para a mensagem de erro não seja alcançado. Por exemplo, Limite de tolerância = 80%, Orçamento = 1000, Despesa no total = 810, Advertência é emitida. Um erro será emitido sempre que o valor de um compromisso ou registro direto mais o total de despesas anteriores é feito que é calculado como >= ao limite de tolerância para ERROR (erro). Isto impede que a transação seja completada. Por exemplo, Limite de tolerância = 110%, Orçamento = 1000, Despesa no total = 1100, Erro é emitido.

Caminho do Menu	Project System->Costs->Budget
Ponto de Configuração	Define Tolerance Limits
Transação	SPRO

Capítulo 5: Configuração 205

IMG para Limites de Tolerância:

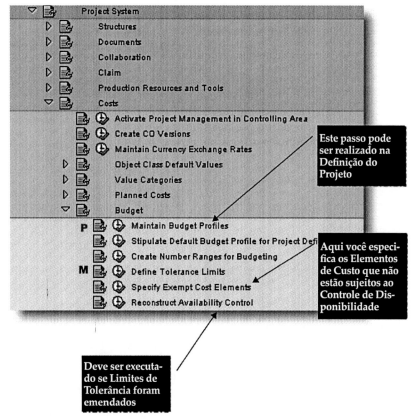

Copyright by SAP AG

COAr	Prof.	Text	Tr.Grp	Act.	Usage	Abs.variance	

Copyright by SAP AG

- **COAr** a Área Controladora.

- **Prof.** o Perfil de Orçamento para o qual estas tolerâncias se aplicam.

- **Text** Mostra de Descrição de Perfil de Orçamento.

- **Tr.Grpo** Grupo de transações às quais a tolerância se aplica. Selecionando-se nada além de ++, limitará a verificação de estouro de orçamento para aqueles grupos de transações.

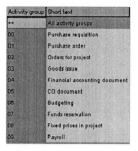

Copyright by SAP AG

- **Act.** Ativação de Controle de Disponibilidade - indicador que controla que ação é disparada se o limite de tolerância definido for excedido.

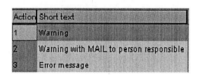

Copyright by SAP AG

- **Usage** A porcentagem do orçamento gasta que deve ter sido alcançada para disparar a Ativação. Note que se em algum momento este valor for modificado de seu valor original (e o Controle de Disponibilidade tiver sido ativado), você precisará "Reconstruct Availability Control" (Reconstruir o Controle de Disponibilidade), usando a transação CJBN. Isto lhe permitirá realizar uma mudança maciça de todos os gastos presentes do projeto, de forma que o novo Uso possa ser efetivado.

- **Abs.variance** Máxima variância absoluta permitida - se a diferença entre os fundos assinalados e o orçamento exceder a variância absoluta, o controle de disponibilidade dispara a Ativação (esta opção deve ser usada ao invés da Usage (uso), não da mesma forma).

Versões de Plano (CO)

Versões de Plano são usualmente gerenciadas pelo Controlador - entretanto, como elas têm um efeito tão profundo no PS, deve haver uma ligação extensiva entre os dois módulos para fazê-las trabalhar para ambos.

Capítulo 5: Configuração 207

Embora num ambiente simples, Versões de CO não são de forma alguma complexas (apenas servem para prover um repositório para Custos Planejados), ajustes básicos são necessários (particularmente para a definição do Ano Fiscal).

Alguns dos controles com uma Versão de CO têm relevância no Planejamento Integrado, Trabalho em Andamento (WIP) e Versões de Progresso. Versões de Plano que são relevantes para a Análise do Progresso têm que ser criadas e configuradas para que o EV (Valor Recebido) possa ser determinado.

Caminho do Menu	Project System->Costs
Ponto de Configuração	Create CO Versions
Transação	SPRO

IMG para Versões de CO

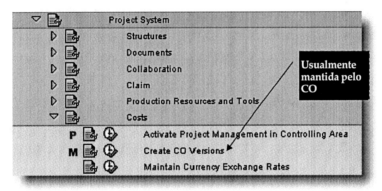

Copyright by SAP AG

O primeiro passo é Criar as Versões de Plano individuais e especificar se elas contêm Planejamento, WIP/Análises de Resultados Reais, e dados de Variância.

Copyright by SAP AG

208 SAP - Manual do Sistema de Projetos

Uma versão de plano pode também ser assinalada para uso Exclusivo:

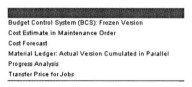

Copyright by SAP AG

Você deve definir o Assunto Operacional (Operating Concern) (não confundir com a Área de CO) ao qual esta Versão do Plano pertence. Ela é a representação de uma parte de uma organização para a qual o mercado de vendas é estruturado de uma maneira uniforme.

Copyright by SAP AG

Cada Ano Fiscal assinalado para uma versão de Plano controla a validade, a integração (se o planejamento de elemento WBS numa versão está integrado com o centro de custo ou planejamento do processo do negócio) e o Apreçamento.

Copyright by SAP AG

Capítulo 5: Configuração 209

Versões de Plano podem ser usadas para a Análise do Progresso, desde que tenham sido definidas exclusivamente para este propósito.

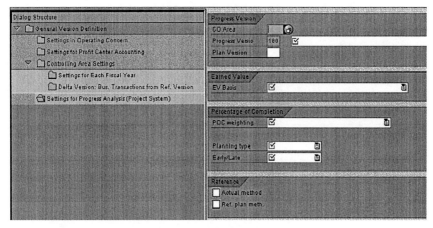

Copyright by SAP AG

Copyright by SAP AG

Figuras Chaves Estatísticas (SKFs)

SKFs são primariamente Objetos CO e precisam de uma mínima configuração - você pode simplesmente criá-los usando Unidades de Medida existentes e depois começar a entrar as estatísticas. Entretanto, além da criação das SKFs propriamente ditas, faz sentido criar-se uma hierarquia de Grupo de alguma espécie de forma que você possa diferenciar suas SKFs de outras partes do negócio com o propósito de reportagem. Atribuir suas SKFs a Categorias de Valores também pode ser útil para assegurar serão avaliadas apropriadamente no CO. SKFs são sempre chaveadas num sistema para uma Unidade de Medida.

Caminho do Menu	Controlling->Activity based costing->Master data->Statistical Key Figures
Ponto de Configuração	Maintain Statistical Key Figures
Transação	KK01

Capítulo 5: Configuração 211

IMG para SKFs:

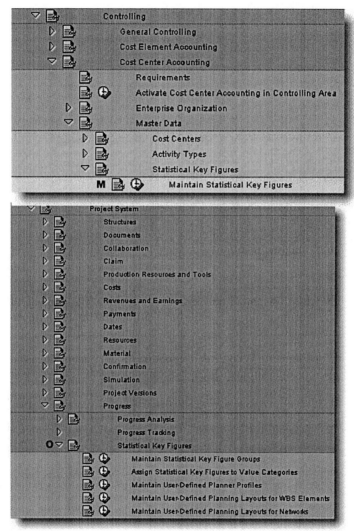

Copyright by SAP AG

212 SAP - Manual do Sistema de Projetos

[Create Statistical Key Figure: Master Data]

Copyright by SAP AG

- **Stat. key fig. UnM.** unidade padrão de medida atribuída a esta SKF.

- **Key fig.cat.** se a SKF é um Valor Fixo (é distribuída ao longo de todo o ano) ou um Valor Total (é uma quantia para o período no qual você está entrando).

A entrada das SKFs no sistema pode ser realizada através de Perfis de Planejadores e funciona de forma muito parecida com a entrada de quaisquer outros dados de planejamento, incluindo o uso de Regras de Distribuição.

Para a entrada de Elemento WBS e Rede, você deve apenas usar as telas padrões de entrada do SAP, ou copiar uma que se adeqüe às suas necessidades específicas.

Tudo o que é exigido para se fazer uma colagem de um SKF a um objeto do projeto é o uso de uma simples tela de entrada de dados, tal como a KB31N (veja abaixo), onde você pode escolher o tipo do objeto para o qual você quer que a SKF seja assinalada.

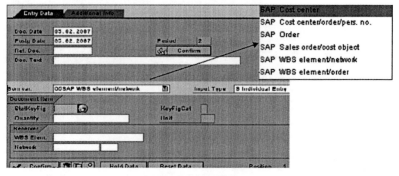

Copyright by SAP AG

Capítulo 5: Configuração **213**

Dados entrados aqui podem ser usados como dados de entrada em Perfis de DIP (Processador Dinâmico de Item) para Cobrança de Clientes. Basicamente, os valores entrados aqui são usados como entradas de "Quantidade" para cálculo de valores para propósitos de cobrança.

Processador Dinâmico de Item (DIP)

DIPs têm um duplo propósito - para Planejamento de Custos em Planejamento Fácil de Custos e para Cobrança em Ganhos e Recebimentos. Em suma, Perfis de DIP calculam e resumem informação para uso tanto em Planejamento quanto em Cobrança. Ambos os métodos serão abrangidos nesta seção.

Perfis de DIP são a base sobre a qual o Apreçamento de Vendas determina duas coisas:

- Que fontes de Planejamento Fácil de Custos são usadas para o Apreçamento Simulado de Vendas

- Que Valores Reais são usados para preparar a Cobrança do Cliente.

Perfis de DIP são capazes de prover a base sobre a qual ambos os anteriores são detalhados.

Eles contêm a seguinte informação:

- **Usage** o Perfil DIP deve ser usado:

    - Billing & Results Analysis (Cobrança e Análise de Resultados)

    - Quotation Creation and Sales Pricing (Criação de Cotação e Apreçamento de Vendas)

- **Characteristics** tipo de dados que é usado como Entrada para análise. Se você torna uma característica *relevante*, ela será *dinâmica* e será criada para você como a linha de cobrança.

    - Activity Type (Tipo de Atividade)

    - Cost Element (Elemento de Custo)

    - Personnel Number (Número de Pessoal)

    - WBS Elemento (Elemento WBS)

    - Work Center (Centro de Trabalho)

    e assim por diante.

- **Source** origem dos dados de suas características
    - Actual costs (Custos reais) - Line items (Itens de linha)
    - Actual costs - Totals records (Registros de Totais)
    - Easy Cost Planning (Planejamento Fácil de Custos)
    - Funds (Fundos) - Line items
    - Funds - Totals records
    - Inter-company (Inter-companhias) - Line Items
    - Plan Statistical Indicator (Indicador estatístico do Plano) - Totals records
    - Planned costs (Custos planejados) - Totals records
    - Statistical Indicator - Totals records
    - Statistical Indicator - Line items
- **Selection Criteria** filtros que se aplicam quando da seleção de dados
    - Period (Período)
    - Currency (Moeda)
    - Unit of Measure (Unidade de Medida)
- **Material Determination** Material para o qual todas as entradas serão anexadas
- **Criteria** critérios que definem a Determinação de Material

O esquema na Figura 5-6 mostra os vários elementos que você pode configurar nos DIPs.

Caminho do Menu	Project System->Costs->Revenues and Earnings->Integration with SD Documents->Creating Quotations and Project Billing
Ponto de Configuração	Maintain Profiles for Quotation and Billing
Transaction	ODP1

Capítulo 5: Configuração 215

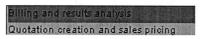

Copyright by SAP AG

Para continuar, Crie uma Nova Entrada e dê um Nome/Descrição ao seu Perfil:

- **Usage** como você quer que o seu DIP seja usado. Há apenas duas opções aqui:

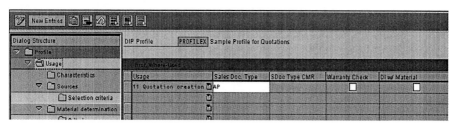

Copyright by SAP AG

- **Sales Document Type** a Saída que será gerada. No caso de Quotation creation and sales pricing (criação de cotação e apreçamento de vendas), que seria normalmente uma Cotação, mas poderia ser uma Ordem de Vendas ou algum outro Documento de Vendas. No caso de Billing and results analysis (cobrança e análise de resultados), é provável que seja um Memo de Débito.

Copyright by SAP AG

- **Characteristics** os tipos de dados que você quer que sejam considerados como entrada para a execução de sua Cotação/Cobrança.

216 SAP - Manual do Sistema de Projetos

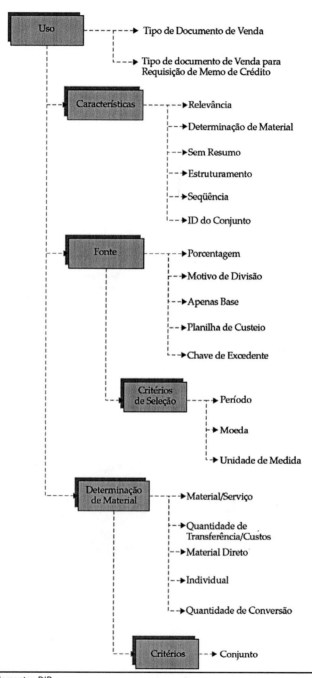

Figura 5-6 Elementos DIP

Capítulo 5: Configuração 217

Se além disto você selecionar a caixa **Mat. determination**, significa que qualquer informação que seja selecionada como entrada será apontada para um Material mais tarde no processo.

Copyright by SAP AG

- **Sources** há várias opções aqui, e você pode selecionar tantas quantas você deseje. No caso de Uso para Cotações (isto é, Apreçamento Simulado de Vendas na CJ20N), o Planejamento Fácil de Custos é a escolha óbvia. Para a Cobrança normal relacionada a Recurso, você pode selecionar qualquer forma de entrada. Todos os demais campos são opcionais: o padrão para **Percent** é 100%. Se você selecionar uma porcentagem, entre também um **Apportionment Reason** para Análise de Resultados. O sistema transfere o motivo de divisão junto com os custos de vendas da análise de resultados. **Costing Sheet** pode ser entrado para cálculo de Excedentes. **Only Basis** controla se os dados determinados pelo sistema da fonte selecionada serão usados diretamente na construção de itens dinâmicos ou se apenas sobretaxas para os dados fontes são usadas como a base para itens dinâmicos. **Overhead key** é usada para determinar taxas de excedentes específicos de ordens ou relacionados com material.

218 SAP - Manual do Sistema de Projetos

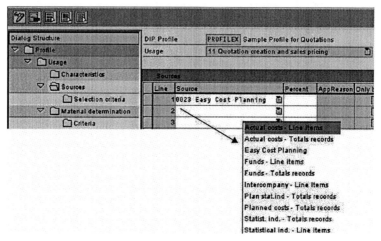

Copyright by SAP AG

- **Selection criteria** das Características que você selecionou, você tem a oportunidade de limitar o que é selecionado através do **Set ID** (que pode ser, por exemplo, Grupos de Elementos de Custo que já foram definidos ou novos que você venha a gerar agora). Aqui você entra uma faixa de, por exemplo, Tipos de Atividade, Elementos de Custo, etc. Se você não entrar uma ID de Conjunto, todos os dados serão considerados para entrada.

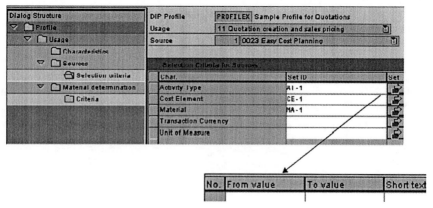

Copyright by SAP AG

- **Material determination** você pode entrar os nomes dos Materiais que serão usados para aplicar os valores. Por exemplo, se o sistema encontrou cinco registros com um Elemento de Custo que combinou com os Critérios de Seleção, eles deveriam ser todos aplicados ao Material (desde que eles também combinem com os Critérios definidos em **Criteria**). O principal objetivo destes ajustes é dirigir todos os dados fontes para os Materiais a que você quer que eles pertençam em qualquer Item de Vendas.

- Em **Transfer Quantity/Costs**, você decide se quer apenas Custos, Quantidades ou ambos transferidos para cada material. Isto se torna importante se você não quer Quantidades em Documentos de Vendas, por exemplo. **Material direct** controla se o Material Real encontrado será transferido, ao invés dos valores serem registrados no Material Dinâmico. Isto é útil se você quiser que o Cliente veja detalhes do material físico. **Individual** significa que você quer um material dinâmico por entrada encontrada na fonte - se não estiver ticado, eles serão resumidos no Material Dinâmico. **Conversion Quantity** é ticada se você quiser que a Unidade de Medida do material fonte seja convertida em Unidade de Medida do Item de Vendas.

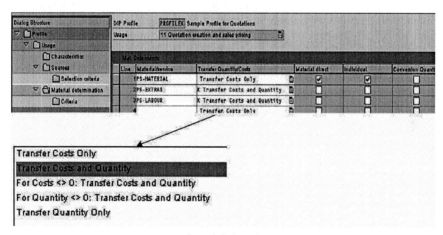

Copyright by SAP AG

- **Criteria** cada Material Dinâmico, você pode especificar sobre os dados fontes que se encaixam neles. Isto é útil quando você tem uma grande faixa de dados de entrada (controlados pelos Critérios de Seleção sob Fontes) que você, então, quer dirigir para Materiais específicos em seu Item de Vendas. Você pode usar Conjuntos ou valores individuais.

Datas

Datas em relação às WBSs e Redes têm um diferente propósito.

- **Em Elementos WBS** tem função limitada - além de herdarem datas de Elementos WBS e/ou Redes subordinadas, se estas forem usadas. Datas de WBS formam a base da geração de diagramas de Gantt no Quadro de Planejamento do Projeto. Dentro da WBS, é possível "extrapolar" e copiar datas manualmente de Elementos WBS subordinados. Datas de WBS também podem ser usadas no Progresso do Projeto. Agendamento rudimentar pode ser realizado em Elementos WBS. Veja Datas em WBS para mais detalhes no Capítulo 4, sob "Planejamento de Tempo e Capacidade".

- **Em Rede** sem Redes são usadas para Agendamento.

Agendamento de WBS

Para que o Agendamento se dê no nível de WBS, um perfil deve ser criado. Este perfil tem um relacionamento com as Atividades de Rede que são anexadas à WBS.

Caminho do Menu	Project System->Dates->Date planning in WBS
Ponto de Configuração	Define Parameters for WBS Scheduling
Transação	OPTQ

Capítulo 5: Configuração 221

IMG para Agendamento de WBS:

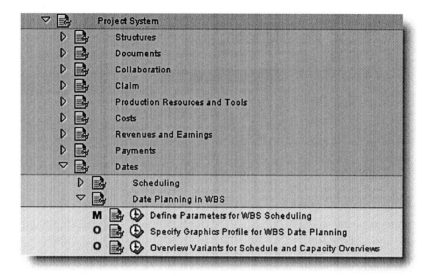

Copyright by SAP AG

Copyright by SAP AG

ABA SCHEDULING (Agendamento)

• **Scheduling type** ajuste determina o método pelo qual o Agendamento deve ser realizado (Backwards (para trás), Forwards (para a frente), etc). Este assunto é abordado em mais detalhes em "Agendamento de Rede".

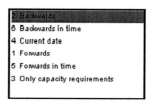

Copyright by SAP AG

• **Start in past** Número de dias que o agendamento permite que a data de início esteja no passado. Se este número de dias for excedido, o sistema automaticamente sobrepõe o tipo de agendamento definido e usa agendamento de "hoje".

Copyright by SAP AG

• **Schedul. method**

WBS determines dates (WBS determina as datas) No caso de agendamento para a frente, a data mais anterior de início das atividades (ou, no caso do agendamento para trás, a última data de término) é determinada pelas datas básicas dos elementos WBS para o qual as atividades são assinaladas.

Network determines dates (Rede determina as datas) No caso do agendamento para a frente, a data mais anterior de início das atividades (ou, para o agendamento para trás, a última data de término) é determinada pelas datas básicas do cabeçalho de rede.

• **Adjust bsc date** esta caixa para agendar suas datas de WBS com base nas datas de Atividade de Rede subseqüente (que terão sido determinadas durante o agendamento). Isto se encaixa no cenário de baixo para cima do SAP. Datas Básicas na WBS serão sobrepostas.

Capítulo 5: Configuração 223

• **Automatic log**   esta para criar automaticamente um registro de mensagens que podem ter ocorrido durante o agendamento (acessado através dos Extras no menu).

• **Shift order**   esta se você não quiser que datas reais de uma atividade parcialmente confirmada sejam levadas em conta durante uma execução de reagendamento.

• **Autom.schedul.**   este indicador se você quiser que o agendamento seja sempre levado a cabo quando você salvar a rede ou a ordem. Se você não ticá-la (e fizer uma alteração relevante no agendamento da rede), o sistema dará à rede o status "Datas não estão atualizadas" (NTUP) quando você salvá-la.

Se você não mantiver o indicador, o sistema ainda atualizará as necessidades de capacidade se você fizer alterações na ordem ou na rede. Você pode sobrepor o indicador na ordem ou na rede.

• **Latest staging**   esta para aplicar Últimas Datas de Atividade na data de requisições de um componente relatado para as datas de uma atividade.

Para componentes com uma quantidade de requisições positiva:

Se o indicador estiver ligado, a data das requisições é a última data de início da operação/atividade.

Se o indicador não estiver ligado, a data das requisições é a data mais antiga de início da operação/atividade.

Para componentes com uma quantidade de requisições negativa:

Se o indicador estiver ligado, a data das requisições é a última data de término da operação/atividade.

Se o indicador não estiver ligado, a data das requisições é a data mais antiga de término da operação/atividade.

Uma quantidade negativa de requisições significa que o material é produzido na operação/atividade.

• **Max. redn. level**   Especifica o nível máximo a ser usado para reduzir o tempo antecedente para gargalos no agendamento. A redução só é relevante para o agendamento detalhado.

• **Reduction type**   Define que operações são levadas em conta para a redução do tempo antecedente dos seguintes objetos: Roteamentos, Ordens de produção, Ordens planejadas, Ordens coletivas e Redes.

224 SAP - Manual do Sistema de Projetos

Você pode escolher entre os seguintes tipos de redução:

> All operations in the order will be reduced
> All operations in the critical path will be reduced

Copyright by SAP AG

Redução de Todas as Operações (All operations in the order will be reduced)

As medidas de redução são efetuadas passo a passo para todas as operações, até que todo o tempo antecedente tenha sido suficientemente reduzido. Após a redução, todas as operações têm o mesmo nível de redução.

Redução de Operações no Caminho Crítico (All operations in the critical path will be reduced)

Você só pode usar este tipo de redução para:

- Ordens coletivas

- Roteamentos, ordens planejadas, e ordens de produção que contêm seqüências paralelas

- Redes

Em cada passo de redução, as medidas de redução só são aplicadas àquelas operações para as quais uma redução do tempo antecedente resulte em uma redução de todo o tempo antecedente. Em ordens coletivas e ordens com seqüências paralelas, a soma destas operações é conhecida como o caminho crítico. Uma vez que pode haver diferentes caminhos críticos para cada passo de redução, as operações podem ter diferentes níveis de redução antes de uma redução suficiente de todo o tempo antecipado ser conseguida.

Em ambos os tipos de redução, as flutuações de ordem são reduzidas de acordo com seus ajustes.

Para Roteamentos, ordens planejadas e ordens de produção que não são parte de uma ordem coletiva (e não contêm seqüências paralelas), não há caminho crítico. Conseqüentemente, o segundo tipo de redução não tem efeito, resultando numa redução de todas as operações.

Capítulo 5: Configuração 225

CUIDADO: *Redução de operações no caminho crítico faz maiores exigências ao sistema do que a redução padrão e pode causar uma redução no desempenho.*

Agendamento de Rede

Agendamento - Geral

Ambos os tipos de agendamento são possíveis no PS: para trás e para a frente. O caminho crítico é sempre destacado. As datas mais recentes e mais antigas são calculadas. Limites podem ser ajustados nas datas de começo ou término das atividades.

Para o Processamento de Montagem, o Agendamento para trás deve ser o padrão. Isto significa que você pode entrar (manualmente ou a partir de ordem de vendas) a data de término na qual você quer ter as atividades encerradas; o sistema pode calcular automaticamente a data de início na qual você deve iniciar as atividades para respeitar esta última data de acordo com datas limites específicas.

Isto pode ser mudado para agendamento para a frente, se necessário (entre a data de início e a data de término é calculada automaticamente). Não há adiamento automático das datas planejadas do Projeto devido a eventos oriundos de entrega ou de outros eventos. No SAP padrão, algumas datas podem ser gerenciadas tanto na WBS quanto nas Redes de atividade. O SAP permite três tipos de ligação entre os vários objetos:

- **Descending (de cima para baixo)**, elementos no nível mais alto são um limite em direção aos elementos nos níveis mais baixos (do elemento WBS mais alto para atividades através de toda a estrutura)

- **Bottom-up (de baixo para cima)**, nível mais baixo é um limite no agendamento de nível mais alto

- **Open Planning (Planejamento Aberto)**, datas não interagem entre os diversos níveis

Diferentes conjuntos de datas estão disponíveis:

- **Data básica** Usada para se comunicar com outros módulos, elas são a referência. Estas datas são ligadas a necessidades de material e necessidades de capacidades.

- **Datas previstas** Usadas para gerenciar outros aspectos do Projeto. Elas podem ser inicializadas pela cópia de conjuntos de datas básicas. São apenas uma visão prévia, sem ligações com outras necessidades (material, capacidades, etc).

- **Datas limite** Usadas para determinar se há um limite de agendamento para o início e o término de uma atividade. Elas podem estar disponíveis para um conjunto de datas básicas ou previstas.

- **Datas reais** Preenchidas quando uma tarefa é realizada ou confirmada.

A diferença entre "datas previstas" e a "Versão do Projeto" é: a Versão do Projeto será usada para manter um histórico do Projeto no Evento do Projeto (primeiro agendamento). O conjunto de datas previstas pode ser usado para armazenar outras visões do agendamento (visões pessimistas ou otimistas).

O quadro de planejamento permite a mostragem de um diagrama de Gantt das datas. Datas básicas e/ou previstas podem ser mostradas neste quadro de planejamento. No sistema de informação do PS, uma comparação entre as datas básica e prevista está disponível.

Se um indivíduo for designado para uma atividade e se esta for adiada, a tarefa deverá ser novamente assinalada para alinhar a carga de trabalho à nova data (nenhum reagendamento do trabalho do dia-a-dia a ser feito para um recurso individual com respeito a alterações na agenda do Projeto, etc, apenas para evitar, permanentemente, alterações descontroladas). Segue uma explanação esquemática de como os Agendamentos para trás e para a frente trabalham.

Entrega pode ser alcançada (veja a Figura 5-7).

Entrega não pode ser alcançada (veja a Figura 5-8).

Capítulo 5: Configuração **227**

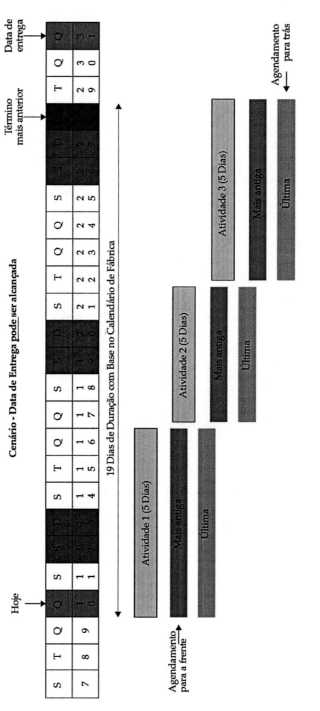

Figura 5-7 Agendamento 1

228 SAP - Manual do Sistema de Projetos

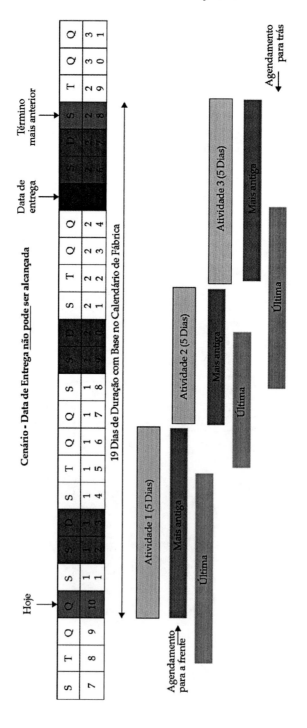

Figura 5-8 Agendamento 2

Capítulo 5: Configuração **229**

Parâmetros para Agendamento de Rede

> **NOTA IMPORTANTE:** *O ponto de configuração Define Control Key (OPSU) contém uma caixa de seleção para habilitar o "Agendamento".*

Os Parâmetros para Agendamento de Rede são atados tanto à Planta quanto ao Tipo de Ordem (significando o Tipo de Rede, no caso do PS). Se você não tem uma entrada aqui, o agendamento não será realizado e você obterá erros em seu projeto.

Caminho do Menu	Project System->Dates->Scheduling
Ponto de Configuração	Specify Parameters for Network Scheduling
Transação	OPU6

IMG para Agendamento em Redes:

```
▽ 📑   Project System
  ▷ 📑   Structures
  ▷ 📑   Documents
  ▷ 📑   Collaboration
  ▷ 📑   Claim
  ▷ 📑   Production Resources and Tools
  ▷ 📑   Costs
  ▷ 📑   Revenues and Earnings
  ▷ 📑   Payments
  ▽ 📑   Dates
    ▽ 📑   Scheduling
      M 📑 ⊕  Define Scheduling Types
      O 📑 ⊕  Define Time Units
      O 📑 ⊕  Define Reduction Strategies
      M 📑 ⊕  Specify Parameters for Network Scheduling
      O 📑 ⊕  Define Levels for Networks
        📑 ⊕  BAdI: Overall Network Scheduling with Selection Option
```

Copyright by SAP AG

230 SAP - Manual do Sistema de Projetos

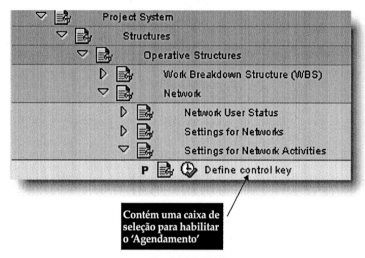

Contém uma caixa de seleção para habilitar o 'Agendamento'

Copyright by SAP AG

Plant	
Order type	
ProdScheduler	

Adjust scheduling
Adjust Dates	Adjust basic dates, adjust dep. reqmts to operation date

Scheduling control for detailed scheduling
Scheduling Type	✓	☐ Automatic Scheduling
Start in the Past		☐ Automatic log
		☐ Scheduling with breaks
		☐ Shift Order
		☐ Latest dates f. material

Reduction
Reduction type	All operations in the order will be reduced
Maximum reduction level	0 Do not reduce

Workforce Planning
Rescheduling	Distribute distributed work according to old distribution

Copyright by SAP AG

Capítulo 5: Configuração **231**

- **Plant** A Planta à qual o Agendamento de Rede se aplica.
- **Order type** O Tipo de Rede ao qual o agendamento de Rede se aplica.
- **ProdScheduler** Agendador responsável por um material no controle de atividade de produção. O agendador de produção determina como as necessidades de capacidade são calculadas para um material, durante uma execução de agendamento.

ABA ADJUST SCHEDULING (Ajustar Agendamento)

Adjust Dates (Ajustar datas) determina se e como as datas básicas ou as datas dependentes de requisições são ajustadas durante o agendamento do tempo antecedente, e após o agendamento, como as novas datas básicas diferem das velhas. No agendamento para trás, o sistema ajusta a data básica de início se necessário (se houver uma flutuação negativa); no caso do agendamento para a frente, ele ajusta a data básica de término. A data básica de término não é ajustada em ordens planejadas (isto é, a Ordem de Vendas não é automaticamente alterada).

ABA SCHEDULING CONTROL FOR DETAILED SCHEDULING (Controle de Agendamento para Agendamento Detalhado)

- **Scheduling Type** Determina o tipo de Agendamento a ser usado para Operações de Planejamento Detalhado (normalmente para trás, para Produção).

"In Time" (em tempo) significa por 24 horas de relógio.

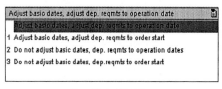

Copyright by SAP AG

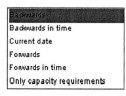

Copyright by SAP AG

- **Start in the Past** Número de dias que o agendamento permite que a data de início se dê no passado. Se este número de dias for excedido, o sistema automaticamente sobrepõe o tipo de tipo definido de agendamento e usa o agendamento "Today" (hoje).

- **Automatic log** Selecione esta caixa se você quiser que o registro do agendamento seja mostrado automaticamente após cada execução de agendamento. O registro de agendamento é mostrado a título de informação ou quando erros ocorreram durante a execução do agendamento.

- **Scheduling with breaks** Selecione esta se você quiser determinar que o momento exato de uma interrupção deve ser levado em conta. Se você ligar este indicador, não será mais possível que um tempo calculado ocorra durante um momento de interrupção.

- **Shift Order** Define que, para operações parcialmente confirmadas, as datas reais já existentes não são consideradas durante uma nova execução de agendamento. Você pode usar este indicador se, por exemplo, as datas básicas mudarem durante a execução da ordem/rede e operações já tiverem sido parcialmente confirmadas. As datas reais não serão, então, consideradas na próxima execução do agendamento.

- **Latest dates f. material** Selecione esta se você quiser que a "Última Data" agendada para a Atividade seja usada para ordenar o Componente Material (em oposição à Data de Início). Veja, também, Alinhar Data de Término, em seu Perfil de Rede, para mais informações.

ABA REDUCTION (Redução)

- **Reduction type** Tipos de Redução representam um decremento no tempo de antecedência de sua rede no agendamento. Se as datas básicas especificadas não puderem ser respeitadas, o sistema toma medidas de redução. Medidas de redução são realizadas em passos:

1. Que tempos serão reduzidos

2. Passos em que a redução se dará

```
All operations in the order will be reduced
All operations in the critical path will be reduced
```

Copyright by SAP AG

Capítulo 5: Configuração **233**

• **Maximum reduction level** Especifica o nível máximo a ser usado para redução do tempo de antecedência para gargalos no agendamento.

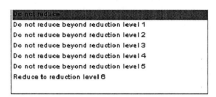

Copyright by SAP AG

NOTA: *A redução só é relevante para o Agendamento Detalhado.*

ABA WORKFORCE PLANNING (Planejamento de Força de trabalho)

• **Rescheduling** Especifica como o sistema trata o trabalho que já foi distribuído se as datas da atividade mudarem.

As seguintes opções estão disponíveis para o trabalho que já foi distribuído mas está, agora, fora das novas datas:

• Distribuí-lo de acordo com a nova distribuição.

• Excluí-lo.

• Distribuí-lo para o início ou término do novo período de atividade.

Neste caso, o sistema distribui o trabalho para o início se as datas prévias estiverem antes das novas datas, e para o término se as datas tiverem sido movidas para adiante no tempo.

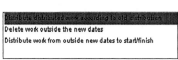

Copyright by SAP AG

Material

A configuração de todos os assuntos pertinentes à aquisição de Materiais em Redes é controlada pelos Indicadores de Aquisição, Categorias de Atribuição de Conta, Tipos de Movimentos, e Grupos MRP.

Aquisição

O processo de gerenciamento de Requisições de Compra e Ordens de Compra, isto é, Materiais comprados de fontes externas.

Indicador de Aquisição

Este ajuste se aplica aos valores padrões para Componentes Materiais entrados em Redes. Seu uso pode ajudar a determinar ajustes como o "Long Lead-Time" (Tempo de antecipação longo) ou "3rd Party Orders sent directly to Customer" (Ordens de terceiros enviadas diretamente ao Cliente).

Caminho do Menu	Project System->Material->Procurement>
Ponto de Configuração	Define Procurement Indicators for Material Components
Transação	OPS8

Capítulo 5: Configuração 235

IMG para Aquisição de Material em Projetos:

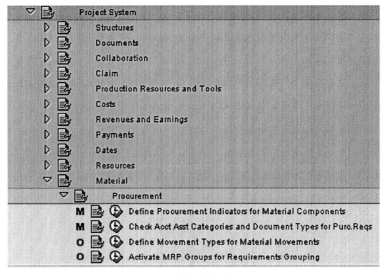

Copyright by SAP AG

- **Procurement** Uma chave única e uma descrição. Este valor será especificado quando você entrar o Componente Material para a Atividade/Elemento de Rede.

ABA PRIORITIES (Prioridades)

Entrando-se prioridades para os vários tipos de estoque, você controla em qual tipo de estoque um componente é mantido. Por exemplo, se você estiver usando Estoque de Projeto Avaliado, você poderá ajustar Projeto para 1, Planta para 2 e Vendas para 3.

- Priorities plant Ajuste de 1 a 9.
- Priorities project Ajuste de 1 a 9.
- Priorities sales ord Ajust de 1 a 9.

ABA CONTROL DATA (Dados de controle)

• **PReq network** Marque esta caixa para especificar que uma requisição de compra para recompletamento de requisições deve ser gerada para um componente em uma rede da mesma forma que uma reserva relevante para MRP. Isto só é possível para componentes que são gerenciados em estoque individual. A geração de uma PR (requisição de compra) a partir de uma Rede tem o efeito de criar imediatamente um compromisso. PRs geradas fora de uma Rede (e atribuídas à Rede) não geram um compromisso em si mesmas - elas devem, primeiro, se tornar uma Ordem de Compra para efetivar um compromisso.

• **3rd party** Tique esta se o material adquirido externamente deve ser entregue diretamente ao cliente (ou em um outro local). Você precisará entrar um Endereço de Entrega no momento em que o Componente Material é inserido.

• **Prelim.reqmnts** Selecione esta se você quiser registrar requisições (requisições planejadas independentes ou requisições preliminares de compra) antecipadamente através de uma rede (itens com tempo de antecedência longo). Estes podem ser, posteriormente, deslocados para requisições reais.

ABA DEFAULT ITEM CATEGORY (Categoria padrão de item)

• **Item Cat MRP** O que quer que você entre aqui será a Categoria padrão de Item para o Componente Material usando este Indicador de Aquisição. Isto é normalmente N para Não de Estoque, ou L para de Estoque.

Capítulo 5: Configuração **237**

Definir Exceções do ProMan (Aquisição orientada por Projeto)

O uso do ProMan como uma ferramenta é descrito no Capítulo 6. Como há muitas maneiras de o ProMan ser configurado, um extrato do SAP's Best Practice é descrito aqui.

Caminho do Menu	Project System->Material->Project-oriented Procurement (ProMan)
Ponto de Configuração	Define Exceptions
Transação	SPRO

Exceções podem ser anexadas a Perfis, mas se não forem anexadas, elas podem ser selecionadas quando você executar a transação CNMM do ProMan. Exceções são as Regras de "Luzes de Tráfego" que você quer aplicar a um conjunto particular de condições.

Se você quiser Exceções, você deve especificar um Perfil de Exceção. Este será depois ligado à Regra real de Exceção (luzes de tráfego Vermelha ou Amarela).

No exemplo a seguir, estaremos criando uma Regra Vermelha que checará se uma Reserva já levou a uma Ordem de Compra. Uma vez que isto tenha sido feito, a Exceção será anexada ao Perfil.

Selecione New Entries e crie uma chave com ID e Descrição do Perfil de Exceção:

Copyright by SAP AG

Copyright by SAP AG

238 SAP - Manual do Sistema de Projetos

Agora posicione o cursor em Document Exceptions e dê um duplo-clique.

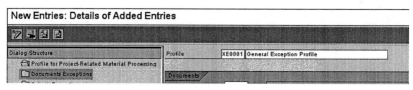

Copyright by SAP AG

Selecione New Entries e defina uma chave com ID e Descrição de uma Exceção de Documento. Neste exemplo, vamos definir uma Regra Vermelha se não houver Ordem de Compra.

New Entries

Copyright by SAP AG

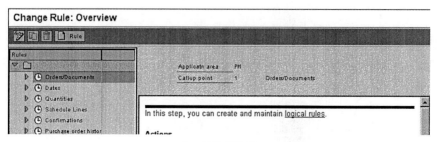

Copyright by SAP AG

Clique o ícone de Regra RED (você não deve entrar nada na caixa Red Rule, ainda). Você será levado a esta tela:

Capítulo 5: Configuração **239**

Clique o ícone para criar Regra (Rule).

Copyright by SAP AG

Entre um Nome de Regra adequado e pressione ENTER.

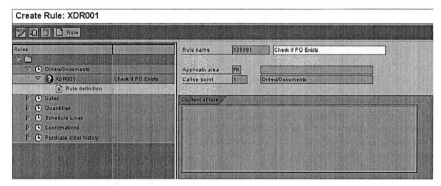

Copyright by SAP AG

Clique Rule definition e você estará apto a selecionar o tipo de dados que você quer checar. Depois, duplo-clique Structure CNMMD0 - a estrutura para Documentos:

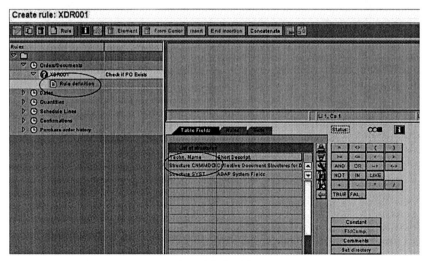

Copyright by SAP AG

Duplo-clique o campo Purchase Order (Ordem de Compra):

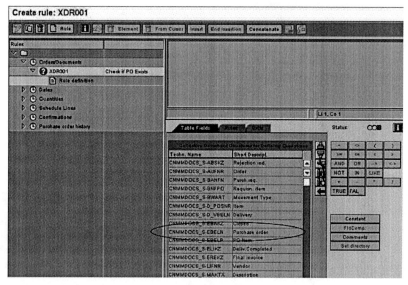

Copyright by SAP AG

Purchase Order aparecerá na caixa de diálogo.

Clique o operando =.

Clique o botão Constant.

Não entre nada na Ordem de Compra.

Clique o botão com o tique verde.

Capítulo 5: Configuração **241**

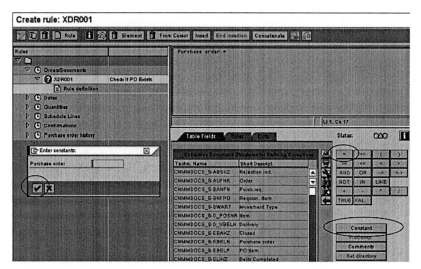

Copyright by SAP AG

O Status deve estar Verde, significando que sua sintaxe está certa.

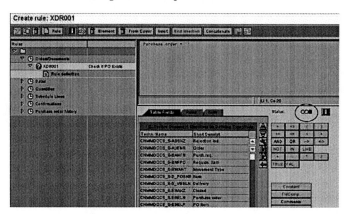

Copyright by SAP AG

Volte um nível:

Copyright by SAP AG

Salve a Regra:

Copyright by SAP AG

242 SAP - Manual do Sistema de Projetos

Volte quatro níveis clicando quatro vezes no ícone Voltar:

Copyright by SAP AG

Entre o nome de sua Exceção para Documento no campo Red Rule:

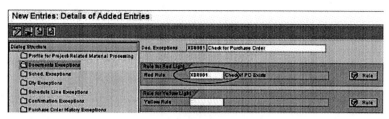

Copyright by SAP AG

Salve a Exceção:

Copyright by SAP AG

Volte três níveis clicando três vezes no ícone Voltar:

Copyright by SAP AG

Você pode, agora, aplicar mais Regras de Exceção que você veja que se encaixam.

Abaixo está uma regra recém criada, trabalhando-se no CNMM... antes de a Exceção ser aplicada:

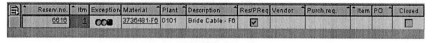

Copyright by SAP AG

E depois de a Exceção ser aplicada:

Copyright by SAP AG

Capítulo 5: Configuração **243**

Definir Perfil do ProMan (Aquisição orientada por Projeto)

Caminho do Menu	Project System->Material->Project-oriented Procurement (ProMan)
Ponto de Configuração	Define Profile
Transação	SPRO

Aqui você cria o Perfil, conecta o Perfil de Exceção a ele, e seleciona os Documentos e Vistas relevantes para usar na operação do ProMan.

O Perfil determina o tipo dos dados que estão disponíveis. Pode haver muitos perfis. Eles servem para filtrar o que você vai ver na transação CNMM do ProMan. O Perfil pode ter Perfis de Exceções anexadas a ele.

Simplesmente crie um Perfil, especifique a Descrição e marque as caixas relevantes.

Copyright by SAP AG

Abaixo, encontra-se uma lista de nomes de campos usados em Exceções do Pro-Man para cada categoria de informação. Estes campos podem ser usados quando definimos Exceções.

DOCUMENTOS	AGENDA (1)	AGENDA (2)	QUANTIDADES(1)	QUANTIDADES(2)
Rejection ind.	Rejection ind.	CW Mat. Staging	Rejection ind.	RFQ
Order	Changed On	CW Fin. Plnd Or	Order	RFQ Item
Purch.req.	Order	CW Start PlnOrd	Purch.req.	Record type
Requisn. item	Requisn. date	Delivery DatePO	Req.Qty ProdOrd	Reservation
Movement Type	Purch.req.	Del.PS Delivery	Reserv. Req.Qty	Item no.
Item	Reqmts date	Description	Requisn. item	Debit/Credit
Delivery	Requisn. item	Material	Order quantity	RFQ status
Closed	PostDateMatDoc	Mat.avail.date	Item	Sales document
Purchase order	Movement Type	Material Doc.	Delivery	Qty.f.avail.chk
PO Item	Item	Mat. Doc. Year	Closed	Activity
Deliv.Completed	Closed	Network	Purchase order	Plant
Final invoice	Purchase order	Order finish	PO Item	PO History
Vendor	PO Item	Planned order	Deliv.Completed	Confirmations
Description	PO Delivery	Item	Withdrawal Qty	Schedule Lines
Material	Deliv.Completed	WBS Element	Final invoice	Mat. Doc. Item
Material Doc.	Created on	Order start	Order quantity	
Mat. Doc. Year	Final invoice	RFQ	Delivery qty	
Network	Release date	RFQ Item	Description	
Planned order	Basic fin. date	Record type	Material	
Item	Sched. finish	Reservation	Material Doc.	
WBS Element	Bas. start date	Item no.	Base Unit	
RFQ	Sched. start	Debit/Credit	Order unit	
RFQ Item	CW Change Date	RFQ status	UoM Product.Ord	
Record type	CW Request Date	Sales document	Base Unit	
Reservation	CW Req. Date	Delivery	UoM Mat. Doc.	
Item no.	CW Post. MatDoc	Activity	UoM Planned Ord	
Debit/Credit	CW DeliveryDate	Plant	Base UoM Reserv	
RFQ status	CW Creat.Delltm	PO History	PReq Quantity	
Sales document	CW Release PReq	Confirmations	Order quantity	
Activity	CW Fin. ProdOrd	Schedule Lines	Qty in Mat. Doc	

Capítulo 5: Configuração 245

Plant	CW SchFin ProdO	Mat. Doc. Item	Mat. Doc. Year	
PO History	CW Start Pr.Ord		Network	
Confirmations	CW SchedStrt PO		Planned order	
Schedule Lines	CW Deliv. Date		Item	
Mat. Doc. Item	CW DeliveryDate		WBS Element	

SCHEDULING AGREEMENT (Acordo de Agendamento)	ORDER CONFIRMATIONS (Confirmações de Ordens)	PO HISTORY (Histórico de PO)
Reserv. Req.Qty	Reserv. Req.Qty	Reserv. Req.Qty
Reqmts date	Reqmts date	Reqmts date
PurchOrderDate	Purchase order	Qty. in OPUn
Committed date	Item	Order prce unit
Purchase order	Confirm. cat.	GR blocked stck
Item	Delivery date	PostDateMatDoc
Delivery date	Created on	Item
CW Req. Date	CW Req. Date	Purchase order
CW OrderDateScL	CW Del.Confirm.	Item
CW Confirmed	CW Create Conf.	Mat. Doc. Year
CW DeliveryDate	CW Deliv. Date	CW Req. Date
CW Deliv. Date	Delivery date	CW Post. MatDoc
Delivery date	Description	CW Deliv. Date
Description	Material	Delivery date
Material	Base Unit	Description
Base Unit	Unit Meas.OrdIt	Material
Unit Meas.OrdIt	Base UoM Reserv	Base Unit
Base UoM Reserv	Quantity	Base UoM Reserv
Quantity	Quantity	Quantity
Scheduled qty.	Network	Qty in Mat. Doc
Network	Item	Network
Item	WBS Element	Item
WBS Element	Record type	WBS Element
RFQ	Reservation	Record type
Item	Item no.	Reservation

Record type	Sales document	Item no.
Reservation	Activity	Debit/Credit
Item no.	PO History	15
RFQ status	Confirmations	Activity
Sales document	Schedule Lines	GR bl.st.in OUn
Activity		PO History
Received		Confirmations
PO History		Schedule Lines
Confirmations		
Schedule Lines		

Resumo

Você viu, agora, a maior parte dos pontos de configuração importantes disponíveis no PS. Isto deve iniciá-lo com facilidade - agora você pode se conectar e conseguir mais dicas a partir da ajuda do SAP.

CAPÍTULO 6
Ferramentas

Este capítulo dá uma olhada nas ferramentas disponíveis para o trabalho com Projetos - o Construtor de Projetos, o Quadro de Planejamento, o Pro-Man e o Relatório.

O Construtor de Projetos (Project Builder)

O Construtor de Projetos é a ferramenta primária do SAP para a criação e manutenção da maioria dos elementos de um Projeto. Há algumas coisas que você não pode gerenciar aqui, tais como Orçamentos, Reclamações e Sub-redes. Entretanto, você pode fazer praticamente qualquer outra coisa.

Estrutura do Construtor de Projetos

O Construtor de Projetos é dividido em três seções principais:

- Estrutura
- Lista de trabalho e Gabaritos
- Seção de Identificação e Visualização

Estrutura

Aqui os elementos estruturais de um projeto são mostrados num formato Hierárquico. À medida que você move a Hierarquia para baixo, o conteúdo do objeto é mostrado na Seção de Identificação e Visualização.

- **Listas de trabalho e Gabaritos** Aqui você verá os últimos projetos trabalhados, de forma que você possa retornar rapidamente a eles. Além disso, selecionando Gabaritos, você verá os vários gabaritos disponíveis.

248 SAP - Manual do Sistema de Projetos

• **Identificação e Visualização** Para as Listas de trabalho e os Gabaritos que aparecem nesta seção da tela, você pode duplo-clicar ou arrastar-e-soltar objetos para convertê-los em objetos operacionais na Estrutura. Aqui, o objeto presentemente destacado será mostrado para que você possa alterar seu conteúdo e realizar outras ações.

A Figura 6-1 mostra como a tela é estruturada.

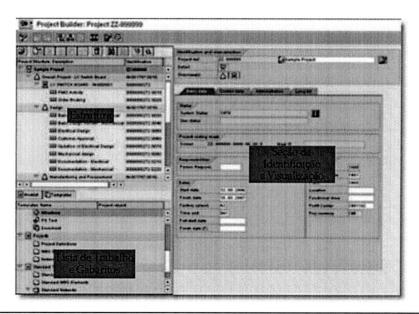

Figura 6-1 Construtor de Projetos

Ícones do Construtor de Projetos

A tabela a seguir descreve todos os ícones disponíveis dentro do Construtor de Projetos:

Ícone	Descrição
Copyright by SAP AG	Alterna do modo de Edição para o de Mostragem. Fique atento para o fato de que quando você alterna, o objeto que você destacou irá para o topo da tela e você só estará habilitado a editar a árvore relevante.

Capítulo 6: Ferramentas **249**

Copyright by SAP AG	Abre um Projeto.
Copyright by SAP AG	Move o objeto um nível para CIMA na hierarquia. WBSs subordinadas também são afetadas.
Copyright by SAP AG	Move o objeto um nível para BAIXO na hierarquia. WBSs subordinadas também são afetadas.
Copyright by SAP AG	Recorta o objeto destacado (pronto para Colar).
Copyright by SAP AG	Copia um objeto.
Copyright by SAP AG	Cola um objeto recortado ou copiado.
Copyright by SAP AG	Serviços para Objeto (permite que você envie um Fluxo de trabalho aos usuários de outro escritório ou recipientes externos). O botão pull-down abre uma lista; o de chamada fornece ícones.
Copyright by SAP AG	Lança o Quadro de Planejamento (Diagrama de Gantt) para todos os objetos a partir de onde o cursor está presentemente destacado.
Copyright by SAP AG	Alterna para o modo Gráfico (apenas para WBS).
Copyright by SAP AG	Alterna para o modo Gráfico (apenas para Rede).
Copyright by SAP AG	Realiza Alterações Maciças (busca e substituição de informação comum) no projeto atual.
Copyright by SAP AG	Lança o Planejamento Fácil de Custos (aplica-se apenas aos Elementos de Planejamento WBS).
Copyright by SAP AG	Lança o Apreçamento Simulado de Vendas (requer um Perfil de DIP e informação de determinação de Parceiro).
Copyright by SAP AG	Exclui (remove fisicamente) o objeto destacado e quaisquer objetos subordinados.

Copyright by SAP AG	Expande a hierarquia do projeto a partir do objeto destacado.
Copyright by SAP AG	Comprime a hierarquia do projeto a partir do objeto destacado.
Copyright by SAP AG	Desfaz a última ação de Recorte/Colagem.
Copyright by SAP AG	Alterna para a Visão geral de Relacionamento (para ligar Atividades de Rede com Regras de Início/Término, Durações, Intervalos, etc).
Copyright by SAP AG	Busca na hierarquia do Projeto.
Copyright by SAP AG	Dá uma visão geral de Elementos WBS ou Atividades de Rede. Isto permite que você mantenha os objetos numa visão tabular.
Copyright by SAP AG	Mantém Textos Longos para Elementos WBS, Atividades de Rede, e Demarcações.
Copyright by SAP AG	Símbolo genérico para representar uma WBS.
Copyright by SAP AG	Símbolo genérico para representar uma Definição de Projeto.
Copyright by SAP AG	Símbolo genérico para representar um Cabeçalho de Rede (diferente no Quadro de Planejamento).
Copyright by SAP AG	Símbolo genérico para representar uma Atividade de Rede.
Copyright by SAP AG	Símbolo genérico para representar um Elemento de Atividade de Rede.
Copyright by SAP AG	Símbolo genérico para representar uma Demarcação.
Copyright by SAP AG	Visão geral de Texto de PS.

Capítulo 6: Ferramentas **251**

📑 Copyright by SAP AG	Visão geral de Documentos anexados a um Objeto.
🗄 Copyright by SAP AG	Visão geral de Componentes Materiais (apenas Rede).
📄 Copyright by SAP AG	Cria um novo projeto ou um objeto (WBS, Atividade, Demarcação, etc).
ℹ️ Copyright by SAP AG	Mostra os Status históricos e atual de Sistema e de Usuário.

Menus do Construtor de Projetos

Os detalhes de telas a seguir fornecem uma visão composta de cada menu pull-down no Construtor de Projetos e poupará você de ter que navegar online para encontrar o caminho que você precisa seguir.

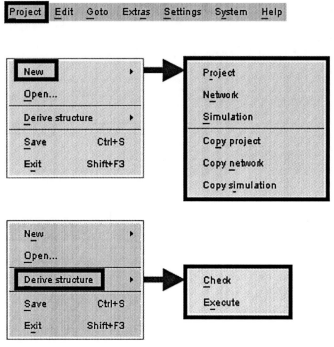

Copyright by SAP AG

252 SAP - Manual do Sistema de Projetos

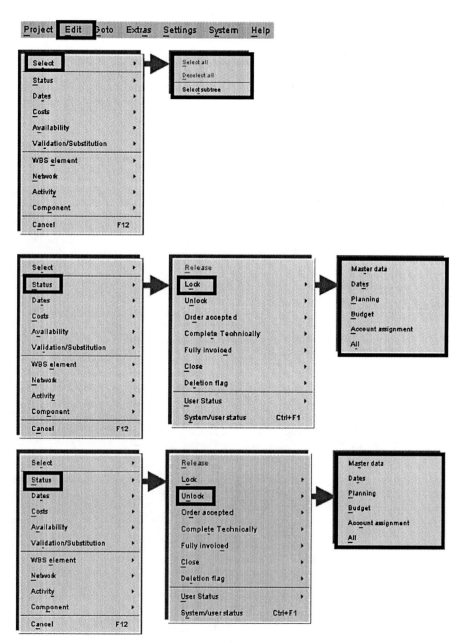

Copyright by SAP AG

Capítulo 6: Ferramentas 253

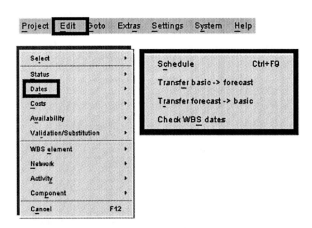

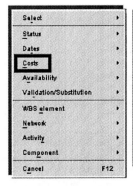

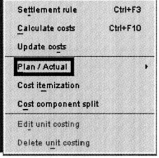

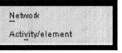

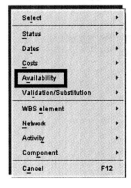

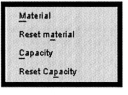

Copyright by SAP AG

254 SAP - Manual do Sistema de Projetos

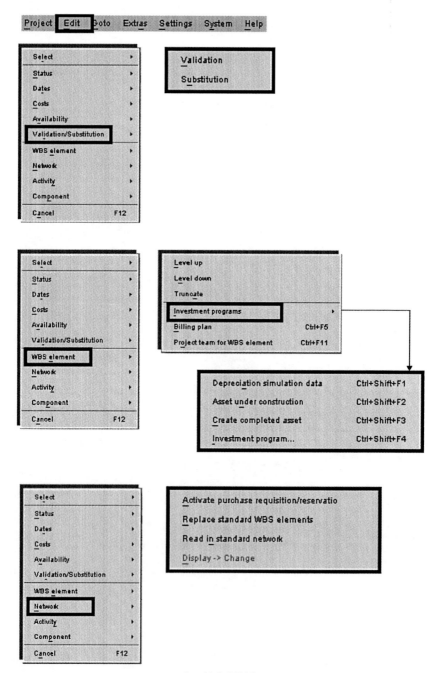

Copyright by SAP AG

Capítulo 6: Ferramentas 255

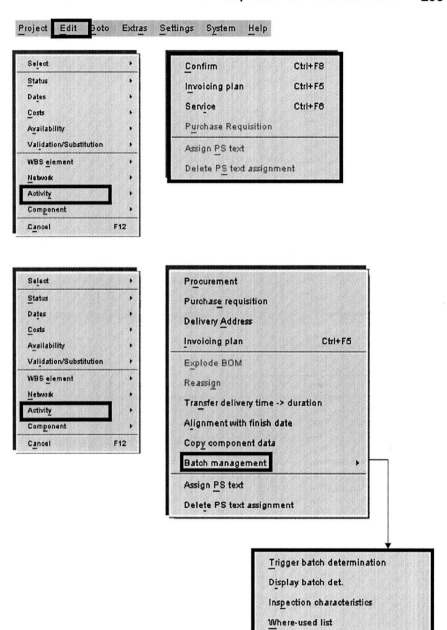

Copyright by SAP AG

256 SAP - Manual do Sistema de Projetos

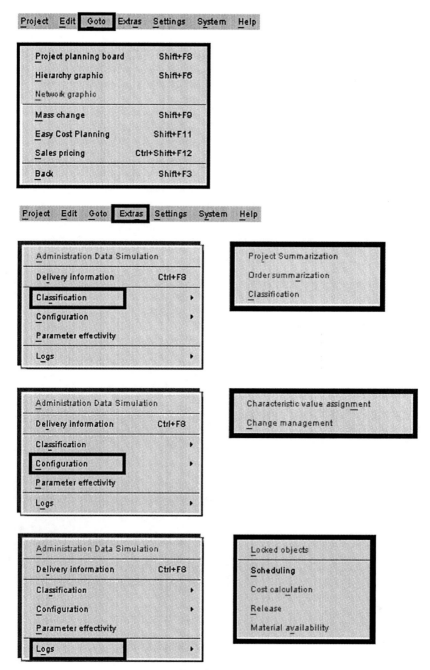

Copyright by SAP AG

Capítulo 6: Ferramentas **257**

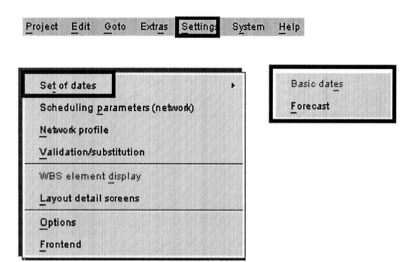

Copyright by SAP AG

Por dentro do Construtor de Projetos

Esta seção descreve os dados dentro de uma Definição de Projeto, uma WBS, uma Demarcação e uma Atividade de Rede. A maior parte dos dados apresentados aqui podem ser copiados automaticamente de um Projeto Padrão (Gabarito). Ao longo desta seção, você verá Códigos de Transação (CódigoT) referenciados nos campos - estes podem ajudar você a determinar de onde vem a configuração original.

Definição do Projeto

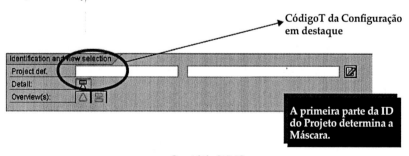

Copyright by SAP AG

258 SAP - Manual do Sistema de Projetos

Definição do Projeto - aba de Dados Básicos

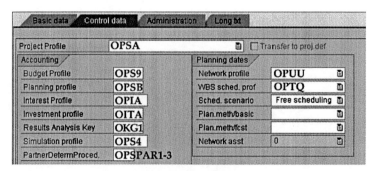

Copyright by SAP AG

Definição do Projeto - aba de Dados de Controle

Copyright by SAP AG

Capítulo 6: Ferramentas 259

Definição do Projeto - aba de Administração

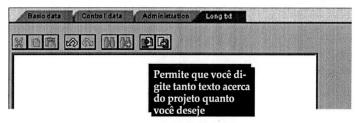

Copyright by SAP AG

Definição do Projeto - aba de Texto Longo

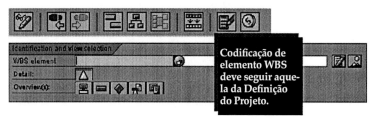

Copyright by SAP AG

Estrutura de Detalhamento de Trabalho (WBS)

Copyright by SAP AG

260 SAP - Manual do Sistema de Projetos

WBS - Dados Básicos

[Tela: Basic data]
- Proj.type: OPSO
- Priority: OPTN
- Short ID:
- Proj. summarization
- System Status: CRTD
- User status: OK02
- Person Respons.: OPS6
- Applicant no.: OPS7
- Resp. cost cntr
- Req.cost center
- Req. co.code
- Planning element
- Acct asst elem.
- Billing element
- Grouping WBS element

> Grouping WBS (Agrupamento de WBS) pode ser 1 ou 2. Se for 1, ele só pode estar em uma única WBS.

Copyright by SAP AG

WBS - Datas

[Tela: Dates]
- Basic Dates: BscStart, Duration, Erl. start, LatestStrt, Bsc Fin, Un., DAY, Earl. fin., LstFinish
- Forecast dates: FcstStrt, Duration, Erl. start, LatestStrt, FcstFin, Unit, DAY, Earl. fin., LatestFin
- Actual dates: ActStart, Duration, TentActSt., Act.Fin, Unit, DAY, TentActFin
- Calendar

> Uma WBS pode ter seu próprio Calendário para manutenção de Data.

Copyright by SAP AG

WBS - Atribuições

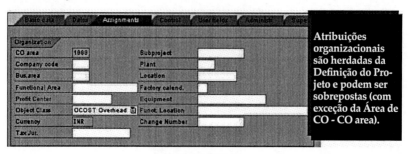

- CO area: 1000
- Company code
- Bus.area
- Functional Area
- Profit Center
- Object Class: OCOST Overhead
- Currency: INR
- Tax Jur.
- Subproject
- Plant
- Location
- Factory calend.
- Equipment
- Funct. Location
- Change Number

> Atribuições organizacionais são herdadas da Definição do Projeto e podem ser sobrepostas (com exceção da Área de CO - CO area).

Copyright by SAP AG

Capítulo 6: Ferramentas **261**

WBS - Controle

Basic data	Dates	Assignments	**Control**	User fields	Administr.	Superior

☐ Transfer to proj.def

Accounting
Costing Sheet	KZS2	☐ Statistical	CCtr post.	
Overhead key	OKOG	☐ Integ. planning		
Interest Profile	OPIA			
Investment profile	OITA			
Results Analysis Key	OKG1			

> Se você ticar Integ. planning (Planejamento Integrado), você não poderá usar o Planejamento Fácil de Custos.

Planning dates
Network asst	2	For WBS element
Plan.meth/basic	2	Bottom-up (taking da
Plan.meth/fcst	2	Bottom-up (taking da

Investment Management
Scale	
Investment reason	
Envir. investment	

Copyright by SAP AG

WBS - Campos do Usuário

Basic data	Dates	Assignments	Control	**User fields**	Administr.	Su

Field key OPS1

General fields
Text 1	
Text 2	
Text 3	
Text 4	

Numeric fields
Quantity 1	
Quantity 2	
Value 3	
Value 4	

Dates
Date 1	
Date 2	

Checkboxes
☐ Indicator 1
☐ Indicator 2

> Cada WBS pode ter sua própria Chave de Campo com diferentes UDFs (Campos Definidos pelo Usuário) - mas tenha cuidado, porque a mesma tabela é usada para manter esta informação.

Copyright by SAP AG

WBS - Administração

Copyright by SAP AG

WBS - Superior

Mostra o relacionamento hierárquico entre os níveis de WBS

Copyright by SAP AG

WBS - Progresso

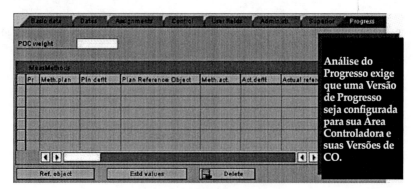

Análise do Progresso exige que uma Versão de Progresso seja configurada para sua Área Controladora e suas Versões de CO.

Copyright by SAP AG

Capítulo 6: Ferramentas 263

WBS - Texto Longo

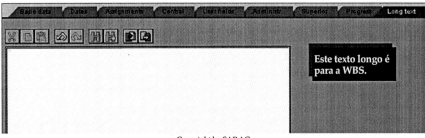

Copyright by SAP AG

Demarcação (WBS)

Se Prog. analysis (análise de Progresso) estiver ticada, preencha a Porcentagem de completamento. Se Sales doc. date (data do documento de Vendas) estiver ticada, a data de Cobrança é determinada pela Ordem de Vendas. É opcional o preenchimento de InvoicePercentg. (Porcentagem de Entrada).

Se Trend analysis (análise de Tendência) estiver ticada, você precisará de Versões de Projeto. Se Offset to fin. (Deslocamento para o término) estiver ticado (demarcação ajustada para a data agendada de término da WBS), entre um valor/unidade de Deslocamento (p.ex: Dias) ou % de Deslocamento (referente à duração da WBS). Normalmente, a data da Demarcação é ajustada para a data de Início mais antiga da WBS. A data real só estará disponível para entrada quando a WBS for Liberada (similarmente às Demarcações de Atividades).

Copyright by SAP AG

264 SAP - Manual do Sistema de Projetos

Demarcação (Rede)

> Note a diferença entre Demarcações de WBS e de Rede:
>
> Em Redes, você tem Funções (próxima página). Demarcações de Rede têm um relacionamento mais direto com Planos de Cobrança de Ordem de Vendas.

Copyright by SAP AG

Funções de Demarcação (Rede)

> Funções permitem que você realize passos adicionais após uma Demarcação ter sido alcançada. As funções são disparadas com base no status do Sistema. Cada função deve ter seus parâmetros completados (p.ex: se sua função for "Criar Rede", você precisará especificar uma Rede Padrão).

> Esta seção só aparece se a Função selecionada exigi-la.

Copyright by SAP AG

266 SAP - Manual do Sistema de Projetos

Cabeçalho de Rede - Agendamento

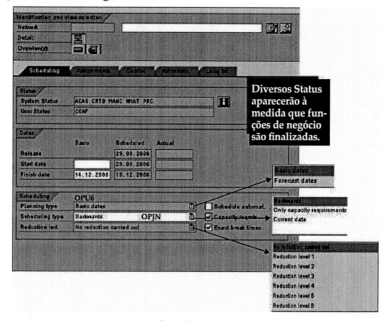

Copyright by SAP AG

Cabeçalho de Rede - Atribuições

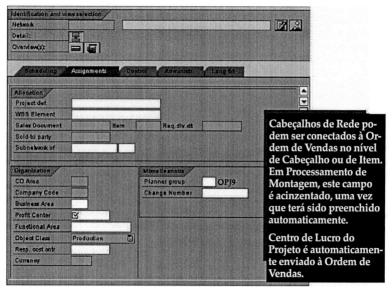

Copyright by SAP AG

Cabeçalho de Rede - Controle

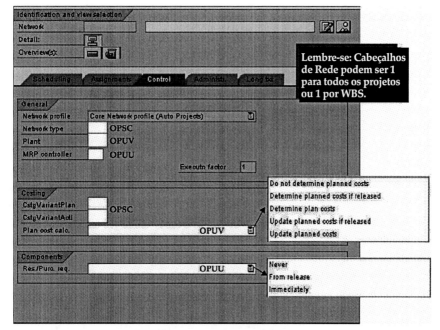

Copyright by SAP AG

Cabeçalho de Rede - Administração

Copyright by SAP AG

268 SAP - Manual do Sistema de Projetos

Cabeçalho de Rede - Texto Longo

Copyright by SAP AG

Atividade de Rede - Interna

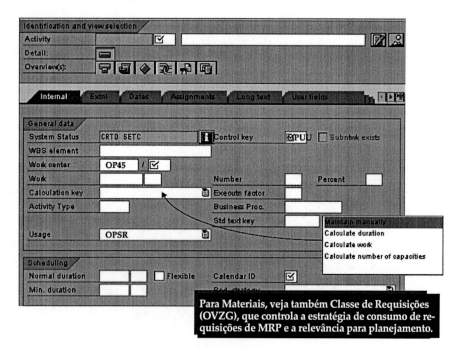

Para Materiais, veja também Classe de Requisições (OVZG), que controla a estratégia de consumo de requisições de MRP e a relevância para planejamento.

Copyright by SAP AG

Atividade de Rede - Externa

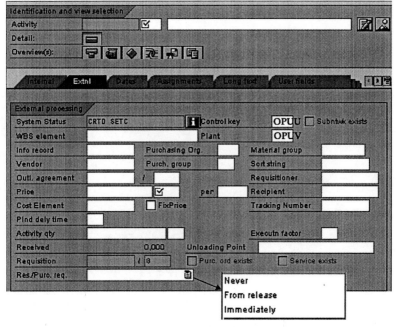

Copyright by SAP AG

Atividade de Rede - Custos Gerais

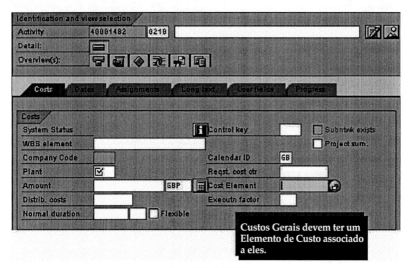

Copyright by SAP AG

Atividade de Rede - Datas

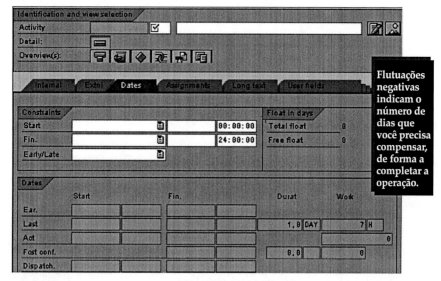

Flutuações negativas indicam o número de dias que você precisa compensar, de forma a completar a operação.

Copyright by SAP AG

Atividade de Rede - Atribuições

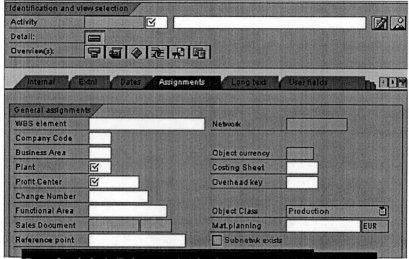

Ponto de referência (Reference point) é o elo entre uma Atividade de Rede e uma BOM (Conta de Material) de Ordem de Vendas. Quaisquer Materiais na BOM que tenham o mesmo Ponto de Referência serão transferidos para o projeto, quando a CN33 for executada para "Transferir para o Projeto".

Copyright by SAP AG

Capítulo 6: Ferramentas **271**

Atividade de Rede - Campos do Usuário

Copyright by SAP AG

> UDFs podem ter seus nomes personalizados na OPS1.
> P.ex., Text 1 poderia ser "Número Antigo do Projeto".

Atividade de Rede - Atribuição de Pessoa

> Esta tela somente se aplica a Projetos com Atividades Internas que tenham um Centro de Trabalho/Tipo de Atividade válido. O Mestre de RH deve também ter pessoas atribuídas para o Centro de Trabalho.

Copyright by SAP AG

272 SAP - Manual do Sistema de Projetos

Atividade de Rede - Dados adicionais

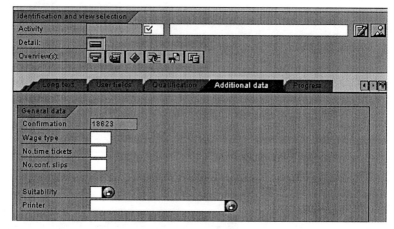

Copyright by SAP AG

Atividade de Rede - Progresso

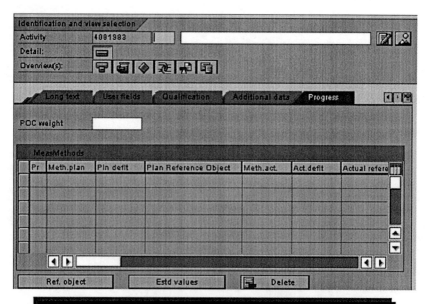

Análise de Progresso exige que uma Versão de Progresso seja configurada para sua Área Controladora e suas Versões de CO.

Copyright by SAP AG

Capítulo 6: Ferramentas 273

Componente Material

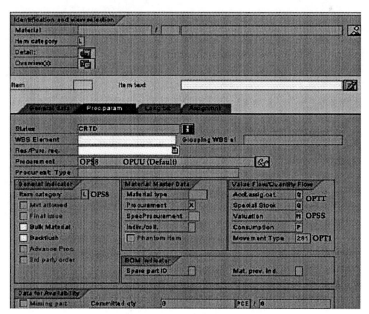
Copyright by SAP AG

Componente Material - Parâmetros de Processamento (Proc.param)

Copyright by SAP AG

O Quadro de Planejamento

O Quadro de Planejamento é usado para gerenciar o seu projeto a partir de uma perspectiva de Planejamento gráfico. Em essência, ele é um Diagrama de Gantt e tem a capacidade de mover informação relacionada numa forma mais gráfica. Usado apropriadamente, é uma excelente ferramenta para visualização dos elementos orientados ao planejamento de seu projeto. O Perfil do Quadro de Planejamento pode ser configurado para se adequar às suas necessidades, como mostrado neste extrato do IMG:

Copyright by SAP AG

O Quadro de Planejamento do Projeto é dividido em duas seções principais:

• **Estrutura** Aqui os elementos estruturais de um projeto são mostrados num formato hierárquico. Os campos mostrados podem ser facilmente alterados. Você também pode dar um duplo-clique nos objetos para obter acesso à edição.

• **Diagrama de Gantt** Esta é uma representação gráfica de seu projeto a partir de um ponto de vista de data e relacionamento.

A Figura 6-2 mostra como a tela é estruturada.

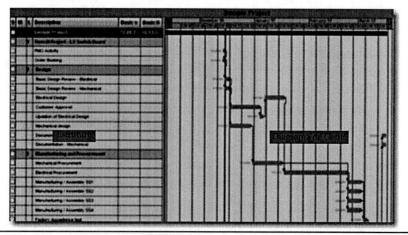

Figura 6-2 Estrutura do Quadro de Planejamento

Capítulo 6: Ferramentas   **275**

Ícones do Quadro de Planejamento

A tabela a seguir descreve todos os ícones disponíveis dentro do Quadro de Planejamento:

Ícone	Descrição
	Serviços para Objeto (permite que você envie um Fluxo de trabalho aos usuários de outro escritório ou a recipientes externos). O botão pull-down abre uma lista; o de chamada fornece ícones.
	Seleciona todos os objetos (todos os objetos serão ticados).
	Desmarca todos os objetos (todos os objetos serão desmarcados).
	Move o objeto um nível para CIMA na hierarquia. WBSs subordinadas serão afetadas também.
	Move o objeto um nível para BAIXO na hierarquia. WBSs subordinadas serão afetadas também.
	Recorta o objeto destacado (pronto para Colar).
	Copia um objeto.
	Cola um objeto recortado ou copiado.
	Desfaz a última operação de Recorte/Colagem.
	Conecta as Atividades Selecionadas.
	Alterna para relacionamentos de Atividade de Edição (visão tabular).
	Exclui (remove fisicamente) o objeto destacado e quaisquer objetos subordinados.

276 SAP - Manual do Sistema de Projetos

Ícone	Descrição
Copyright by SAP AG	Mostra detalhes do objeto selecionado (o mesmo que um duplo-clique no objeto selecionado).
Copyright by SAP AG	Confirma a Atividade selecionada.
Copyright by SAP AG	Realiza o Agendamento para o objeto selecionado.
Copyright by SAP AG	Calcula Custos para o objeto selecionado.
Copyright by SAP AG	Leva você direto para o Cabeçalho de Rede.
Copyright by SAP AG	Visualiza os Componentes Materiais (apenas Rede).
Copyright by SAP AG	Mostra os Status históricos e atual de Sistema e de Usuário.
Copyright by SAP AG	Expande a hierarquia do projeto a partir do objeto destacado.
Copyright by SAP AG	Comprime a hierarquia do projeto a partir do objeto destacado.
Copyright by SAP AG	Apresenta a tela gráfica para Resumo de Capacidade (por Centro de Trabalho).
Copyright by SAP AG	Filtra a vista atual pelos valores dos campos selecionados (incluirá apenas os objetos selecionados).
Copyright by SAP AG	Agrupa objetos específicos pelos campos selecionados (deslocando-os).
Copyright by SAP AG	Ordena objetos numa ordem por campos selecionados.
Copyright by SAP AG	Destaca objetos por campos selecionados.

Ícone	Descrição
	Alterna Modo de Conexão ligado/desligado (permite que você conecte Atividades graficamente).
	Comparação de Agendamento (Exclui Cópias, Mostra Original, Mostra Último).
	Zoom para gráfico (torna todo o Quadro de Planejamento maior ou menor).
	Adapta Área de Gráficos (encaixando-a na área de Gantt ou otimizando os comprimentos).
	Adapta a escala de tempo.
	Lança o Assistente do Quadro de Planejamento (permite que você personalize a forma como o PB (Quadro de Planejamento) será mostrado).
	Lança o Assistente de Escala de Tempo (permite que você decida se você quer Dias, Meses, Anos).
	Conjuntos de vistas de Datas (permite que você selecione quais datas são representadas no Gráfico de Barras).
	Opções - permite que você veja ou altere alguns dos valores padrões para o projeto (Agendamento, Planejamento, Gabaritos disponíveis).
	Seleção de Campo (o mesmo que um duplo-clique no cabeçalho dos campos) - permite que você marque/desmarque os campos que serão mostrados na área de estrutura do Quadro de Planejamento.
	Legenda - alterna a legenda entre ligado e desligado.
	Registros/Listas - permite que você mostre os registros e listas disponíveis, tais como Agendamento, Custos.
	Desfaz Ajustes de Usuário - permite que você zere os ajustes personalizados (como definidos em Opções).

ProMan (Aquisição Orientada pelo Projeto)

O ProMan consolida informação relacionada a documentos de aquisição atribuídos a Elementos WBS e Atividades de Rede.

Isto inclui o seguinte:

- Requisições de Compra
- Pesquisas
- Ordens de Compra
- Entregas
- Documentos de Material (Movimentos de Bens)
- Ordens Planejadas
- Ordens de Produção
- Ordens de Manutenção
- Reservas

Em relação aos precedentes, a funcionalidade ProMan permite que você visualize o seguinte:

- Componentes Materiais
- Atividades de Rede e Elementos de Atividade
- Quantidades
- Datas
- Entregas a partir do Projeto
- Estoque do Projeto
- Ordens

Capítulo 6: Ferramentas 279

E execute certas funções:

- Gerar Requisições de Compra a partir de Atividades de Rede
- Agrupar e gerar resumo de Requisições de Compra
- Gerar Ordens de Compra a partir de Requisições de Compra
- Gerar um Item de Entrega a partir de um Projeto
- Transferir Estoque

Exceções

Para personalizar a visão no relatório do ProMan (Transação CNMM), você pode configurar um Perfil de Exceção, que é anexado a um Perfil do ProMan. Elas fornecem a você "Luzes de Tráfego". Exceções são mantidas numa forma similar às Validações e Substituições. Por exemplo: se um Componente Material existe, uma luz Verde será mostrada; mas se não houver Ordem de Compra para aquele Componente, uma luz Vermelha será mostrada. Ou, se uma Ordem de Compra existe, uma luz Verde será mostrada; mas se o Recebimento de Bens não foi registrado, uma luz Vermelha será mostrada. As combinações são muitas e podem ser personalizadas para se adequarem ao seu ambiente de negócio.

Usando o ProMan

Transação CNMM - Project System->Material->Execution

Esta transação fornece uma visão hierárquica de uma estrutura de projeto, incluindo Definição de Projeto, WBS, Cabeçalho de Rede, Atividade/Elemento de Rede, e Componentes Materiais. Os símbolos comuns se aplicam a estes objetos.

Na tela de seleção, você especifica um Projeto ou uma Rede, além de outros critérios de seleção para limitar o que você vê:

280 SAP - Manual do Sistema de Projetos

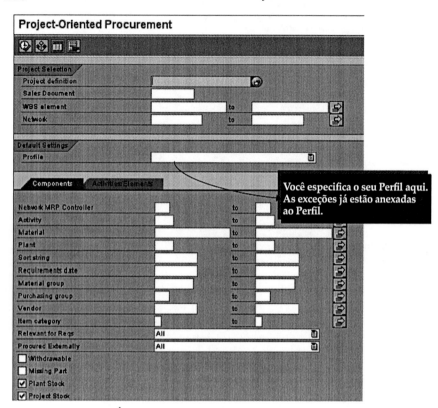

Copyright by SAP AG

A tela real de trabalho é gerenciada em duas seções separadas:

• **Estrutura** Aqui os elementos estruturais de um projeto são mostrados num formato hierárquico. A Estrutura do Projeto não pode ser alterada, mas você pode excluir por filtragem os objetos que você não quer ver.

• **Seção de Detalhe** Aqui você vê os vários documentos que se relacionam à atividade de Material no seu projeto. A partir deste ponto é possível a visualização de Documentos, Datas e Quantidades. Você também pode executar Funções, tais como Criar uma Requisição de Compra, Ordem de Compra, Movimento, e assim por diante.

Capítulo 6: Ferramentas 281

A Figura 6-3 mostra como a tela está estruturada.

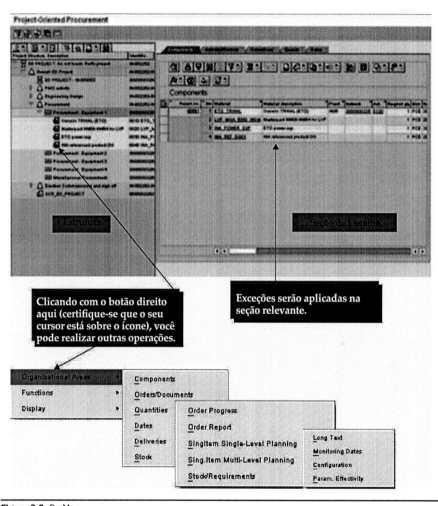

Figura 6-3 ProMan

Relatório Padrão

Embora não seja necessário realizar qualquer configuração maior para se fazer com que relatórios padrões funcionem, é comum personalizar-se, pelo menos, um Perfil DB. O SAP Padrão fornece estes, que são efetivamente uma lista de objetos disponíveis para relatório. Normalmente, quando da execução de um relatório, você verá estes ícones:

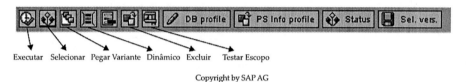

Executar   Selecionar   Pegar Variante   Dinâmico   Excluir   Testar Escopo

Copyright by SAP AG

Em suma, estes são os principais elementos de relatório:

Perfil DB

Copyright by SAP AG

Um perfil dos Dados Mestres que estarão disponíveis em um dado relatório.

Perfil de Informação do PS

Copyright by SAP AG

Este é configurado para determinar a "visão", que pode ser uma estrutura de detalhamento de trabalho, um centro de custo, um centro de lucro, ou um resumo de projeto.

Perfil de Seleção de Status

Copyright by SAP AG

Um perfil contendo valores de Status de Sistema/Usuário pré-configurados que podem ser selecionados no momento de execução de um relatório. Este é a única forma de você poder selecionar informação com base num status de projeto.

Capítulo 6: Ferramentas **283**

Telas de Seleção

Copyright by SAP AG

A tela primária na qual os valores de sua seleção de dados mestres são entrados. Dados entrados nestas telas podem ser salvos como uma Versão de Seleção, que pode ser recuperada quando necessário.

Seleções Dinâmicas

Copyright by SAP AG

Campos não-chaves, que podem ser usados para refinar suas seleções primárias.

Filtros

Copyright by SAP AG

Uma vez que um relatório foi executado, filtros adicionais que excluem/incluem dados no relatório.

Penetração

Copyright by SAP AG

Dados Mestres adicionais ou Dados Transacionais que são ligados à informação no seu relatório.

Campos

    ou
Copyright by SAP AG   Copyright by SAP AG

Campos adicionais que podem estar disponíveis para inclusão em colunas do relatório.

Variantes (às vezes você deverá usar a opção do Menu Go To).

Copyright by SAP AG

Exportar

Copyright by SAP AG

Exporta informação do relatório para uma Planilha, Processador de Texto ou arquivo local, ou o envia a outro usuário como XML, HTML ou URL.

Uma idiossincrasia dos relatórios do SAP é que você nunca pode estar certo de que todos eles terão a mesma funcionalidade, terão os mesmos tipos de mensagens ou mesmo (em alguns raros casos) darão a você os mesmos resultados que os dados que você sabe serem verdadeiros.

Os relatórios padrões às vezes falham em combinar o tipo de informação que você está procurando (por exemplo, informação de Plano e Orçamento não é mostrada em um relatório). O aspecto compensatório disto é o uso do Report Painter, que permite que você copie relatórios padrões e modifique seus conteúdos. Uma outra ferramenta útil é o Visualizador Rápido (SQVI), que é uma maneira muito rápida de extração de informação de uma ou várias tabelas ligadas.

Resumo, BW, e outros meios de Relatório

Há anos o SAP tem ameaçado remover todo o suporte a esta funcionalidade. Em suma, ele é um processo de lote que totaliza dados de Projeto com base em valores característicos (tais como WBS, Números de Rede, e outros valores). Portanto, para obter alguma coisa útil dele, você tem que realizar uma "execução de resumo".

No final, será o BW (Depósito do Negócio) que executa, porque sua funcionalidade força o negócio a predefinir qual informação ele quer reportar.

Outra brilhante alternativa é o uso do Crystal Reports ou do Cognos. Estas ferramentas trabalham um pouco como o BW, onde você define as vistas que você quer e em seguida faz os extratos.

Assim, se você não tiver feito ou não estiver usando BW, apenas extraia o melhor dos muitos relatórios padrões que estão disponíveis pela combinação deles, tornando-os melhores e talvez usando o Report Painter, Report Writer, ABAP Query, ou uma combinação de todos eles.

Capítulo 6: Ferramentas **285**

Finalmente, lembre-se de que você pode extrair informação para planilhas com a mesma facilidade.

NOTA: *Alguns relatórios não permitem a seleção de campos adicionais. Os que permitem, normalmente permitem, também, a seleção de campos através de "Disposição". Esta funcionalidade permite a você não apenas selecionar os campos que você quer, mas, ainda, salvar a disposição para uso futuro. O ícone que você verá é este:*

Copyright by SAP AG

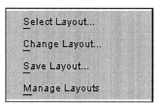

Copyright by SAP AG

Quando esta facilidade estiver disponível em um relatório, você também verá uma seção Layout (Disposição) na tela principal de seleção:

Copyright by SAP AG

Alguns relatórios contêm estes ícones:

Copyright by SAP AG

que levarão aos mesmos resultados, mas não têm a Disposição mostrada na Tela de Seleção. Relatórios que permitem que você escolha campos mas não salvam a disposição mostram este ícone:

Copyright by SAP AG

Abaixo está uma tabela de todos os relatórios Padrões do PS.

Sistema de Informação

Structures	CN41 - Resumo de Estrutura
Resumos Individuais	CN42N - Definições de Projeto
	CN43N - Elementos WBS
	CN46N - Redes
	CN47N - Atividades
	CN45N - Ordens
	CN54N - Documentos de Vendas e Distribuição
	CN55N - Itens de Documento de Vendas
	CN49N - Relacionamentos
	CN53N - Demarcações
	CN51N - Recursos e Ferramentas de Produção
Resumo Individual Incrementado	CN42 - Definições do Projeto
	CN43 - Elementos WBS
	CN44 - Ordens Planejadas
	CN45 - Ordens
	CN46 - Redes
	CN47 - Atividades/Elementos
	CN48 - Confirmações
	CN49 - Relacionamentos
	CN50 - Requisições de Capacidade
	CN51 - Recursos e Ferramentas de Produção
	CN52 - Componentes
	CN53 - Demarcações
	CNS54 - Documentos de Vendas e Distribuição (o Perfil DB deve ser a visão de Vendas)
	CNS55 - Itens de Documentos de Vendas (o Perfil DB deve ser a visão de Vendas)
Listas de Onde Usadas	CA83 - Redes Padrões para Centro de Trabalho
	CA73 - Redes Padrões para Recursos e Ferramentas de Produção

Capítulo 6: Ferramentas

Redes para Recursos e Ferramentas de Produção	CF16 - Para Material
	CF17 - Para Documento
	CF15 - Para Recursos e Ferramentas Mestres de Produção
	CF18 - Para Equipamento
Documentos de Alterações	CN60 - Para Projeto/Rede
	CJCS - Para WBS Padrão
	CN61 - Para Rede Padrão
	CNPAR - Resumo de Parceiros
Reclamação	CLM10 - Resumo
	CLM11 - Hierarquia
Financeiros	S_ALR_87013531 - Custos/Ganhos/Despesas/Receitas
Hierárquicos Baseados no Plano de Custos	S_ALR_87013532 - Plano/Real/Variância
	S_ALR_87013533 - Plano/Real/Compromisso/Plano Rem./Atribuído
	S_ALR_87013534 - Plano 1/Plano 2/Real/Compromissos
	S_ALR_87013535 - Real na Área de CO/Objeto/Moeda de Transação
	S_ALR_87013536 - Plano/Real/Pagamento de Sinal como Despesa
	S_ALR_87013537 - Detalhe de Compromisso
	S_ALR_87013538 - Comparação de Versão de Projeto: Real/Plano
	S_ALR_87013539 - Comparação de Versão de Projeto: Plano
	S_ALR_87013540 - Previsão
	S_ALR_87013541 - Vantagem do Projeto: Plano/Real
	S_ALR_87100185 - Custos Reais para cada Mês (Ano Fiscal Presente)
	S_ALR_87100186 - Custos Planejados para cada Mês (Ano Fiscal Presente)
	S_ALR_87100187 - Compromissos para cada Mês (Ano Fiscal Presente)
	S_ALR_87100188 - Custos Reais Acumulados
	S_ALR_87100189 - Séries de Tempo Reais/Planejadas

Por Elemento de Custo	S_ALR_87100190 - Plano/Real/Variância para cada Projeto e Pessoa Responsável
	S_ALR_87013542 - Real/Compromisso/Total/Plano em Moeda da Área de CO
	S_ALR_87013543 - Real/Plano/Variância Absoluta/Variância %
	S_ALR_87013544 - Comparação de Real/Plano: Períodos
	S_ALR_87013545 - Comparação de Período - Real
	S_ALR_87013546 - Compromissos: Comparação de Período
	S_ALR_87013547 - Comparação de Período - Plano
	S_ALR_87013548 - Figuras Chaves Estatísticas/Períodos
	S_ALR_87013549 - Real/plano comparar com parceiro
	S_ALR_87013550 - Débito em Moeda de Objeto/Área de CO
	S_ALR_87013551 - Débitos Planejados em Moeda de Objeto/Área de CO
	S_ALR_87013552 - Débito/Crédito, Real
	S_ALR_87013553 - DÉBITO/CRÉDITO, PLANO
	S_ALR_87013554 - Comparação de duas versões de plano
	S_ALR_87013555 - RESULTADOS DO PROJETO
Relacionados a Orçamento	S_ALR_87013556 - Resumo de Fundos
	S_ALR_87013557 - Orçamento/Real/Variância
	S_ALR_87013558 - Orçamento/Real/Compromisso/Plano Rem/Atribuído
	S_ALR_87013559 - Orçamento/Distribuído/Plano/Distribuído
	S_ALR_87013560 - Atualizações de Orçamento
	S_ALR_87013561 - Controle de Disponibilidade
Ganhos e Recebimentos Hierárquicos	S_ALR_87013562 - Annual Overview
	S_ALR_87013563 - Estrutura
	S_ALR_87013564 - Plano/Real/Variância
	S_ALR_87013565 - Margem de Contribuição Planejada
	S_ALR_87013566 - Margem de Contribuição Real
	S_ALR_87013567 - Cotação/Ordem/Plano/Real
	S_ALR_87013568 - Resultados do Projeto

Capítulo 6: Ferramentas

	S_ALR_87013569 - ORDENS/BALANÇO DE LUCROS
Por Elemento de Custo	S_ALR_87013570 - Real/Plano/Variância Absoluta/% de Variância
	S_ALR_87013571 - Comparação de Real/Plano: Períodos
	S_ALR_87013572 - RESULTADOS DO PROJETO
Pagamentos	S_ALR_87100191 - Receitas/Despesas em Ano Fiscal
	S_ALR_87013573 - Receitas/Despesas para Todos os Anos Fiscais
	S_ALR_87013575 - Receitas
	S_ALR_87013574 - Despesas
Itens de Linha	CJI3 - Custos/Ganhos Reais
	CJI5 - Compromissos
	CJI4 - Custos/Ganhos do Plano
	CJI9 - Planejamento de Custo/Ganho Hierárquico
	CJI8 - Orçamento
	CJIA - Pagamentos Reais/Compromissos de Pagamento
	CJIB - Pagamentos Planejados
	CJIF - Análise de Resultados
	CJID - Repasse de Item de Linha
Mostragem de Documentos	KSB5 - Custos/Ganhos Reais
	CJ3B - Orçamento
	CJIG - Pagamentos
Resumo	S_ALR_87013576 - Resumo: Hierarquias do Projeto
	S_ALR_87013577 - Custos/Ganhos/Despesas/Receitas
Hierárquicos Baseados no Plano de Custos	S_ALR_87013578 - Plano/Real/Variância
	S_ALR_87013579 - Plano/Real/Compromisso
Por Elemento de Custo	S_ALR_87013580 - Real/Plano/Variância
	S_ALR_87013581 - Real/Plano/Compromisso
	S_ALR_87013582 - Atual/Cumulativo/Total
Relacionado com Orçamento	S_ALR_87013583 - Orçamento/Real/Variância
	S_ALR_87013584 - Orçamento/Real/Compromisso
Hierárquico de Ganhos e Recebimentos	S_ALR_87013585 - Plano/Real/Variância

	S_ALR_87013586 - Margem de Contribuição Planejada
	S_ALR_87013587 - MARGEM DE CONTRIBUIÇÃO REAL
Por Elemento de Custo	S_ALR_87013588 - Lucro de Ordem
	S_ALR_87013589 - Real/Plano/Variância
	S_ALR_87013590 - ATUAL/CUMULATIVO/TOTAL
Pagamentos	S_ALR_87013591 - Resumo
Executar Relatório	CJEO - Relatório Hierárquico
	CJEB - Relatório Hierárquico em Segundo plano
	GR55 - Relatório de Elementos de Custo
Progresso	CN48N - Confirmações
	ACOMPXPD - Avaliações de Acompanhamento do Progresso
Análise do Progresso	CNE5 - Resumo de Estrutura
	S_ALR_87015124 - Hierarquia do Projeto
	S_ALR_87015125 - Detalhes
	CNMT - Análise de Tendência de Demarcações
Recursos	CN50N - Requisições de Capacidade
Carga de Capacidade	CM01 - Visão de Centro de Trabalho
	CM07 - Visão Variável
	CMP9 - Planejamento de Força de trabalho
Material	CN52N - Componentes Materiais
	MD04 - Estoque/Requisições
	CO24 - Partes em Falta
	MD09 - Requisições Marcadas
	MD4C - Relatório de Ordem
	MB25 - Reservas
	CN44N - Ordens Planejadas
Requisições de Compras	ME5J - Para o Projeto
	ME5K - Para Atribuição de Conta
Ordens de Compra	ME2J - Para o Projeto
	ME2K - Para Atribuição de Conta
	ME3K - Acordos de Delineamento
	MBBS - Estoque Avaliado de Projeto

Capítulo 6: Ferramentas **291**

Resumo

Há outras ferramentas genéricas disponíveis para projetos. Essas descritas neste capítulo são as principais em relação ao PS, e você deve levar em consideração o aprendizado de outras como o Report Writer, Report Painter ou ABAP Quick Query se você precisar personalizar os relatórios padrões ou extrair dados que não são cobertos nas funções padrões. Considere, também, o uso de revisões simples de tabelas, tais como a SE16n, em que você pode rever o conteúdo de tabelas. A SE38 funciona bem para a visualização da estrutura completa do PS (PSJ).

CAPÍTULO 7
Informação Técnica

Este capítulo fornece referências úteis sobre Códigos de Transações, Tabelas (apenas Definição de Projetos e WBS), e o próprio IMG (em seu todo). Note que os Códigos de Transações de Configuração são abordados no Capítulo 5. Apenas os Códigos de Transações Operacionais são listados aqui.

Códigos de Transações (Operacionais)

Os Códigos de Transação iniciados com CJ são, geralmente, atribuídos a Elementos WBS do Projeto e associados a processos.

Os Códigos de Transação iniciados com CN são, geralmente, atribuídos a Redes do Projeto e associados a processos.

Estes códigos são entrados na caixa de diálogo no topo da tela de Acesso Fácil (Easy Access) do SAP - normalmente você entra apenas o código, pressiona ENTER e é apresentado ao processo.

Note que você não pode entrar apenas o código de transação quando você já está em um processo - você só pode fazê-lo quando você estiver no nível do menu de Acesso Fácil. Para conseguir o carregamento de um novo processo a partir de um outro, entre o prefixo /N (por exemplo, /NCJ20N). Lembre-se: quando você usa a opção /N, a sessão anterior é fechada sem qualquer atenção com alterações de dados que você tenha feito nela. Portanto, tenha cuidado.

Para abrir uma nova sessão completa (em paralelo à que você está executando), entre o prefixo /O (por exemplo, /OCJ20N) - isto abrirá uma nova sessão, deixando a anterior em execução e acessível como uma sessão em separado do Windows.

Transações CJ e CN ordenadas por Código

Código T	Texto da Transação
CJ00	Encontrar Assinaturas Digitais
CJ01	Criar Estrutura de Detalhamento de Trabalho
CJ02	Alterar Estrutura de Detalhamento de Trabalho
CJ03	Mostrar Estrutura de Detalhamento de Trabalho
CJ06	Criar Definição de Projeto
CJ07	Alterar Definição de Projeto
CJ08	Mostrar Definição de Projeto
CJ11	Criar Elemento WBS
CJ12	Alterar Elemento WBS
CJ13	Mostrar Elemento WBS
CJ14	Mostrar Elemento WBS (a partir de DMS)
CJ20	Planejamento de Estrutura
CJ20N	Construtor de Projeto
CJ21	Alterar Datas Básicas
CJ22	Mostrar Datas Básicas
CJ23	Alterar Datas Previstas
CJ24	Mostrar Datas Previstas
CJ25	Alterar Datas Reais
CJ26	Mostrar Datas Reais
CJ27	Quadro de Planejamento de Projeto
CJ29	Atualizar WBS (Previsão)
CJ2A	Mostrar Planejamento de Estrutura
CJ2B	Alterar Quadro de Planejamento de Projeto
CJ2C	Mostrar Quadro de Planejamento de Projeto
CJ2D	Planejamento de Estrutura
CJ30	Alterar Orçamento Original do Projeto
CJ31	Mostrar Orçamento Original do Projeto
CJ32	Alterar Liberação do Projeto
CJ33	Mostrar Liberação do Projeto
CJ34	Transferência de Orçamento de Projeto
CJ35	Retorno de Orçamento do Projeto

Código T	Texto da Transação
CJ36	Suplemento de Orçamento para o Projeto
CJ37	Suplemento de Orçamento no Projeto
CJ38	Retorno de Orçamento no Projeto
CJ3A	Alterar Documento de Orçamento
CJ3B	Mostrar Documento de Orçamento
CJ40	Alterar Plano de Projeto
CJ41	Mostrar Plano de Projeto
CJ42	Alterar Ganhos de Projeto
CJ43	Mostrar Ganhos de Projeto
CJ44	Excedentes Reais: Projetos, Processamentos Individuais
CJ45	Excedentes Reais: Projetos, Processamentos Coletivos
CJ46	Excedentes Planejados: Projetos, Processamentos Individuais
CJ47	Excedentes Planejados: Projetos, Processamentos Coletivos
CJ48	Alterar Planejamento de Pagamento: Tela Inicial
CJ49	Mostrar Planejamento de Pagamento: Tela Inicial
CJ70	Manter Itens de Linha de Repasse do Projeto
CJ72	Projeto: Quantia Real de repasse de itens de linha
CJ74	Itens de Linha de Custo Real
CJ76	Projetar Itens de Linha de Compromisso
CJ7E	Planejar Transferência de Dados: Projetos
CJ7G	Planejar Transferência de Dados: Projetos
CJ7M	Projetar Itens de Linha de Custo de Plano
CJ7N	Manter Projetos de Investimento DRG para Retirada
CJ80	Controle de Disponibilidade - Resumo
CJ81	Atualizar Lista de Relatório
CJ88	Repassar Projetos e Redes
CJ8A	Repasse Real: Retirada de Projeto do IM (Gerenciador de Investimentos)
CJ8G	Repasse Real: Projetos/Redes
CJ8V	Período Fechado para Seleção de Projeto
CJ91	Criar WBS Padrão
CJ92	Alterar WBS Padrão

Código T	Texto da Transação
CJ93	Mostrar WBS Padrão
CJ9B	Copiar Plano de WBS para Plano (Coletivo)
CJ9B_OLD	Copiar Planejamento de Custo de Projeto (Antigo)
CJ9BS	Copiar Plano de WBS para Plano (Individual)
CJ9C	Copiar Real de WBS para Plano (Coletivo)
CJ9C_OLD	Copiar Planejamento de Ganho de Projeto (Antigo)
CJ9CS	Copiar Real de WBS para Plano (Individual)
CJ9D	Copiar Versões de Plano
CJ9E	Planejar Repasse: Projetos
CJ9ECP	Sistema de Projeto: Planejamento Fácil de Custos
CJ9F	Copiar Custeio de Projeto (Coletivo)
CJ9FS	Copiar Custeio de Projeto (Individual)
CJ9G	Planejar Repasse: Projetos
CJ9K	Custeio de Rede
CJ9L	Prever Custos: Projetos Individuais
CJ9M	Prever Custos: Processamento Coletivo de Projeto
CJ9Q	Planejamento Integrado para Redes (Coletivo)
CJ9QS	Planejamento Integrado para Redes (Individual)
CJA1	Receitas de Ordens Relacionadas ao Projeto: Procedimento Coletivo
CJA2	Receitas de Ordens Relacionadas ao Projeto: Procedimento Individual
CJAL	Enviar Projeto
CJB1	Gerar Regra de Repasse: Procedimento Coletivo
CJB2	Gerar Regra de Repasse: Procedimento Individual
CJBBS1	Assinalamento de Relatório do Quadro de Planejamento
CJBBS2	Assinalamento de Relatório de Resumo de Estrutura
CJBN	Reconstruir Controle de Disponibilidade
CJBV	Ativar Controle de Disponibilidade do Projeto
CJBW	Desativar Controle de Disponibilidade do Projeto
CJC1	Diálogo de Manutenção para Estatística por Período
CJC2	Manter Alterações Planejadas de Status
CJCD	Alterar Documentos: WBS
CJCF	Levar Adiante Compromissos do Projeto

Código T	Texto da Transação
CJC0	Levar Adiante o Orçamento do Projeto
CJCS	WBS Padrão
CJE0	Executar Relatório de Hierarquia
CJE1	Criar Relatório de Hierarquia
CJE2	Alterar Relatório de Hierarquia
CJE3	Mostrar Relatório de Hierarquia
CJE4	Criar Disposição de Relatório do Projeto
CJE5	Alterar Disposição de Relatório do Projeto
CJE6	Mostrar Disposição de Relatório do Projeto
CJEA	Chamar o Relatório de Hierarquia
CJEB	Processamento em Segundo plano de Relatórios de Hierarquia
CJEC	Manter Tipo de Transferência de Moeda do Projeto
CJEK	Copiar Interfaces/Relatórios
CJEM	Relatórios do Projeto: Monitor de Teste
CJEN	Reconstruir: Dados Resumidos do Projeto
CJEO	Transportar Relatórios
CJEP	Transportar Formulários
CJEQ	Importar Relatório do Cliente
CJET	Ferramenta de Conversão - Penetração
CJEV	Manter Variável Global
CJEX	Reorganizar Relatórios de Penetração
CJEY	Reorganizar Dados de Relatório
CJEZ	Reorganizar Formulários
CJF1	Criar Acordo de Preços de Transferência
CJF2	Alterar Acordo de Preços de Transferência
CJF3	Mostrar Acordo de Preços de Transferência
CJF4	Transferir Lista de Acordo de Preços
CJFA	Análise de Dados de Transferência para o Caixa do PS
CJFN	Conversor de Pagamento CBM
CJG1	Entrar Alocação de Preço de Transferência
CJG3	Mostrar Alocação de Preço de Transferência
CJG4	Entrar Alocação de Preço de Transferência: Lista

Código T	Texto da Transação
CJG5	Cancelar Alocação de Preço de Transferência
CJH1	Reconstruir Herança de Projeto
CJH2	Registro de Herança de Projeto
CJI1	Itens de Linha do Orçamento do Projeto
CJI2	Itens de Linha do Orçamento: Corrente de Documentos
CJI3	Itens de Linha do Custo Real do Projeto
CJI4	Itens de Linha do Custo do Plano do Projeto
CJI5	Itens de Linha de Compromisso do Projeto
CJI9	Itens de Linha de Custos Planejados da Estrutura do Projeto
CJIA	Itens de Linha de Pagamento Reais e de Compromissos do Projeto
CJIB	Itens de Linha de Pagamento do Plano do Projeto
CJIC	Manter Itens de Linha de Repasse do Projeto
CJID	Mostrar Itens de Linha de Repasse do Projeto
CJIE	Projetos: Repasse de Retirada de Itens de Linha
CJIF	Projetos: Itens de Linha de Análise de Lucratividade
CJIG	Mostrar Documentos do Caixa do PS
CJJ2	Alterar Figuras Chaves Estatísticas
CJJ3	Mostrar Figuras Chaves Estatísticas
CJK2	Alterar Figuras Chaves Estatísticas
CJK3	Mostrar Figuras Chaves Estatísticas
CJL2	Acordo Coletivo
CJN1	Reavaliar Reais: Procedimento Individual de Projetos
CJN2	Reavaliar Reais: Procedimento Coletivo de Projetos
CJNO	Manutenção de Faixa de Números: FMCJ_BELNR
CJO8	Compromisso Excedente: Procedimento Individual de Projetos
CJO9	Compromisso Excedente: Procedimento Coletivo de Projetos
CJP1	Criar Ajuste de Plano de Projeto
CJP2	Alterar Ajuste de Plano de Projeto
CJP3	Mostrar Ajuste de Plano de Projeto
CJP4	Excluir Ajuste de Plano de Projeto
CJPN	Manutenção de Faixa de Números: Itens de Projeto
CJPU	Executar Ajuste de Plano de Projeto

Código T	Texto da Transação
CJR2	PS: Alterar Entrada de Elemento de Custo/Atividade do Plano
CJR3	PS: Mostrar Entrada de Elemento de Custo/Atividade do Plano
CJR4	PS: Alterar Elemento de Custo Primário do Plano
CJR5	PS: Mostrar Elemento de Custo Primário do Plano
CJR6	PS: Alterar Planejamento de Entrada de Atividade
CJR7	PS: Mostrar Planejamento de Entrada de Atividade
CJR8	PS: Alterar Planejamento de Tipo de Ganho
CJR9	PS: Mostrar Planejamento de Tipo de Ganho
CJS2	PS: Alterar Planejamento de Figura Chave Estatística
CJS3	PS: Mostrar Planejamento de Figura Chave Estatística
CJS4	PS: Alterar Planejamento de Figura Chave Estatística
CJS5	PS: Mostrar Planejamento de Figura Chave Estatística
CJSA	PS: Transferência de Dados para SAP-EIS
CJSB	Selecionat Figura e Característica Chaves
CJSG	Gerar Grupo de Elementos WBS
CJSN	Manutenção de Faixa de Números: Projetos
CJT2	Itens de Linha de Pagamento Real do Projeto
CJV1	Criar Versão do Projeto (simulação)
CJV2	Alterar Versão do Projeto (simulação)
CJV3	Mostrar Versão do Projeto (simulação)
CJV4	Transferir Projeto
CJV5	Excluir Versão de Simulação
CJV6	Manutenção: Administração de Versão
CJV7	Mostrar o Registro de Transferências
CJVC	Programa de Verificação de Categoria de Valor
CJW1	EURO: Ajustar Orçamento do Projeto
CJZ1	Cálculo de Vantagem Real: Procedimento Coletivo de Projetos
CJZ2	Cálculo de Vantagem Real: Procedimento Individual de Projeto
CJZ3	Cálculo de Vantagem do Plano: Procedimento Individual de Projeto
CJZ5	Cálculo de Vantagem do Plano: Procedimento Coletivo de Projetos

Código T	Texto da Transação
CJZ6	Cálculo de Vantagem Real: Procedimento de Ordem Individual de CO
CJZ7	Cálculo de Vantagem Planejada: Procedimento de Ordem Individual de CO
CJZ8	Cálculo de Vantagem Real: Procedimento de Ordem Coletiva de CO
CJZ9	Cálculo de Vantagem do Plano: Procedimento de Ordem Coletiva de CO
CN01	Criar Rede Padrão
CN02	Alterar Rede Padrão
CN03	Mostrar Rede Padrão
CN04	Editar Catálogo de Texto de PS
CN05	Mostrar Catálogo de Texto de PS
CN06	Download de MPX: Rede Padrão
CN07	Upload de MPX: Rede Padrão
CN08	Alocar Material -> Rede Padrão
CN09	Alocar Material -> Rede Padrão
CN11	Criar Demarcação Padrão
CN12	Alterar Demarcação Padrão
CN13	Mostrar Demarcação Padrão
CN19	Mostrar Atividade (De DMS)
CN20	Mostrar Rede/tela inicial de dados básicos reais
CN21	Criar Rede
CN22	Alterar Rede
CN23	Mostrar Rede
CN24	Agendamento Resumido de Rede
CN24N	Agendamento Resumido de Rede
CN25	Confirmar completamentos em Rede
CN26	Mostrar Componentes Materiais/Inicializar: Rede, Atividade, Item
CN26N	Mostrar Componentes Materiais (De DMS)
CN27	Confirmação Coletiva
CN28	Mostrar Confirmações de Rede
CN29	Cancelar Confirmações de Rede
CN2X	Confirmar Completamentos em Rede
CN30	Registros de Erros de Processamento de PDC

Capítulo 7: Informação Técnica 301

Código T	Texto da Transação
CN33	Interface PDM-PS
CN34	Manter tabela de liberação TCNRL
CN35	Controlar Atribuição de Estoque/Conta
CN36	Perfil de Transferência de BOM
CN37	Seleção de Campo de Alocação de BOM
CN38	Manter Ponto de Referência Flexível
CN40	Resumo do Projeto
CN41	Resumo de Estrutura
CN42	Resumo: Definições de Projeto
CN42N	Resumo: Definições de Projeto
CN43	Resumo: Elementos WBS
CN43N	Resumo: Elementos WBS
CN44	Resumo: Ordens Planejadas
CN44N	Resumo: Ordens Planejadas
CN45	Resumo: Ordens
CN45N	Resumo: Ordens
CN46	Resumo: Redes
CN46N	Resumo: Redes
CN47	Resumo: Atividades/Elementos
CN47N	Resumo: Atividades/Elementos
CN48	Resumo: Confirmações
CN48N	Resumo: Confirmações
CN49	Resumo: Relacionamentos
CN49N	Resumo: Relacionamentos
CN50	Resumo: Necessidades de Capacidade
CN50N	Resumo: Necessidades de Capacidade
CN51	Resumo: PRTs
CN51N	Resumo: PRTs
CN52	Resumo: Componentes
CN52N	Resumo: Componentes
CN53	Resumo: Demarcações
CN53N	Resumo: Demarcações

Código T	Texto da Transação
CN54N	Resumo: Documento de Vendas
CN55N	Resumo: Itens de Documentos de Vendas e Distribuição
CN60	Alterar Documentos para Projetos/Redes
CN61	Rede Padrão
CN65	Alterar Ordem de documentos/Rede
CN70	Resumo: Variantes de Lote
CN71	Criar Versões
CN72	Criar Versões de Projeto
CN80	Estruturas de Projeto de Arquivamento
CN81	PS: Projeto de Arquivamento - Preliminar
CN82	PS: Estruturas de Projeto de Arquivamento
CN83	PS: Projeto de Arquivamento - Sistema de Informação
CN84	PS: Projeto de Arquivamento - Administração
CN85	PS: Excluir Esturutas Operacionais
CN98	Excluir Redes Padrões
CN99	Redes Padrões de Arquivamento
CNB1	Requisições de Compras para Projeto
CNB2	Ordens de Compras para Projeto
CNC4	Checagem de Consistência para WBS
CNC5	Checagem de Consistência para Ordem de Vendas/Projeto
CNE1	Progresso do Projeto (Procedimento Individual)
CNE2	Progresso do Projeto (Procedimento Coletivo)
CNE5	Análise do Progresso
CNG1	Rede/Hierarquia: Manter Tipos de Quadros
CNG2	Rede/Hierarquia: Manter Definições de Formulários
CNG3	Rede/Hierarquia: Manter Definições de Cores
CNG4	Rede/Hierarquia: Manter Perfil de Gráfico
CNG5	Rede/Hierarquia: Manter Perfil de Opções
CNG6	Rede/Hierarquia: Manter Tipo de Nó
CNG7	Rede/Hierarquia: Manter Tipos de Ligações
CNG8	Rede/Hierarquia: Manter Definições de Campos
CNG9	Personalização de Gráficos: Gráficos de Rede/Hierarquia

Código T	Texto da Transação
CNL1	Criar Informação de Entrega
CNL2	Alterar Informação de Entrega
CNL3	Mostrar Informação de Entrega
CNMASS	Alterações Maciças no Sistema de Projeto
CNMASSPROT	Mostrar Registro de Alterações Maciças no PS
CNMM	Aquisição Orientada pelo Projeto
CNMT	Análise de Tendência de Demarcação
CNN0	Faixa de Números para Rede de Biblioteca
CNN1	Manutenção de Faixa de Números: ROUTING_0
CNPAR	Resumo de Parceiro
CNPRG	Progresso de Rede
CNR1	Criar Centro de Trabalho
CNR2	Alterar Centro de Trabalho
CNR3	Mostrar Centro de Trabalho
CNS0	Criar Entrega a partir do Projeto
CNS40	Resumo do Projeto
CNS41	Resumo da Estrutura
CNS42	Resumo: Definições de Projeto
CNS43	Resumo: Elementos WBS
CNS44	Resumo: Ordens Planejadas
CNS45	Resumo: Ordens
CNS46	Resumo: Redes
CNS47	Resumo: Atividades/Elementos
CNS48	Resumo: Confirmações
CNS49	Resumo: Relacionamentos
CNS50	Resumo: Necessidades de Capacidade
CNS51	Resumo: PRTs
CNS52	Resumo: Componentes
CNS53	Resumo: Demarcações
CNS54	Resumo: Documento de Vendas
CNS55	Resumo: Itens de Documentos de Vendas e Distribuição

Código T	Texto da Transação
CNS60	Alterar Documentos para Projetos/Redes
CNS71	Criar versões
CNS83	PS: Projeto de arquivamento - Sistema de Informação
CNSE5	Análise de Progresso
CNVL	Resumos Variáveis
CNW1	WWW: Confirmação
CNW4	Documentos do Projeto

Transações CJ e CN Ordenadas por Descrição

Texto da Transação	Código T
Acordo Coletivo	CJL2
Agendamento Resumido de Rede	CN24N
Agendamento Resumido de Rede	CN24
Alocar Material -> Rede Padrão	CN09
Alocar Material -> Rede Padrão	CN08
Alterações Maciças no Sistema de Projeto	CNMASS
Alterar Acordo de Preços de Transferência	CJF2
Alterar Ajuste de Plano de Projeto	CJP2
Alterar Centro de Trabalho	CNR2
Alterar Datas Básicas	CJ21
Alterar Datas Previstas	CJ23
Alterar Datas Reais	CJ25
Alterar Definição de Projeto	CJ07
Alterar Demarcação Padrão	CN12
Alterar Disposição de Relatório do Projeto	CJE5
Alterar Documento de Orçamento	CJ3A
Alterar Documentos para Projetos/Redes	CNS60
Alterar Documentos para Projetos/Redes	CN60
Alterar Documentos: WBS	CJCD
Alterar Elemento WBS	CJ12
Alterar Estrutura de Detalhamento de Trabalho	CJ02

Capítulo 7: Informação Técnica 305

Texto da Transação	Código T
Alterar Figuras Chaves Estatísticas	CJK2
Alterar Figuras Chaves Estatísticas	CJJ2
Alterar Ganhos de Projeto	CJ42
Alterar Informação de Entrega	CNL2
Alterar Liberação do Projeto	CJ32
Alterar Orçamento Original do Projeto	CJ30
Alterar Ordem de documentos/Rede	CN65
Alterar Planejamento de Pagamento: Tela Inicial	CJ48
Alterar Plano de Projeto	CJ40
Alterar Quadro de Planejamento de Projeto	CJ2B
Alterar Rede	CN22
Alterar Rede Padrão	CN02
Alterar Relatório de Hierarquia	CJE2
Alterar Versão do Projeto (simulação)	CJV2
Alterar WBS Padrão	CJ92
Análise de Dados de Transferência para o Caixa do PS	CJFA
Análise de Progresso	CNSE5
Análise de Tendência de Demarcação	CNMT
Análise do Progresso	CNE5
Aquisição Orientada pelo Projeto	CNMM
Assinalamento de Relatório de Resumo de Estrutura	CJBBS2
Assinalamento de Relatório do Quadro de Planejamento	CJBBS1
Ativar Controle de Disponibilidade do Projeto	CJBV
Atualizar Lista de Relatório	CJ81
Atualizar WBS (Previsão)	CJ29
Cálculo de Vantagem do Plano: Procedimento Coletivo de Projetos	CJZ5
Cálculo de Vantagem do Plano: Procedimento de Ordem Coletiva de CO	CJZ9
Cálculo de Vantagem do Plano: Procedimento Individual de Projeto	CJZ3
Cálculo de Vantagem Planejada: Procedimento de Ordem Individual de CO	CJZ7
Cálculo de Vantagem Real: Procedimento Coletivo de Projetos	CJZ1
Cálculo de Vantagem Real: Procedimento de Ordem Coletiva de CO	CJZ8
Cálculo de Vantagem Real: Procedimento de Ordem Individual de CO	CJZ6

Texto da Transação	Código T
Cálculo de Vantagem Real: Procedimento Individual de Projeto	CJZ2
Cancelar Alocação de Preço de Transferência	CJG5
Cancelar Confirmações de Rede	CN29
Chamar o Relatório de Hierarquia	CJEA
Checagem de Consistência para Ordem de Vendas/Projeto	CNC5
Checagem de Consistência para WBS	CNC4
Compromisso Excedente: Procedimento Coletivo de Projetos	CJO9
Compromisso Excedente: Procedimento Individual de Projetos	CJO8
Confirmação Coletiva	CN27
Confirmar Completamentos em Rede	CN2X
Confirmar completamentos em Rede	CN25
Construtor de Projeto	CJ20N
Controlar Atribuição de Estoque/Conta	CN35
Controle de Disponibilidade - Resumo	CJ80
Conversor de Pagamento CBM	CJFN
Copiar Custeio de Projeto (Coletivo)	CJ9F
Copiar Custeio de Projeto (Individual)	CJ9FS
Copiar Interfaces/Relatórios	CJEK
Copiar Planejamento de Custo de Projeto (Antigo)	CJ9B_OLD
Copiar Planejamento de Ganho de Projeto (Antigo)	CJ9C_OLD
Copiar Plano de WBS para Plano (Coletivo)	CJ9B
Copiar Plano de WBS para Plano (Individual)	CJ9BS
Copiar Real de WBS para Plano (Coletivo)	CJ9C
Copiar Real de WBS para Plano (Individual)	CJ9CS
Copiar Versões de Plano	CJ9D
Criar Acordo de Preços de Transferência	CJF1
Criar Ajuste de Plano de Projeto	CJP1
Criar Centro de Trabalho	CNR1
Criar Definição de Projeto	CJ06
Criar Demarcação Padrão	CN11
Criar Disposição de Relatório do Projeto	CJE4
Criar Elemento WBS	CJ11

Capítulo 7: Informação Técnica 307

Texto da Transação	Código T
Criar Entrega a partir do Projeto	CNS0
Criar Estrutura de Detalhamento de Trabalho	CJ01
Criar Informação de Entrega	CNL1
Criar Rede	CN21
Criar Rede Padrão	CN01
Criar Relatório de Hierarquia	CJE1
Criar Versão do Projeto (simulação)	CJV1
Criar versões	CNS71
Criar Versões	CN71
Criar Versões de Projeto	CN72
Criar WBS Padrão	CJ91
Custeio de Rede	CJ9K
Desativar Controle de Disponibilidade do Projeto	CJBW
Diálogo de Manutenção para Estatística por Período	CJC1
Documentos do Projeto	CNW4
Download de MPX: Rede Padrão	CN06
Editar Catálogo de Texto de PS	CN04
Encontrar Assinaturas Digitais	CJ00
Entrar Alocação de Preço de Transferência	CJG1
Entrar Alocação de Preço de Transferência: Lista	CJG4
Enviar Projeto	CJAL
Estruturas de Projeto de Arquivamento	CN80
EURO: Ajustar Orçamento do Projeto	CJW1
Excedentes Planejados: Projetos, Processamentos Coletivos	CJ47
Excedentes Planejados: Projetos, Processamentos Individuais	CJ46
Excedentes Reais: Projetos, Processamentos Coletivos	CJ45
Excedentes Reais: Projetos, Processamentos Individuais	CJ44
Excluir Ajuste de Plano de Projeto	CJP4
Excluir Redes Padrões	CN98
Excluir Versão de Simulação	CJV5
Executar Ajuste de Plano de Projeto	CJPU
Executar Relatório de Hierarquia	CJE0

Texto da Transação	Código T
Faixa de Números para Rede de Biblioteca	CNN0
Ferramenta de Conversão - Penetração	CJET
Gerar Grupo de Elementos WBS	CJSG
Gerar Regra de Repasse: Procedimento Coletivo	CJB1
Gerar Regra de Repasse: Procedimento Individual	CJB2
Importar Relatório do Cliente	CJEQ
Interface PDM-PS	CN33
Itens de Linha de Compromisso do Projeto	CJI5
Itens de Linha de Custo Real	CJ74
Itens de Linha de Custos Planejados da Estrutura do Projeto	CJI9
Itens de Linha de Pagamento do Plano do Projeto	CJIB
Itens de Linha de Pagamento Reais e de Compromissos do Projeto	CJIA
Itens de Linha de Pagamento Real do Projeto	CJT2
Itens de Linha do Custo do Plano do Projeto	CJI4
Itens de Linha do Custo Real do Projeto	CJI3
Itens de Linha do Orçamento do Projeto	CJI1
Itens de Linha do Orçamento: Corrente de Documentos	CJI2
Levar Adiante Compromissos do Projeto	CJCF
Levar Adiante o Orçamento do Projeto	CJC0
Manter Alterações Planejadas de Status	CJC2
Manter Itens de Linha de Repasse do Projeto	CJIC
Manter Itens de Linha de Repasse do Projeto	CJ70
Manter Ponto de Referência Flexível	CN38
Manter Projetos de Investimento DRG para Retirada	CJ7N
Manter tabela de liberação TCNRL	CN34
Manter Tipo de Transferência de Moeda do Projeto	CJEC
Manter Variável Global	CJEV
Manutenção de Faixa de Números: FMCJ_BELNR	CJN0
Manutenção de Faixa de Números: Itens de Projeto	CJPN
Manutenção de Faixa de Números: Projetos	CJSN
Manutenção de Faixa de Números: ROUTING_0	CNN1
Manutenção: Administração de Versão	CJV6

Capítulo 7: Informação Técnica 309

Texto da Transação	Código T
Mostrar Acordo de Preços de Transferência	CJF3
Mostrar Ajuste de Plano de Projeto	CJP3
Mostrar Alocação de Preço de Transferência	CJG3
Mostrar Atividade (De DMS)	CN19
Mostrar Catálogo de Texto de PS	CN05
Mostrar Centro de Trabalho	CNR3
Mostrar Componentes Materiais (De DMS)	CN26N
Mostrar Componentes Materiais/Inicializar: Rede, Atividade, Item	CN26
Mostrar Confirmações de Rede	CN28
Mostrar Datas Básicas	CJ22
Mostrar Datas Previstas	CJ24
Mostrar Datas Reais	CJ26
Mostrar Definição de Projeto	CJ08
Mostrar Demarcação Padrão	CN13
Mostrar Disposição de Relatório do Projeto	CJE6
Mostrar Documento de Orçamento	CJ3B
Mostrar Documentos do Caixa do PS	CJIG
Mostrar Elemento WBS	CJ13
Mostrar Elemento WBS (a partir de DMS)	CJ14
Mostrar Estrutura de Detalhamento de Trabalho	CJ03
Mostrar Figuras Chaves Estatísticas	CJK3
Mostrar Figuras Chaves Estatísticas	CJJ3
Mostrar Ganhos de Projeto	CJ43
Mostrar Informação de Entrega	CNL3
Mostrar Itens de Linha de Repasse do Projeto	CJID
Mostrar Liberação do Projeto	
Mostrar o Registro de Transferências	CJV7
Mostrar Orçamento Original do Projeto	CJ31
Mostrar Planejamento de Estrutura	CJ2A
Mostrar Planejamento de Pagamento: Tela Inicial	CJ49
Mostrar Plano de Projeto	CJ41
Mostrar Quadro de Planejamento de Projeto	CJ2C

Texto da Transação	Código T
Mostrar Rede	CN23
Mostrar Rede Padrão	CN03
Mostrar Rede/tela inicial de dados básicos reais	CN20
Mostrar Registro de Alterações Maciças no PS	CNMASSPROT
Mostrar Relatório de Hierarquia	CJE3
Mostrar Versão do Projeto (simulação)	CJV3
Mostrar WBS Padrão	CJ93
Ordens de Compras para Projeto	CNB2
Perfil de Transferência de BOM	CN36
Período Fechado para Seleção de Projeto	CJ8V
Personalização de Gráficos: Gráficos de Rede/Hierarquia	CNG9
Planejamento de Estrutura	CJ2D
Planejamento de Estrutura	CJ20
Planejamento Integrado para Redes (Coletivo)	CJ9Q
Planejamento Integrado para Redes (Individual)	CJ9QS
Planejar Repasse: Projetos	CJ9G
Planejar Repasse: Projetos	CJ9E
Planejar Transferência de Dados: Projetos	CJ7G
Planejar Transferência de Dados: Projetos	CJ7E
Prever Custos: Processamento Coletivo de Projeto	CJ9M
Prever Custos: Projetos Individuais	CJ9L
Processamento em Segundo plano de Relatórios de Hierarquia	CJEB
Programa de Verificação de Categoria de Valor	CJVC
Progresso de Rede	CNPRG
Progresso do Projeto (Procedimento Coletivo)	CNE2
Progresso do Projeto (Procedimento Individual)	CNE1
Projetar Itens de Linha de Compromisso	CJ76
Projetar Itens de Linha de Custo de Plano	CJ7M
Projeto: Quantia Real de repasse de itens de linha	CJ72
Projetos: Itens de Linha de Análise de Lucratividade	CJIF
Projetos: Repasse de Retirada de Itens de Linha	CJIE
PS: Alterar Elemento de Custo Primário do Plano	CJR4

Texto da Transação	Código T
PS: Alterar Entrada de Elemento de Custo/Atividade do Plano	CJR2
PS: Alterar Planejamento de Entrada de Atividade	CJR6
PS: Alterar Planejamento de Figura Chave Estatística	CJS4
PS: Alterar Planejamento de Figura Chave Estatística	CJS2
PS: Alterar Planejamento de Tipo de Ganho	CJR8
PS: Estruturas de Projeto de Arquivamento	CN82
PS: Excluir Estruturas Operacionais	CN85
PS: Mostrar Elemento de Custo Primário do Plano	CJR5
PS: Mostrar Entrada de Elemento de Custo/Atividade do Plano	CJR3
PS: Mostrar Planejamento de Entrada de Atividade	CJR7
PS: Mostrar Planejamento de Figura Chave Estatística	CJS5
PS: Mostrar Planejamento de Figura Chave Estatística	CJS3
PS: Mostrar Planejamento de Tipo de Ganho	CJR9
PS: Projeto de Arquivamento - Administração	CN84
PS: Projeto de Arquivamento - Preliminar	CN81
PS: Projeto de arquivamento - Sistema de Informação	CNS83
PS: Projeto de Arquivamento - Sistema de Informação	CN83
PS: Transferência de Dados para SAP-EIS	CJSA
Quadro de Planejamento de Projeto	CJ27
Reavaliar Reais: Procedimento Coletivo de Projetos	CJN2
Reavaliar Reais: Procedimento Individual de Projetos	CJN1
Receitas de Ordens Relacionadas ao Projeto: Procedimento Coletivo	CJA1
Receitas de Ordens Relacionadas ao Projeto: Procedimento Individual	CJA2
Reconstruir Controle de Disponibilidade	CJBN
Reconstruir Herança de Projeto	CJH1
Reconstruir: Dados Resumidos do Projeto	CJEN
Rede Padrão	CN61
Rede/Hierarquia: Manter Definições de Campos	CNG8
Rede/Hierarquia: Manter Definições de Cores	CNG3
Rede/Hierarquia: Manter Definições de Formulários	CNG2
Rede/Hierarquia: Manter Perfil de Gráfico	CNG4
Rede/Hierarquia: Manter Perfil de Opções	CNG5

Texto da Transação	Código T
Rede/Hierarquia: Manter Tipo de Nó	CNG6
Rede/Hierarquia: Manter Tipos de Ligações	CNG7
Rede/Hierarquia: Manter Tipos de Quadros	CNG1
Redes Padrões de Arquivamento	CN99
Registro de Herança de Projeto	CJH2
Registros de Erros de Processamento de PDC	CN30
Relatórios do Projeto: Monitor de Teste	CJEM
Reorganizar Dados de Relatório	CJEY
Reorganizar Formulários	CJEZ
Reorganizar Relatórios de Penetração	CJEX
Repassar Projetos e Redes	CJ88
Repasse Real: Projetos/Redes	CJ8G
Repasse Real: Retirada de Projeto do IM (Gerenciador de Investimentos)	CJ8A
Requisições de Compras para Projeto	CNB1
Resumo da Estrutura	CNS41
Resumo de Estrutura	CN41
Resumo de Parceiro	CNPAR
Resumo do Projeto	CNS40
Resumo do Projeto	CN40
Resumo: Atividades/Elementos	CNS47
Resumo: Atividades/Elementos	CN47N
Resumo: Atividades/Elementos	CN47
Resumo: Componentes	CNS52
Resumo: Componentes	CN52N
Resumo: Componentes	CN52
Resumo: Confirmações	CNS48
Resumo: Confirmações	CN48N
Resumo: Confirmações	CN48
Resumo: Definições de Projeto	CNS42
Resumo: Definições de Projeto	CN42N
Resumo: Definições de Projeto	CN42

Texto da Transação	Código T
Resumo: Demarcações	CNS53
Resumo: Demarcações	CN53N
Resumo: Demarcações	CN53
Resumo: Documento de Vendas	CNS54
Resumo: Documento de Vendas	CN54N
Resumo: Elementos WBS	CNS43
Resumo: Elementos WBS	CN43N
Resumo: Elementos WBS	CN43
Resumo: Itens de Documentos de Vendas e Distribuição	CNS55
Resumo: Itens de Documentos de Vendas e Distribuição	CN55N
Resumo: Necessidades de Capacidade	CNS50
Resumo: Necessidades de Capacidade	CN50N
Resumo: Necessidades de Capacidade	CN50
Resumo: Ordens	CNS45
Resumo: Ordens	CN45N
Resumo: Ordens	CN45
Resumo: Ordens Planejadas	CNS44
Resumo: Ordens Planejadas	CN44N
Resumo: Ordens Planejadas	CN44
Resumo: PRTs	CNS51
Resumo: PRTs	CN51N
Resumo: PRTs	CN51
Resumo: Redes	CNS46
Resumo: Redes	CN46N
Resumo: Redes	CN46
Resumo: Relacionamentos	CNS49
Resumo: Relacionamentos	CN49N
Resumo: Relacionamentos	CN49
Resumo: Variantes de Lote	CN70
Resumos Variáveis	CNVL
Retorno de Orçamento do Projeto	CJ35
Retorno de Orçamento no Projeto	CJ38

Texto da Transação	Código T
Seleção de Campo de Alocação de BOM	CN37
Selecionar Figura e Característica Chaves	CJSB
Sistema de Projeto: Planejamento Fácil de Custos	CJ9ECP
Suplemento de Orçamento no Projeto	CJ37
Suplemento de Orçamento para o Projeto	CJ36
Transferência de Orçamento de Projeto	CJ34
Transferir Lista de Acordo de Preços	CJF4
Transferir Projeto	CJV4
Transportar Formulários	CJEP
Transportar Relatórios	CJEO
Upload de MPX: Rede Padrão	CN07
WBS Padrão	CJCS
WWW: Confirmação	CNW1

Tabelas

A seguir encontra-se uma lista das Tabelas mais comumente usadas no PS. A apresentação de seus conteúdos pode ser feita de algumas formas:

- SE36 para visualizar na ABAP Query
- SE80 para mostrar todos os relacionamentos de tabelas
- SE11 para visualizar uma Estrutura
- SE16/n para visualizar uma Tabela do SAP

Tabelas Gerais

Tabelas de Dados Mestres

PROJ	Definição do Projeto
PRPS	Elementos WBS
PRTE	Dados de Agendamento de WBS
PRHI	Hierarquia de WBS

AUFK	Cabeçalhos de Ordens/Rede
AFKO	Ordens PP de Dados de Cabeçalho de Ordem
AFVC	Operação em uma Ordem
AFVU	Estrutura DB dos Campos de Usuário da Operação
AFVV	Estrutura DB das Quantidades/Datas/Valores na Operação
RESB	Requisições de Reserva/Dependentes
MLST	Demarcações

Tabelas de Dados Transacionais

RPSCO	Base de Dados de Informações do Projeto: Custos, Ganhos, Finanças
RPSQT	Base de Dados de Informações do Projeto: Quantidades
COSP	Objeto CO: Totais de Custos para Registros Externos
COSS	Objeto CO: Totais de Custos para Registros Internos
COSB	Objeto CO: Variâncias Totais/Análise de Resultados
COBK	Objeto CO: Cabeçalho de Documento
COEP	Objeto CO: Itens de Linha (por Período)
COOI	Gerenciamento de Compromissos: Itens de Linha
COEJ	Objeto CO: Itens de Linha (por Ano Fiscal)
BPGE	Registro de Totais para Objeto Controlador de Valor Total
BPJA	Registro de Totais para Objeto Controlador de Total Anual
QBEW	Avaliação de Estoque de Projeto
MSPR	Estoque de Projeto
CATSDB	Planilhas de Tempo de CATS

Tabelas Diversas

CKHS	Cabeçalho de Planejamento Fácil de Custos
CKHT	Textos para CKHS
CKIS	Detalhe de Planejamento Fácil de Custos
CKIT	Texto de Planejamento Fácil de Custos para CKIS
CKCM	Modelo de Custos
CKCMC	Características de Modelo de Custo

CKCMCT	Características de um Modelo de Custeio - Textos
CKCMT	Nome para o Modelo de Custeio
CKCMV	Modelo de Custeio: Avaliação do Modelo
KEKO	Custeio de Produção - Dados de Cabeçalho
CKHS	Cabeçalho: Custeio de Unidade (Controle + Totais)
CKIS	Custeio de Unidade de Itens/Custeio de Produção de Listagem
CKIT	Textos para CKIS
VBAK	Cabeçalho de Ordem de Vendas
VBAP	Itens de Linha de Ordem de Venda
RPSCO	Planejamento de Estrutura
DPPROFH	Cabeçalho de Perfis de DIP
TKAO9	Versões de Plano
CSLA	Tipos de Atividade
CSKS	Centros de Custo
JEST	Status Atual do Objeto (Projeto)
JCDS	Histórico de Status

Campos de Tabelas

Definição do Projeto

Descrição	Campo	Elemento de Dados	Tipo	Tamanho
Cliente	MANDT	MANDT	CLNT	3
Definição do Projeto (Interno)	PSPNR	PS_INTNR	NUMC	8
PS: Porção de Dados de Inclusão de Definição de Projeto	.INCLUDE	PROJ_INC	STRU	0
Definição do Projeto	PSPID	PS_PSPID	CHAR	24
PS: Porção de Dados de Inclusão de Definição de Projeto	.INCLUDE	PROJ2_INC	STRU	0
PS: Descrição Curta (primeira linha de texto)	POST1	PS_POST1	CHAR	40
Número de Objeto	OBJNR	J_OBJNR	CHAR	22
Nome da Pessoa que Criou o Objeto	ERNAM	ERNAM	CHAR	12
Data em que o Registro foi Criado	ERDAT	ERDAT	DATS	8

Capítulo 7: Informação Técnica 317

Descrição	Campo	Elemento de Dados	Tipo	Tamanho
Nome da Pessoa que Alterou o Objeto	AENAM	AENAM	CHAR	12
Data em que o Objeto foi Alterado pela Última Vez	AEDAT	UPDAT	DATS	8
Máscara de Seleção para IDs Custas de Elemento WBS	KIMSK	PS_KIMSK	CHAR	24
Transferência Automática de Valor de Elemento WBS para Definição do Projeto	AUTOD	PS_AUTOD	CHAR	1
Perfil de Status para Definição do Projeto	STSPD	PS_STSPD	CHAR	8
Perfil de Status para Elemento WBS	STSPR	PS_STSPR	CHAR	8
Número da Pessoa Responsável (Gerente do Projeto)	VERNR	PS_VERNR	NUMC	8
Nome da Pessoa Responsável (Gerente do Projeto)	VERNA	PS_VERNA	CHAR	25
Número do Solicitante	ASTNR	PS_ASTNR	NUMC	8
Solicitante	ASTNA	PS_ASTNA	CHAR	25
Código da Companhia para o Projeto	VBUKR	PS_VBUKR	CHAR	4
Área de Negócio para o Projeto	VGSBR	PS_VGSBR	CHAR	4
Área Controladora para o Projeto	VKOKR	PS_VKOKR	CHAR	4
Centro de Lucro	PRCTR	PRCTR	CHAR	10
Moeda da WBS (Definição do Projeto)	PWHIE	PS_PWHIE	CUKY	5
Assinalamento de Rede	ZUORD	PS_ZUORD	NUMC	1
Indicador: Datas de WBS Detalhadas por Datas de Atividades	TRMEQ	PS_TRMEQ	CHAR	1
Data Planejada de Início do Projeto	PLFAZ	PS_PLFAZ	DATS	8
Data Planejada de Término do Projeto	PLSEZ	PS_PLSEZ	DATS	8
Planta	WERKS	WERKS_D	CHAR	4
Chave de Calendário de Fábrica	KALID	FABKL	CHAR	2
Método de Planejamento para as Datas Básicas do Projeto	VGPLF	PS_VGPLF	NUMC	1
Método de Planejamento para Datas Previstas do Projeto	EWPLF	PS_EWPLF	NUMC	1
Unidade de Tempo no Agendamento de Tempo	ZTEHT	PS_ZTEHT	UNIT	3

318 SAP - Manual do Sistema de Projetos

Descrição	Campo	Elemento de Dados	Tipo	Tamanho
Indicador: Cabeçalho de Rede Visível para o Usuário Final	NZANZ	NETZOBERFL	CHAR	1
Solicitação da Lista de Tarefas	PLNAW	PLNAW	CHAR	1
Perfil de Rede	VPROF	PROFIDNZPL	CHAR	7
Perfil do Projeto	PROFL	PROFIDPROJ	CHAR	7
Perfil de Orçamento	BPROF	BP_BPROFIL	CHAR	6
Chave de Linguagem	TXTSP	SPRAS	LANG	1
Centro de Custos	KOSTL	KOSTL	CHAR	10
Objeto de Custo	KTRG	KSTRG	CHAR	12
Data do Último Agendamento da Rede em Geral (Datas Básicas)	AEDTE	PS_AEDTE	DATS	8
Data do Último Agendamento da Rede em Geral (Previsão)	AEDTP	PS_AEDTP	DATS	8
Chave de Autorização para Dados Mestres do Projeto	BERST	PS_BERST	CHAR	16
Chave de Autorização para Datas do Projeto (WBS)	BERTR	PS_BERTR	CHAR	16
Chave de Autorização para Custos e Ganhos	BERKO	PS_BERKO	CHAR	16
Chave de Autorização para Orçamento do Projeto	BERBU	PS_BERBU	CHAR	16
Número Atual para o Projeto Padrão	SPSNR	PS_ISPSP	NUMC	8
Estoque do Projeto	BESTA	PS_BESTAND	CHAR	1
Classe do Objeto	SCOPE	SCOPE_CV	CHAR	2
Elemento Estatístico de WBS	XSTAT	PS_XSTAT	CHAR	1
Jurisdição de Tarifa	TXJCD	TXJCD	CHAR	15
Perfil de Vantagem para Cálculo de Vantagem de Projeto/Ordem	ZSCHM	PS_ZSCHM	CHAR	7
Perfil para Agendamento de WBS	SCPRF	PS_SCHDPRF	CHAR	12
Perfil de Medida de Investimento	IMPRF	IM_PROFIL	CHAR	6
Perfil de Plano de Pagamento	FMPRF	PSFM_PRF	CHAR	6
Chave de Análise de Resultados	ABGSL	ABGR_SCHL	CHAR	6
PS: Descrição Custa (primeira linha de texto) em Maiúsculas	POSTU	PS_POSTU	CHAR	40

Descrição	Campo	Elemento de Dados	Tipo	Tamanho
Perfil de Planejamento	PPROF	BP_PPROFIL	CHAR	6
Indicador para Planejamento Integrado	PLINT	PLINT	CHAR	1
Indicador de Exclusão	LOEVM	LOEVM	CHAR	1
Indicador: Definição de Projeto Inativa	INACT	PS_INACT	CHAR	1
Avaliação de Estoque Especial	KZBWS	KZBWS	CHAR	1
Perfil de Simulação	SMPRF	SIM_PROFIL	CHAR	7
Indicador: Cálculo de Baixo para cima com Datas de Atividades	FLGVRG	PS_FLGVRG	CHAR	1
Indicador: Agrupamento Automático de Requisições	GRTOP	GRONTOP	CHAR	1
Perfil de Distribuição	PGPRF	PGPROFID	CHAR	6
Localização	STORT	PS_STORT	CHAR	10
Sistema Lógico	LOGSYSTEM	LOGSYSTEM	CHAR	10
Indicador: Resumo de Projeto através de Características de Dados Mestres	KZERB	PS_KZERB	CHAR	1
Procedimento de Determinação de Parceiro	PARGR	PARGR	CHAR	4
Área Funcional	FUNC_AREA	FKBER	CHAR	16
Organização de Vendas	VKORG	VKORG	CHAR	4
Canal de Distribuição	VTWEG	VTWEG	CHAR	2
Divisão	SPART	SPART	CHAR	2
Perfil de Processador Dinâmico de Item	DPPPROF	AD01PROFNR	CHAR	8
Nível de Nó	VPKSTU	SEU_LEVEL	NUMC	2
Número do Projeto (Externo) Editado	PSPID_EDIT	PS_PSPID_EDIT	CHAR	24
Dados JV: (vname,recid,etype),otype,jibcl,jibsa	.INCLUDE	GJV_DATA_3	STRU	0
Atribuições Gerais dos Objetos de Aplicação	.INCLUDE	GJV_DATA_0	STRU	0
Joint Venture	VNAME	JV_NAME	CHAR	6
Indicador de Recuperação	RECID	JV_RECIND	CHAR	2
Tipo de Eqüidade	ETYPE	JV_ETYPE	CHAR	3

Descrição	Campo	Elemento de Dados	Tipo	Tamanho
Tipo de Objeto Joint Venture	OTYPE	JV_OTYPE	CHAR	4
Classe JIB/JIBE	JIBCL	JV_JIBCL	CHAR	3
Subclasse A JIB/JIBE	JIBSA	JV_JIBSA	CHAR	5
	.INCLUDE	CI_PROJ	STRU	0
Cenário de Agendamento	SCHTYP	PS_SCHED_TYPE	CHAR	1
Data Prevista de Início da Definição do Projeto	SPROG	PS_SPROG	DATS	8
Data Prevista de Término para Definição do Projeto	EPROG	PS_EPROG	DATS	8
Estrutura de Apensamento para Relatório Regulador	.APPEND	FERC_PROJ	STRU	0
Indicador Regulador	FERC_IND	FE_IND	CHAR	4

Estrutura de Detalhamento de Trabalho (WBS)

Descrição	Campo	Elemento de Dados	Tipo	Tamanho
Cliente	MANDT	MANDT	CLNT	3
Elemento WBS	PSPNR	PS_POSNR	NUMC	8
PS: Porção de Dados de Inclusão de Dados Mestres do Elemento WBS	.INCLUDE	PRPS_INC	STRU	0
Elemento de Estrutura de Detalhamento de Trabalho (Elemento WBS)	POSID	PS_POSID	CHAR	24
PS: Descrição Curta (primeira linha de texto)	POST1	PS_POST1	CHAR	40
Número do Objeto	OBJNR	J_OBJNR	CHAR	22
Número Atual do Projeto Apropriado	PSPHI	PS_PSPHI	NUMC	8
PS: Porção de Dados de Inclusão de Dados Mestres do Elemento WBS	.INCLUDE	PRPS2_INC	STRU	0
Identificação Curta do Elemento WBS	POSKI	PS_POSKI	CHAR	16
Nome da Pessoa que Criou o Objeto	ERNAM	ERNAM	CHAR	12
Data em que o Registro foi Criado	ERDAT	ERDAT	DATS	8
Nome da Pessoa que Alterou o Objeto	AENAM	AENAM	CHAR	12

Descrição	Campo	Elemento de Dados	Tipo	Tamanho
Data em que o Objeto foi Alterado pela Última Vez	AEDAT	UPDAT	DATS	8
Número da Pessoa Responsável (Gerente do Projeto)	VERNR	PS_VERNR	NUMC	8
Nome da Pessoa Responsável (Gerente do Projeto)	VERNA	PS_VERNA	CHAR	25
Número do Solicitante	ASTNR	PS_ASTNR	NUMC	8
Solicitante	ASTNA	PS_ASTNA	CHAR	25
Código da Companhia para o Elemento WBS	PBUKR	PS_PBUKR	CHAR	4
Área de Negócio para o Elemento WBS	PGSBR	PS_PGSBR	CHAR	4
Área Controladora para o Elemento WBS	PKOKR	PS_PKOKR	CHAR	4
Centro de Lucro	PRCTR	PRCTR	CHAR	10
Tipo de Projeto	PRART	PS_PRART	CHAR	2
Nível na Hierarquia do Projeto	STUFE	PS_STUFE	INT1	3
Indicador: Elemento de Planejamento	PLAKZ	PS_PLAKZ	CHAR	1
Indicador: Elemento de Atribuição de Conta	BELKZ	PS_BELKZ	CHAR	1
Indicador: Elemento de Cobrança	FAKKZ	PS_FAKKZ	CHAR	1
Relacionamento de Atividade de Rede com a Ordem de Produção	NPFAZ	PS_NPFAR	CHAR	1
Atribuição de Rede	ZUORD	PS_ZUORD	NUMC	1
Indicador: Datas de WBS Detalhadas por Datas de Atividade	TRMEQ	PS_TRMEQ	CHAR	1
Uso da Tabela de Condições	KVEWE	KVEWE	CHAR	1
Aplicação	KAPPL	KAPPL	CHAR	2
Planilha de Custeio	KALSM	AUFKALSM	CHAR	6
Chave de Excedente	ZSCHL	AUFZSCHL	CHAR	6
Chave de Análise de Resultados	ABGSL	ABGR_SCHL	CHAR	6
Área Controladora do Centro de Custo da Requisição	AKOKR	PS_AKOKR	CHAR	4
Centro de Custo da Requisição	AKSTL	PS_AKSTL	CHAR	10

Descrição	Campo	Elemento de Dados	Tipo	Tamanho
Área Controladora do Centro de Custo Responsável	FKOKR	PS_FKOKR	CHAR	4
Centro de Custo Responsável	FKSTL	PS_FKSTL	CHAR	10
Chave de Calendário de Fábrica	FABKL	FABKL	CHAR	2
Prioridade	PSPRI	NW_PRIO	CHAR	1
Número do Equipamento	EQUNR	EQUNR	CHAR	18
Localização Funcional	TPLNR	TPLNR	CHAR	30
Moeda do Elemento WBS	PWPOS	PS_PWPOS	CUKY	5
Planta	WERKS	WERKS_D	CHAR	4
Chave de Linguagem	TXTSP	SPRAS	LANG	1
ID da Palavra Chave para Campos Definidos pelo Usuário	SLWID	SLWID	CHAR	7
20 Caracteres Iniciais do Primeiro Campo de Usuário—Elemento WBS	USR00	USR00PRPS	CHAR	20
20 Dígitos Iniciais do Segundo Campo de Usuário—Elemento WBS	USR01	USR01PRPS	CHAR	20
10 Dígitos Iniciais do Terceiro Campo de Usuário—Elemento WBS	USR02	USR02PRPS	CHAR	10
10 Dígitos Iniciais do Quarto Campo de Usuário—Elemento WBS	USR03	USR03PRPS	CHAR	10
Primeiro Campo Definido pelo Usuário para Elemento WBS de Quantidade (Tamanho 10,3)	USR04	USR04PRPS	QUAN	13
Primeiro Campo Definido pelo Usuário para Unidade de Campo de Quantidade—Elemento WBS	USE04	USE04PRPS	UNIT	3
Segundo Campo Definido pelo Usuário para Elemento WBS de Quantidade (Tamanho 10,3)	USR05	USR05PRPS	QUAN	13
Segundo Campo Definido pelo Usuário para Unidade de Campo de Quantidade—Elemento WBS	USE05	USE05PRPS	UNIT	3
Primeiro Campo de Usuário para Valores (Tamanho 10,3)—Elemento WBS	USR06	USR06PRPS	CURR	13

Descrição	Campo	Elemento de Dados	Tipo	Tamanho
Primeiro Campo Definido pelo Usuário para Unidade de Campo de Valor—Elemento WBS	USE06	USE06PRPS	CUKY	5
Segundo Campo de Usuário para Valores (Tamanho 10,3)—Elemento WBS	USR07	USR07PRPS	CURR	13
Segundo Campo Definido pelo Usuário para Unidade de Campo de Valor—Elemento WBS	USE07	USE07PRPS	CUKY	5
Primeiro Campo de Usuário para Data—Elemento WBS	USR08	USR08PRPS	DATS	8
Segundo Campo de Usuário para Data—Elemento WBS	USR09	USR09PRPS	DATS	8
Primeiro Campo de Usuário para Elemento WBS "Indicador para Avaliações"	USR10	USR10PRPS	CHAR	1
Segundo Campo de Usuário para Elemento WBS "Indicador para Avaliações"	USR11	USR11PRPS	CHAR	1
Centro de Custo para o qual os Custos são Realmente Registrados	KOSTL	PS_KOSTL	CHAR	10
Objeto de Custo	KTRG	KSTRG	CHAR	12
Chave de Autorização para Dados Mestres do Projeto	BERST	PS_BERST	CHAR	16
Chave de Autorização para Datas do Projeto (WBS)	BERTR	PS_BERTR	CHAR	16
Chave de Autorização para Custos e Ganhos	BERKO	PS_BERKO	CHAR	16
Chave de Autorização para Orçamento do Projeto	BERBU	PS_BERBU	CHAR	16
Indicador: Elemento WBS Usado no Resumo do Projeto	CLASF	PS_CLASF	CHAR	1
WBS Padrão: Número Interno do Item do Projeto (com/Saída na ID)	SPSNR	PS_SPSNR	NUMC	8
Classe do Objeto	SCOPE	SCOPE_CV	CHAR	2
Elemento WBS Estatístico	XSTAT	PS_XSTAT	CHAR	1

Descrição	Campo	Elemento de Dados	Tipo	Tamanho
Jurisdição de Tarifas	TXJCD	TXJCD	CHAR	15
Perfil de Vantagem para Cálculo de Vantagem de Projeto/Ordem	ZSCHM	PS_ZSCHM	CHAR	7
Perfil de Medida de Investimento	IMPRF	IM_PROFIL	CHAR	6
Peso de Agregação para POC (Progresso do PS)	EVGEW	EV_WEIGHTD	DEC	8
Número da Alteração	AENNR	AENNR	CHAR	12
Sub-projeto na Estrutura de Detalhamento do Trabalho	SUBPR	PS_SUBPR	CHAR	12
PS: Descrição Curta (primeira linha de texto) em Maiúsculas	POSTU	PS_POSTU	CHAR	40
Indicador para Planejamento Integrado	PLINT	PLINT	CHAR	1
Indicador de Exclusão	LOEVM	LOEVM	CHAR	1
Avaliação de Estoque Especial	KZBWS	KZBWS	CHAR	1
Número do Plano de Cobrança/Número do Plano de Notificação	FPLNR	FPLNR	CHAR	10
Data de Tecnicamente Completo	TADAT	TABGDAT	DATS	8
Razão para o Investimento	IZWEK	IZWEK	CHAR	2
Escala dos Objetos de Investimento	ISIZE	IM_SIZECL	CHAR	2
Razão para o Investimento Ambiental	IUMKZ	AM_UMWKZ	CHAR	5
Código da Companhia da Requisição	ABUKR	IM_ABUKRS	CHAR	4
Indicador: Elemento WBS de Agrupamento	GRPKZ	GRPSPKZ	CHAR	1
Perfil de Distribuição	PGPRF	PGPROFID	CHAR	6
Sistema Lógico	LOGSYSTEM	LOGSYSTEM	CHAR	10
Campo Numérico de Tamanho 8	PSPNR_LOGS	NUM08	NUMC	8
Localização	STORT	PS_STORT	CHAR	10
Área Funcional	FUNC_AREA	FKBER	CHAR	16
Variante de Custeio	KLVAR	CK_KLVAR	CHAR	4

Capítulo 7: Informação Técnica **325**

Descrição	Campo	Elemento de Dados	Tipo	Tamanho
Número de Estimativas de Custo para Estimativa de Custo sem Estrutura de Quantidade	KALNR	CK_KALNR	NUMC	12
Elemento de Estrutura de Detalhamento de Trabalho (Elemento WBS) Editado	POSID_EDIT	PS_POSID_EDIT	CHAR	24
PLP: Parte de Dados—Inclui Dados Mestres de Lote de Produção	.INCLUDE	PLP_DATA_INC	STRU	0
Indicador: Elemento WBS para o Lote de Produção	PSPKZ	PL_PSPKZ	CHAR	1
Número do Material	MATNR	MATNR	CHAR	18
WBS: Elemento de Referência da Estrutura de Detalhamento de Trabalho	VLPSP	PL_PSP_PNR	NUMC	8
Indicador: Elemento de Referência da WBS para o Lote de Produção	VLPKZ	PL_VLPKZ	CHAR	1
String de Ordenação 1 para o Lote de Produção	SORT1	PL_SORT1	CHAR	10
String de Ordenação 2 para o Lote de Produção	SORT2	PL_SORT2	CHAR	10
String de Ordenação 3 para o Lote de Produção	SORT3	PL_SORT3	CHAR	10
Dados de JV: (vname,recid,etype),otype,jibcl,jibsa	.INCLUDE	GJV_DATA_3	STRU	0
Assinalamentos Gerais de Objetos de Aplicação	.INCLUDE	GJV_DATA_0	STRU	0
Joint Venture	VNAME	JV_NAME	CHAR	6
Indicador de Recuperação	RECID	JV_RECIND	CHAR	2
Tipo de Eqüidade	ETYPE	JV_ETYPE	CHAR	3
Tipo de Objeto de Joint Venture	OTYPE	JV_OTYPE	CHAR	4
Classe JIB/JIBE	JIBCL	JV_JIBCL	CHAR	3
Subclasse A JIB/JIBE	JIBSA	JV_JIBSA	CHAR	5
Planejamento de Projeto Genérico: Atribuição para Elemento WBS	.INCLUDE	CGPL_PRPS	STRU	0
Planejamento de Projeto Genérico: GUID do Sistema R/3 Esterno	CGPL_GUID16	CGPL_GUID16_R3	RAW	16

Descrição	Campo	Elemento de Dados	Tipo	Tamanho
Planejamento de Projeto Genérico: Sistema Lógico para CGPL_GUID16_R3	CGPL_LOGSYS	CGPL_LOGSYS	CHAR	10
Planejamento de Projeto Genérico: Tipo de Objeto do Sistema R/3 Esterno	CGPL_OBJTYPE	CGPL_OBJECT_TYPE_R3	CHAR	3
Elemento de Referência PM/PS	ADPSP	ADDCOMPARE_CORE	CHAR	40
	.INCLUDE	CI_PRPS	STRU	0
Estrutura de Apensamento para Relatório Regulador	.APPEND	FERC_		
Indicador Regulador	FERC_IND	FE_IND	CHAR	4

Bases de Dados Lógicas

A base de dados lógica PSJ é usada ao longo do Sistema de Projeto para seleção de dados a partir da base de dados física. A base de dados lógica também fornece os dados para relatórios específicos do cliente. Basicamente, a PSJ lhe fornece o relacionamento que as tabelas relacionadas ao projeto têm umas com as outras.

Você pode acessá-la através da transação SE36.

Capítulo 7: Informação Técnica

Node name	Table / Type	Node type	Short text
▽ ARKOPF	ARKOPF	Table	Archiving run header data
▽ VSKOPF	VSKOPF	Table	Version: Header - general data for a
▽ RSTHIE	RSTHIE	Table	BRST structure of the hierarchy table
PSDYRH	PSDYRH	Table	LDB PSJ: Dummy structure under RSTHIE
▽ PROJ	PROJ	Table	Project definition
PSDYPD	PSDYPD	Table	LDB PSJ: Dummy structure under PROJ
▽ VBAK	VBAK	Table	Sales Document: Header Data
VBUK	VBUK	Table	Sales Doc.: Header Status and Administrative Data
VBKD	VBKD	Table	Sales Document: Business Data
▽ VBAP	VBAP	Table	Sales Document: Item Data
VBUP	VBUP	Table	Sales Document: Item Status
▽ VBKDPO	VBKDPO	Table	Sales document: Business item data (POSNR > 0)
▽ FPLA	FPLA	Table	Billing plan
FPLT	FPLT	Table	Billing Plan: Dates
PSDYVB	PSDYVB	Table	LDB PSJ: Dummy structure under VBAP
PSDYVK	PSDYVK	Table	LDB PSJ: Dummy structure under VBAK
▽ PRPS_R	PRPS_R	Table	Project Hierarchy Reporting Structure
PRTE	PRTE	Table	Scheduling Data for Project Item
PSMLST	PSMLST	Table	Milestone I/O Table
PSTX	PSTX	Table	PS Texts (Header)
▽ PLAF	PLAF	Table	Planned order
KBED04	KBED04	Table	Capacity Requirement Recs for Planned Orders (LDB)
RESB04	RESB04	Table	Reservation/dependent reqs for plan order (LDB)
PSMERK_PRPS	PSMERK	DDICType	Characteristics for Summarization for WBS Elements
PSDYPR	PSDYPR	Table	LDB PSJ: Dummy structure under PRPS_R
▽ AUFK	AUFK	Table	Order master data
▽ AFKO	AFKO	Table	Header Data in PP Orders
AFPO	AFPO	Table	Order Item
▽ AFFL	AFFL	Table	Work order sequence
▽ ACT01	ACT01	Table	Activity for LDB 01
AFAB01	AFAB01	Table	Network Relationship (for LDB) - 01
MLSTD	MLSTD	Table	Milestone I/O Table
PSTX1	PSTX1	Table	PS Texts (Header) for Activity (1)
AFFH01	AFFH01	Table	Order PRT Data (for LDB) - 01
▽ KBED01	KBED01	Table	Capacity Requirement Records (for LDB) - 01
▽ KBEZ	KBEZ	Table	Additional data for table KBED (for ind.req/split)
KPER	KPER	Table	Additional data for KBEZ (person split in days)
AFRU02	AFRU02	Table	Order Confirmations (for LDB) -02
▽ RESB01	RESB01	Table	Reservation/Dependent Requirement for LDB-01
PSDYOK	PSDYOK	Table	LDB PSJ: Dummy structure under RESB01
AFRU01	AFRU01	Table	Order Confirmations (for LDB) - 01
PSMERK_ACT	PSMERK	DDICType	Characteristics for Summarization for Activity
PSDYNV	PSDYNV	Table	LDB PSJ: Dummy structure under ACT01
AFIH	AFIH	Table	Maintenance order header
PSDYNP	PSDYNP	Table	LDB PSJ: Dummy structure under AUFK
▽ IMTP	IMTP	Table	Investment programs
▽ IMPR	IMPR	Table	Investment Program Positions
PSDYIP	PSDYIP	Table	LDB PSJ: Dummy structure under IMPR
PSDYPG	PSDYPG	Table	LDB PSJ: Dummy structure under IMTP
▽ PEGOB	PEGOB	Table	Peg (master data of the CO object)

Copyright by SAP AG

328 SAP - Manual do Sistema de Projetos

Node name	Table / Type	Node type	Short text
PEGQTY	PEGQTY	Table	Assigned pegging object quantities
PSDYPEG	PSDYPEG	Table	LDB PSJ: Dummy Structure Under PEGOB
▽ ELM_PS	ELM_PS	Table	Additional data for hierarchy nodes (LDB PSJ)
▽ JSTO	JSTO	Table	Status object information
PSTAT	PSTAT	Table	Condensed status display
JCDO	JCDO	Table	Change Documents for Status Object (Table JSTO)
▽ JEST	JEST	Table	Individual Status per Object
JCDS	JCDS	Table	Change docs. for system/user status (table JEST)
▽ ONR00	ONR00	Table	General Object Number
RPSCO1	RPSCO1	Table	Summarization Table for Project Reporting
RPSQT	RPSQT	Table	Summarization table for project reporting (quants)
EV_PARAM	EVOP	DDICType	Object parameters for earned value analysis
EV_POC	EVPOC_RPS...	DDICType	Earned value analysis: percentage of completion
EV_VAL	EVVA_RPSCO	DDICType	Earned value analysis: earned value
▽ COBRA	COBRA	Table	Settlement Rule for Order Settlement
COBRB	COBRB	Table	Distribution rules for sett. rule for order sett.
BPHI1	BPHI1	Table	Cross-hierarchy data Control
▽ BPTR1	BPTR1	Table	Object Data Control
▽ BPGE1	BPGE1	Table	Totals record total value Control
BPVG1	BPVG1	Table	Table Generated for View BPVG1
▽ BKHS1	BKHS1	Table	Header - Unit Costing (Control + Totals)
▽ HEAD10	HEAD10	Table	SAPscript: Text Header
LINE10	LINE10	Table	SAPscript: Text Lines
BKHT1	BKHT1	Table	Texts for CKHS
▽ BKIS1	BKIS1	Table	Individual calculation/verification item gen.
BKIT1	BKIT1	Table	Texts for CKIS
BKIP1	BKIP1	Table	Periodic Values for Unit Costing Item
▽ BPJA1	BPJA1	Table	Totals record for total year value Control
BPVJ1	BPVJ1	Table	Table Generated for View BPVJ1
▽ BKHS2	BKHS2	Table	Header - Unit Costing (Control + Totals)
▽ HEAD20	HEAD20	Table	SAPscript: Text Header
LINE20	LINE20	Table	SAPscript: Text Lines
BKHT2	BKHT2	Table	Texts for CKHS
▽ BKIS2	BKIS2	Table	Individual calculation/verification item gen.
BKIT2	BKIT2	Table	Texts for CKIS
BKIP2	BKIP2	Table	Periodic Values for Unit Costing Item
▽ BPPE1	BPPE1	Table	Totals Record for Period Values Control
BPVP1	BPVP1	Table	Table Generated for View BPVF1
BPIG1	BPIG1	Table	Budget Object Index (Overall Budget)
BPIJ1	BPIJ1	Table	Budget Object Index (Annual Budget)
COKA1	COKA1	Table	CO Object: Cost Element Control Data
▽ COKP1	COKP1	Table	CO Object: Primary Planning Control Data
▽ HEAD11	HEAD11	Table	SAPscript: Text Header
LINE11	LINE11	Table	SAPscript: Text Lines
▽ CKHS1	CKHS1	Table	Header - Unit Costing (Control + Totals)
CKHT1	CKHT1	Table	Texts for CKHS
▽ HEAD12	HEAD12	Table	SAPscript: Text Header
LINE12	LINE12	Table	SAPscript: Text Lines
▽ CKIS1	CKIS1	Table	Individual calculation/verification item gen.
CKIT1	CKIT1	Table	Texts for CKIS
CKIP1	CKIP1	Table	Periodic Values for Unit Costing Item

Copyright by SAP AG

Capítulo 7: Informação Técnica 329

Node name	Table / Type	Node type	Short text
▽ COSP1	COSP1	Table	CO Object: Cost Totals for External Postings
▽ COVP11	COVP11	Table	CO object: Line items with doc. header (by period)
▽ COEPD11	COEPD11	Table	CO object: Unvaluated ln. item settlement w/status
COEPBR11	COEPBR11	Table	CO Object: Valuated Line Item Settlement
COVJ11	COVJ11	Table	CO object: Line items with doc header (by year)
COVO1	COVO1	Table	CO Object: Open Items for Line Items (w/o doc.Hdr)
COSPD1	COSPD1	Table	CO object: External cost totals - calculated
COSPP	COSPP	Table	Transfer of Order in the COSP Table to the Project
▽ COKS1	COKS1	Table	CO Object: Control Data for Secondary Planning
▽ HEAD13	HEAD13	Table	SAPscript: Text Header
LINE13	LINE13	Table	SAPscript: Text Lines
▽ COSS1	COSS1	Table	CO Object: Cost Totals for Internal Postings
▽ COVP12	COVP12	Table	CO object: Line items with doc. header (by period)
▽ COEPD12	COEPD12	Table	CO object: Unvaluated ln. item settlement w/status
COEPBR12	COEPBR12	Table	CO Object: Valuated Line Item Settlement
COVJ12	COVJ12	Table	CO object: Line items with doc header (by year)
COVO12	COVO12	Table	CO object: Fxd price agreement commitment in items
COSSD1	COSSD1	Table	CO object: Internal cost totals - calculated
COSSP	COSSP	Table	Transfer of the Order COSS Table to the Project
▽ COKR1	COKR1	Table	CO Object: Control Data for Statistical Key Figs
▽ HEAD14	HEAD14	Table	SAPscript: Text Header
LINE14	LINE14	Table	SAPscript: Text Lines
▽ COSR1	COSR1	Table	CO Object: Statistical Key Figure Totals
COVPR1	COVPR1	Table	CO object: Stat. key figure line items by period.
COVJR1	COVJR1	Table	CO object: Line items stat. key figures (by year)
▽ COSL1	COSL1	Table	CO Object: Activity Type Totals
COVPL1	COVPL1	Table	CO object: Activity type line items by period
COVJL1	COVJL1	Table	CO object: Line items for acty types (by year)
COSLD	COSLD	Table	CO object: Activity type sums - calculated
▽ COSB1	COSB1	Table	CO Object: Total Variances/Results Analyses
COVPB1	COVPB1	Table	CO object: Variance/accrual line items by period
COSBD1	COSBD1	Table	CO object: Sums of variance/accrual - calculated
▽ ANIA1	ANIA1	Table	Depr. simulation for invest. projects
ANIB1	ANIB1	Table	Invest. projects: Depr. simulation analysis report
ANLI1	ANLI1	Table	Link table for capital investment measure -> AuC
▽ FMSU1	FMSU1	Table	FM totals records for financial data
COVFP1	COVFP1	Table	CO object: Financial data line items with doc. hdr
TPI031	TPI031	Table	CO Objects: Date of Last Interest Run
▽ EKKO	EKKO	Table	Purchasing Document Header
▽ EKPO	EKPO	Table	Purchasing Document Item
EKET	EKET	Table	Scheduling Agreement Schedule Lines
EKKN	EKKN	Table	Account Assignment in Purchasing Document
EKBE	EKBE	Table	Purchasing Document History
▽ EBAN	EBAN	Table	Purchase requisition
EBKN	EBKN	Table	Purchase Requisition Account Assignment
▽ FPLAPS	FPLA	DDICType	Billing plan for PSP network plan
FPLTPS	FPLT	DDICType	Billing plan for PSP/network (dates)
▽ LIKP	LIKP	Table	SD Document: Delivery Header Data
LIPS	LIPS	Table	SD document: Delivery: Item data
PSMERK	PSMERK	Table	Characteristics for summarization wo. classificatn
DRAD	DRAD	Table	Document-object link

Copyright by SAP AG

330 SAP - Manual do Sistema de Projetos

O IMG Completo

Aqui está incluído o IMG completo, como mostrado na transação SPRO.

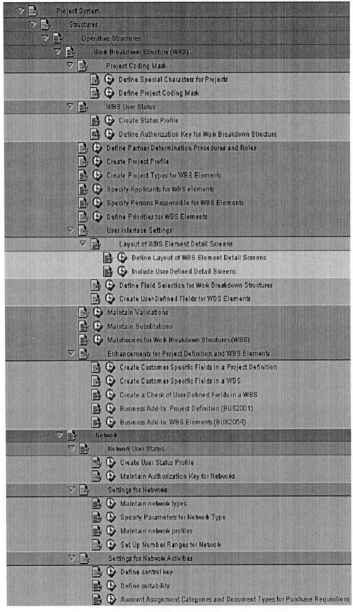

Copyright by SAP AG

Capítulo 7: Informação Técnica

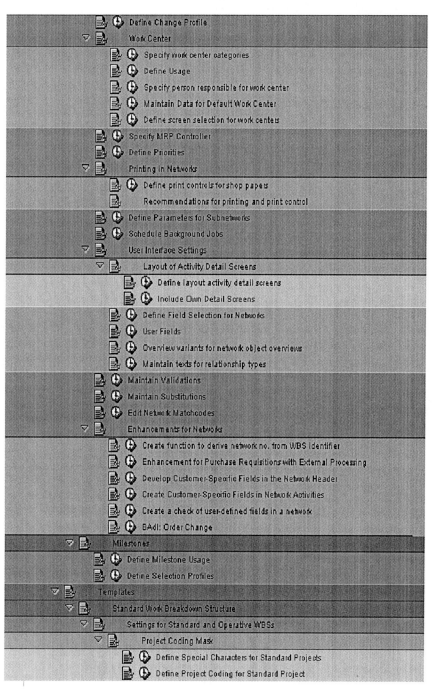

332 SAP - Manual do Sistema de Projetos

- Create Project Profile
- Maintain Project Types for Standard WBS Elements
- Specify People Responsible for Standard WBS Elements
- Define Priorities for Standard WBS Elements
- Create User-Defined Fields for WBS Elements
- Define Field Selection for Standard WBS
- Edit Matchcode for Standard WBS
- Enhancements for Std Project Definition and Std WBS Elements
  - Create Customer-Specific Fields in a Std Project Definition
  - Create customer-specific fields in a standard WBS
  - Create a check of user-defined fields in a standard WBS
- Standard Network
  - General Settings for Standard and Operative Networks
    - Define Priorities for Network
    - Define Control Key for Activities
    - Define user fields for networks
    - Set up Number Ranges for Standard Networks
    - Define parameters for standard network
    - Maintain Standard Network Profiles
    - Maintain Planner Groups
    - Define Material Type Allocations
    - Define standard network usage
    - Define status for standard networks
    - Create network parameters in sales document (SD)
    - MS Project for downloading/uploading standard networks
  - Overview Variants
    - Overview Variants for Object Overview in Standard Networks
    - Overview Variants for Scheduling of Standard Networks
    - Overview Variants for Where-Used Lists and Replace Work Center
    - Overview variants for where-used lists und replace PRT
  - Define screen selection for standard networks
  - Edit Matchcode for Standard Networks
  - Enhancements for Standard Networks
    - Create Customer-Specific Fields in a Standard Network
    - Create a check of user-defined fields in a standard network
- Standard Milestone
  - Define standard milestone usage
  - Define milestone groups for standard milestones
- Project Planning Board
  - Define Time Profiles
  - Define profiles for time scales
  - Define scale for the time axis
  - Define Profiles for the Project Planning Board
  - Maintain Report Assignment from the Planning Board
  - Capacity Leveling/Capacity Evaluations

Copyright by SAP AG

Capítulo 7: Informação Técnica 333

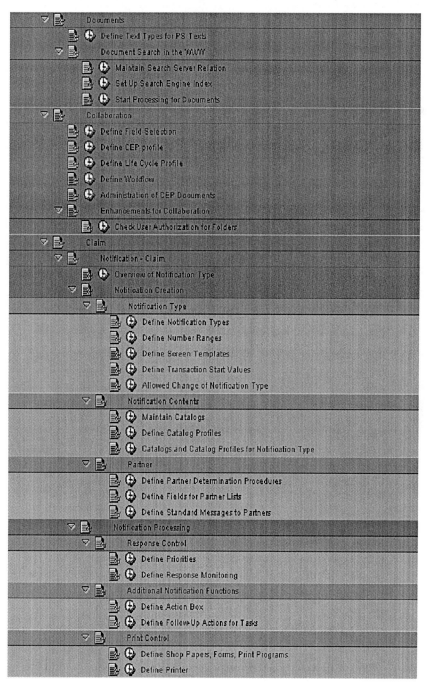

Copyright by SAP AG

334 SAP - Manual do Sistema de Projetos

- Status Management
  - Define Status Profile
  - Define Selection Profiles
  - Define List Variants
  - Activate Workflow Template and Assign Processor
  - Determine Costing Variant
- Notification Processing on the Intranet
  - Define Scenarios
  - Settings for Cost-Generating Scenarios
    - Settings for Template Transport
    - Define Settings for Execution Services
- Settings for Claims
  - Field selection
  - Codes for Detailed Long Texts
  - Activate Workflows and Assign Personnel
  - Controlling Scenario for Claims
  - Assignment of Controlling Scenario for Notification Type
  - Business Add-In: Customer-Specific Check Before Creating Cost Collector
  - Business Add-In: Data Change in 'Claim Overview' Report
  - Business Add-In: Data Change in 'Claim Hierarchy' Report
- Production Resources and Tools
  - General Data
    - Define PRT Authorization Group
    - Define PRT Status
    - Define Usage
    - Define PRT Group Key
  - Assignment of Production Resources/Tools
    - Define PRT Control Key
    - Define Formula Parameters
    - Maintain Formula Definitions
- Costs
  - Activate Project Management in Controlling Area
  - Create CO Versions
  - Maintain Currency Exchange Rates
  - Object Class Default Values
    - Specify Default for Project Definition Object Class
    - Specify Default for Network Header Object Class
  - Value Categories
    - Maintain Value Categories
    - Assign Cost Elements to Value Categories
    - Check Consistency of Value Category Assignment

Copyright by SAP AG

Capítulo 7: Informação Técnica 335

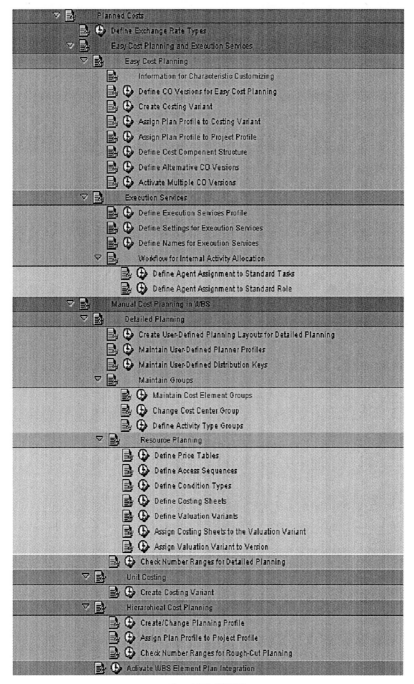

Copyright by SAP AG

336 SAP - Manual do Sistema de Projetos

- Automatic Costing in Networks/Activities
  - Costing
    - Define Costing Variants
    - Define Costing Types
    - Define Cost Component Structure
    - Maintain plan costing variants for network types
    - Define error search
    - Define User-Defined Message Types
  - Unit Costing
    - Maintain Costing Variant for General Costs Activity
    - Maintain costing variant for material component
  - Maintain Settings for Invoicing Plan
  - Define Order Value Updating for Orders for Projects
- Budget
  - Maintain Budget Profiles
  - Stipulate Default Budget Profile for Project Definition
  - Create Number Ranges for Budgeting
  - Define Tolerance Limits
  - Specify Exempt Cost Elements
  - Reconstruct Availability Control
  - Application for Budget Increase in Intranet
- Actual Costs and Forecast
  - Request for Adjustment Posting
    - Notification Type
      - Define Number Ranges
    - Scenario
      - Activate Test Scenario for Request for Adjustment Posting
      - Define Scenarios for Request for Adjustment Posting
      - Assign Own Scenarios for Request for Adjustment Posting
      - Assign Adjustment Postings to Scenarios
  - Update Down Payments
    - Define default cost elements for down payments
    - Check number ranges for down payments
    - Post Down Payments
  - Define Screen Control for Funds Commitments
  - Maintain Document Types for Funds Commitment
  - Field Control for Funds Commitment
    - Define Field Status Variant
    - Assign Field Status Variant to Company Code
    - Define Field Status Groups
    - Define Field Selection String
    - Assign Field Selection String

Copyright by SAP AG

- Number Ranges
  - Check Number Ranges for CO Postings
  - Check Number Ranges for Funds Commitments
  - User-Defined Screen Variants for Postings in Controlling
- Automatic and Periodic Allocations
- Revenues and Earnings
  - Create CO Versions
  - Maintain Currency Exchange Rates
  - Value Categories
    - Maintain Value Categories
    - Assign Value Categories to Revenue Elements
    - Check Consistency of Value Category Assignment
  - Planned Revenues
    - Define Exchange Rate Types
    - Manual Revenue Planning
      - Detailed Planning
        - Create User-Defined Planning Layouts for Revenue Element Planning
        - Maintain User-Defined Planner Profiles
        - Maintain User-Defined Distribution Keys
        - Maintain Cost Element Group
        - Check Number Ranges for Detailed Planning
      - Structure Planning
        - Maintain Planning Profiles
        - Specify Default Plan Profiles for Project Definitions
        - Create Number Ranges for Planning
        - Activate WBS Element Plan Integration
    - Automatic Plan Revenue Calculation
      - Maintain Billing Plan Settings
      - Specify Revenue Plan Update from Sales Document
  - Actual Revenues and Forecast
    - Check CO Posting Number Ranges
    - User-Defined Screen Variants for Postings in Controlling
    - Automatic and Periodic Allocations
      - Define Interest Relevance for Revenue Value Categories
      - Results Analysis
        - Edit results analysis cost elements
        - Edit Results Analysis Keys and Version
          - Maintain results analysis keys
          - Maintain results analysis versions
          - Define Valuation Methods for Results Analysis
          - Define line IDs
          - Define assignments for results analysis
          - Define Update for Results Analysis
          - Define Posting Rules for Settlement to Accounting

Copyright by SAP AG

338 SAP - Manual do Sistema de Projetos

- Specify default results-analysis keys for project definition
- Specify default results analysis keys for networks
- Check Number Ranges for Results Analysis Documents
- Activate Time Dependency for System Status
- ▽ User-Defined Error Management
  - Specify User-Defined Message Types for WIP and Results Analysis
  - Assign Messages to a Responsibility Area
- ▽ **Incoming Orders**
  - Maintain Incoming Order Cost Element
  - Assign Incoming Order Cost Element
  - Maintain settings for results analysis key
  - Check PA transfer structure
  - Assign Cost Elements to Value Categories
  - Develop enhancements for incoming orders
- Settlement
- ▽ Construction Progress Report and Valuation
  - Define Number Range Interval for Progress Reports
  - Define Validity Indicator in WBS Element for CPR
  - Define Grouping Characteristics for Cost Elements
  - Activate Consolidation
  - Assign Cost Elements for Construction Progress Report and Remaining Plan
  - Assign CO Version for Work Values
  - Assign CO Version for Planned Costs and Planned Revenues
  - Assign CO Version for Contract Value
  - Assign Templates (BDS Documents) for Construction Progress Report
  - Assign Templates (BDS Documents) for Remaining Plan
  - Change Message Control
  - Additional Settings for Valuation of Semifinished Constructions
  - ▽ Business Add-Ins (BAdIs)
    - BAdI: Construction Progress Report
    - BAdI: Contract Values and Remaining Plan
    - BAdI: Reading Data for Valuation*
- ▽ Transfer Prices for Individual Projects
  - Maintain Number Range Interval for Transfer Prices
  - Maintain Document Types for Transfer Price Agreement
  - Maintain Document Types for Transfer Price Allocation
  - Check CO Number Ranges for Fixed Price Agreement/Allocation
  - Change Message Control

Copyright by SAP AG

Capítulo 7: Informação Técnica 339

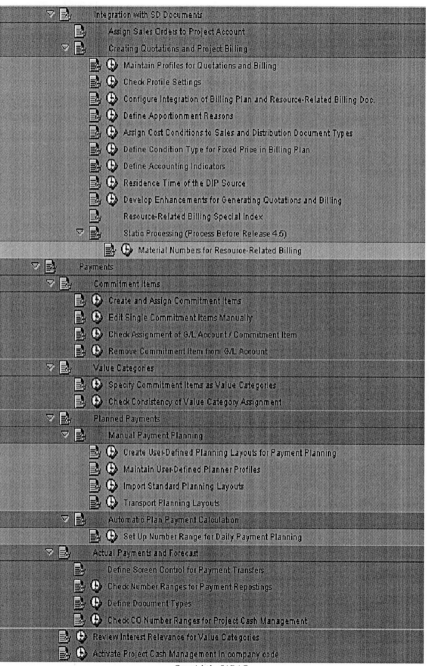

340 SAP - Manual do Sistema de Projetos

- Prepare for Going Live
  - Delete Test Data
    - Delete Actual Data
    - Delete Planning Data
    - Delete Master Data
  - Data Transfer
    - Post documents from Materials Management
    - Post Documents from Financial Accounting
      - Successive Document Transfer
      - Complete Document Transfer
    - Post Payment Transfers
- Dates
  - Scheduling
    - Define Scheduling Types
    - Define Time Units
    - Define Reduction Strategies
    - Specify Parameters for Network Scheduling
    - Define Levels for Networks
    - BAdI: Overall Network Scheduling with Selection Option
  - Date Planning in WBS
    - Define Parameters for WBS Scheduling
    - Specify Graphics Profile for WBS Date Planning
    - Overview Variants for Schedule and Capacity Overviews
- Resources
  - Work Center
    - Specify work center categories
    - Define Usage
    - Specify person responsible for work center
    - Maintain Data for Default Work Center
    - Define screen selection for work centers
  - Define Capacity Categories
  - Define Capacity Planners
  - Define Key for Performance Efficiency Rate
  - Define Shift Sequences
  - Maintain Control Parameters for the Availability Check
  - Define Profiles for Workforce Planning
  - Formulas
    - Define Formula Parameters
    - Maintain Formula Definitions
  - Distribution
    - Define Distribution Functions
    - Define Distribution Strategies
    - Define Requirements Distribution

Copyright by SAP AG

Capítulo 7: Informação Técnica 341

- Material
  - Procurement
    - Define Procurement Indicators for Material Components
    - Check Acct Asst Categories and Document Types for Purc.Reqs
    - Define Movement Types for Material Movements
    - Activate MRP Groups for Requirements Grouping
  - Project-Oriented Procurement (ProMan)
    - Define Profile
    - Define Exceptions
  - Interface for Procurement Using Catalogs (OCI)
    - Define Catalogs
    - Assign Catalog of Network Plan Type
    - Convert HTML to SAP Fields
    - Convert HTML Field Values
    - Define Conversion Modules
  - Monitoring Dates
    - Define Events
    - Assign Reference Dates to Events
    - Define Status
    - Define Profiles for Monitoring Dates
    - Define Scheduling Scenarios
  - Bill of Material Transfer
    - Define Profiles for Bill Of Material Transfer
    - Define Reference Points for BOM Transfer
    - Define Fields in BOM and Activity as Reference Point
    - Define Field Selection for BOM Transfer
  - Availability Check
    - Define Checking Rules
    - Define Checking Scope
    - Define Checking Control
  - Enhancements for Material Components
    - Develop Enhancement for BOMs
    - Create Processing of Material Components
    - Enhancement for Purchase Requisitions with External Procurement
  - Control of Sales-Order-Related Production
    - Check Account Assignment Categories
    - Check Requirements Classes
    - Check Requirements Types
    - Check Control of Requirements Type Determination
    - Selection of Requirements Type Through MRP Group
      - Check Planning Strategies
      - Check Strategy Groups
      - Check Assignment of Strategy Group to MRP Group

Copyright by SAP AG

- Selection of Requirements Type Through SD Item Category
  - Check Item Categories
  - Check Item Category Groups
  - Check Assignment of Item Categories
- Confirmation
  - Stipulate Time for Confirmation Processing
  - Define Paralleling Type for Confirmation Processes
  - Schedule Background Jobs Confirmation Processes
  - Define Confirmation Parameters
  - Define Causes for Variances
  - Define Field Selection for Confirmation
  - Enhancements for Confirmation
    - Develop the Determination of Cust.-Specific Default Values
    - Develop Customer-Specific Input Checks (1)
    - Develop Customer-Specific Check after Activity Selection
    - Develop Customer-Specific Input Checks (2)
    - Develop Customer-Specific Enhancements for Saving
- Simulation
  - Stipulate Version Keys for the Simulation
  - Stipulate Simulation Profiles
- Project Versions
  - Create Profile for Project Version
- Progress
  - Progress Analysis
    - Maintain Progress Version
    - Define Statistical Key Figure for Percentage of Completion
    - Define Measurement Methods
    - Define Measurement Method as Default Value
    - Enter Measurement Methods for Order Type
    - Maintain Assignment of Cost Element Group
    - Develop Measurement Technique Enhancement
    - Evaluation in Information System
  - Progress Tracking
    - Define Standard Events
    - Define Event Scenarios
    - Maintain Relationships Between Events in a Scenario
    - Assign Default Scenario to Material Group
    - Maintain Priorities for an Event
    - Define Progress Tracking Profile
    - Define Status Info Types
    - Number Range Status Information
    - User-Defined Evaluation

Copyright by SAP AG

Capítulo 7: Informação Técnica 343

- Statistical Key Figures
  - Maintain Statistical Key Figure Groups
  - Assign Statistical Key Figures to Value Categories
  - Maintain User-Defined Planner Profiles
  - Maintain User-Defined Planning Layouts for WBS Elements
  - Maintain User-Defined Planning Layouts for Networks
- Workflow
  - Configure Standard Tasks for Workflow in the Project System
  - Define Workflow for Network Milestones
- Information System
  - Selection
    - Define Database Selection Profiles
    - Define Project View for Information System
    - Define Selection Profiles for Information System
    - Enhancement: Create Customer-Specific Project Views
  - Technical Project Reports
    - Define Overall Profiles for Information System
    - Define Profiles for Calling Overviews
    - Define Profiles for Displayed Fields
    - Define Profiles for Sort Criteria
    - Define Profiles for Summarization Criteria
    - Define Profile for Grouping Criteria
    - Overview Variants for Header Lines
    - Overview Variants for Item Lines and Column Headings
  - Costs/Revenues Information System
    - Hierarchy Report
      - Maintain Form
      - Maintain Reports
      - Maintain Global Variables
      - Maintain Batch Variants
      - Import Reports
      - Transport Reports
      - Reorganization
        - Delete Report Data
        - Delete Forms
        - Delete Reports
      - Report Assignment
        - Import Report Assignment from Source Client
        - Copy Report-Report Interface
        - Maintain Report Assignment from the Planning Board
        - Maintain Report Assignment from the Structure Overview
      - Translate Reports
      - Currency Translation
        - Define Currency Translation Keys
        - Develop Enhancements for Commercial Reporting

Copyright by SAP AG

344 SAP - Manual do Sistema de Projetos

- Cost Element Analysis
  - User Settings
    - Specify Report Currency
    - Define Selection Criteria
    - Determine Settings for Extract Management
  - Groups
    - Maintain Cost Element Group in Chart of Accounts
    - Maintain Statistical Key Figure Groups
  - Standard Reports
    - Import Reports
    - Define Languages
    - Generate Reports
  - Custom Reports
    - Specify Report Languages
    - Maintain Libraries
    - Import Source Documents
    - Define Reports
    - Generate Reports
  - Enhancements for Line Item Reports
  - Project Info Database (Costs, Revenues, Finances)
    - Set Update Control
    - Check Consistency of Value Category Assignment
    - Rebuild Project Information Database
- Responsibility Accounting
  - Project Summarization
    - Maintain Summarization Hierarchy
    - Define Exception Rules
    - Maintain Summarization Reports
    - Enhancements
      - Enhancements for Summarization Criteria
      - BAdI Enhancement for Inheritance Run
    - Convert Classification Characteristics into Summarization Characteristics
    - Project Summarization using Classification Characteristics
      - Determine Characteristic Range
      - Define User-Defined Characteristics
      - Activate Classification for Order Summarization in Network Types
      - Define Summarization Hierarchy
      - Define Exception Rules
  - Executive Information System
    - Set Up Data Transfer to EIS
    - Define Key Figures and Master Data Characteristics
    - Develop Enhancements for Sender Structures

Copyright by SAP AG

Capítulo 7: Informação Técnica **345**

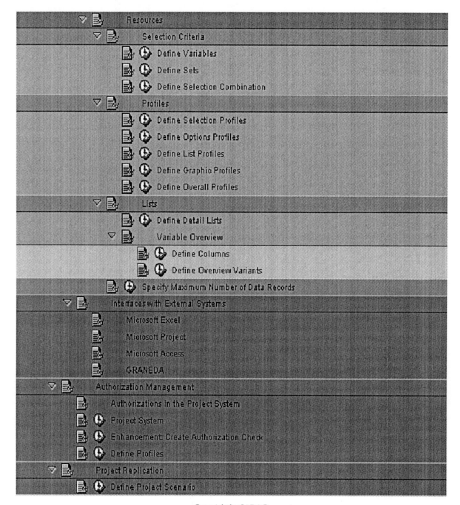

Copyright by SAP AG

Resumo

Os elementos técnicos do PS são muitos e de longo alcance. Este livro não abrange o parte do PS relativa ao ABAP (linguagem de codificação 4GL do SAP). Seu objetivo é mostrar tanto aos leigos quanto aos profissionais os elementos funcionais do PS. Os elementos técnicos abordados neste capítulo fornecem as tabelas e campos básicos dos quais você pode precisar para ajudar a escrever especificações funcionais com algum conhecimento técnico.

CAPÍTULO 8
Dicas e Truques

Este capítulo fornece dicas e truques que podem ser úteis no mundo do PS. Alguns dos assuntos tratados aqui já foram abordados em capítulos anteriores.

Dicas de Design

No seu design (seja ele para simples coleta de custos, cliente, bem, ou qualquer outro propósito específico) certas ocorrências súbitas precisam ser compreendidas para se contornar alguns dos comportamentos do SAP. Às vezes é difícil descobrir exatamente o que o sistema está fazendo (e porquê) sem a combinação de milhares de páginas de texto de ajuda, ou, mesmo, pesquisando-se nas Notas do SAP para sanar certos comportamentos. As dicas de design a seguir podem ajudar no seu trabalho com o SAP.

Projetos com Documentos de Vendas

Normalmente, projetos de cliente têm uma WBS ligada a um item de linha numa ordem de vendas (ou cotação). Esta ligação pode ser realizada manualmente ou automaticamente. Em Processamento de Montagem, o item de linha de ordem de vendas é automaticamente assinalado a uma conta na WBS de cobrança. Entretanto, quando vista a partir do projeto (e quando Redes são usadas), é o Cabeçalho de Rede que mostra uma ligação com o item de linha da ordem de vendas (visto através da aba Assignments (Assinalamentos) do cabeçalho).

Em virtude de o Processamento de Montagem exigir que uma WBS de Cobrança realize esta ligação, podem haver instâncias em que você tenha mais de um elemento de cobrança. Se elas estiverem no mesmo nível, o SAP não saberá qual deles usar e emitirá uma caixa de diálogo para que você tome uma decisão. Isto se dá porque você tem um Cabeçalho de Rede e é para ele que a ligação é feita primariamente. Para contornar isto, aninhe seus elementos de cobrança como mostrado na Figura 8-1. Esta é uma das Melhores Práticas de design do SAP, em que você pode ter um escritório com "Vanguarda" e "Retaguarda" e necessita segregar seus registros.

Lembre-se, também, que a "Planta de entrega" no item de linha da ordem de vendas deve apontar para uma WBS que tem um Código de Companhia válido (para o qual a Planta é assinalada). Este problema em particular surge quando você tem múltiplos Códigos de Companhia no seu projeto. Para melhor prover uma estrutura que se adeqüe a cenários de várias companhias, você pode separar seu cabeçalho de rede de suas atividades pelo uso inteligente de atribuições na Rede padrão, como mostrado na Figura 8-2.

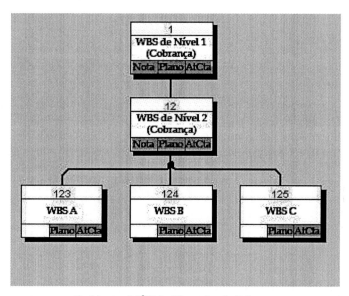

Projeto com Múltiplos Elementos de Cobrança

Figura 8-1 Aninhando elementos de cobrança

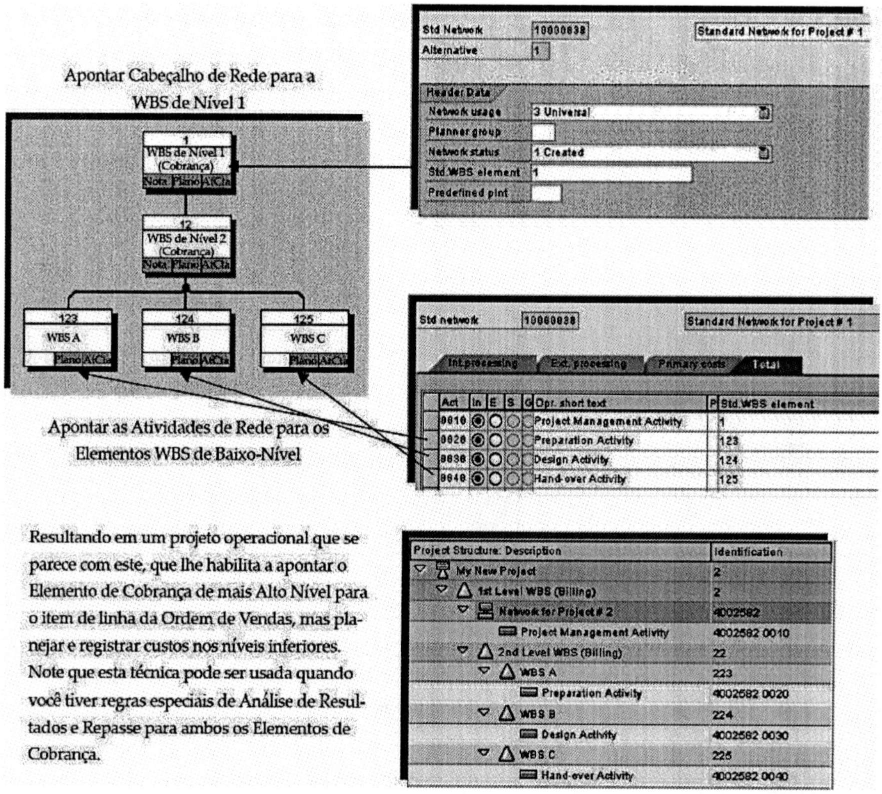

Capítulo 8: Dicas e Truques **349**

Apontar Cabeçalho de Rede para a WBS de Nível 1

Apontar as Atividades de Rede para os Elementos WBS de Baixo-Nível

Resultando em um projeto operacional que se parece com este, que lhe habilita a apontar o Elemento de Cobrança de mais Alto Nível para o item de linha da Ordem de Vendas, mas planejar e registrar custos nos níveis inferiores. Note que esta técnica pode ser usada quando você tiver regras especiais de Análise de Resultados e Repasse para ambos os Elementos de Cobrança.

Figura 8-2 Separação do cabeçalho de rede

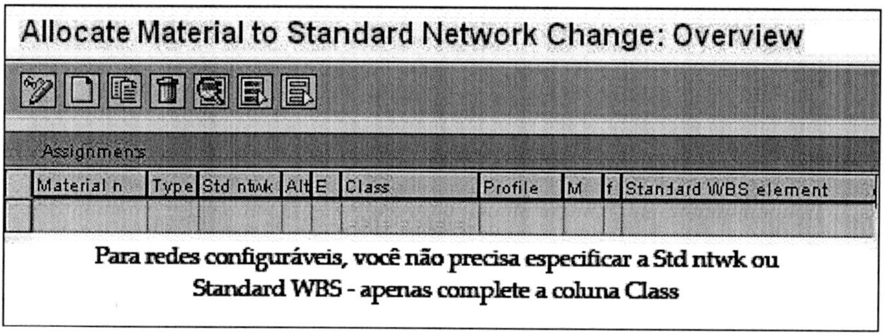

Para redes configuráveis, você não precisa especificar a Std ntwk ou Standard WBS - apenas complete a coluna Class

Figura 8-3 Atribuição de Classe

Classes e Características

Se você quiser ser flexível sobre qual rede padrão será usada no Processamento de Montagem, você poderá usar uma "classe de característica". A classe apresentará características que selecionarão automaticamente a rede padrão "alternativa" correta. Adicionalmente, a classe relevante é anexada ao material configurável que você especificar no item de linha da sua ordem de vendas. Em casos como este, a transação CN08 (Atribuição de Material) deixará em branco tanto a WBS padrão quanto a Rede padrão, mas preencherá a coluna Classe, como mostrado na Figura 8-3.

Assim, quando seu projeto for criado, a rede padrão alternativa correta será selecionada pelo sistema. A seguir estão os passos necessários para se conseguir isto:

Transação	Propósito
1. CL04	Criar suas características CHR_PLANT (isto também pode ser feito na CL02, próxima).
2. CL02	Criar uma nova Classe MYCLASS usando o Tipo de Classe "Standard Network Class" (Classe de Rede Padrão) e adicionar a característica CHR_PLANT.
3. CU42	Atribuir Classe MYCLASS ao Perfil de Configuração para o seu Material.
4. CU50 a. Selecionar o Material/Planta e acionar os botões de rádio Sales/Distribution e BOM. b. Selecionar a opção de menu Value Assignments->Interface Design->Characteristic grouping para agrupar a característica. c. Criar uma aba "Planta". d. Atribuir as Características CHR_PLANT à aba	Atribuir às características CHR_PLANT o Material Configurável e criar uma aba "Planta". (Nota: Se o passo 2 à esquerda tiver a opção do menu acinzentada, volte à CU42 e certifique-se de que o campo "Configuration Design" foi preenchido).
5. CN01/CN02 a. Para cada alternativa, selecione o caminho de menu Extras->Classification. b. Adicione a Classe. c. Adicione as características.	Criar Rede Padrão com algumas Atividades.

Capítulo 8: Dicas e Truques **351**

Transação	Propósito
6. VA01/VA02	Criar uma Ordem de Vendas com um item de linha especificando o material configurável para o qual você adicionou suas características. Vá até a aba Planta e entre um valor.

Dependências de Objeto

Além de realizar os passos anteriores, você pode passar dados de um material configurável para o projeto usando uma característica. Digamos que você queira automatizar a entrada de uma Atividade de Custo Geral. Tudo o que você tem que fazer é seguir os mesmos passos de antes, mas criar uma Aba adicional para Custos no passo 4 e adicionar sua característica (por exemplo, CHR_COST). Em seguida, no passo 5, ao invés de adicionar a Classe e as características à Alternativa, vá até sua Atividade de Custo Geral criada anteriormente na CN02 e siga o caminho de menu Extras->Object Dependencies->Assignments. Crie uma nova entrada e entre "CHR_COST specified".

Isto significa que, se um valor foi colocado para a característica CHR_COST na Ordem de Vendas, ele será transferido para a atividade de rede sem que o usuário tenha que editar qualquer coisa no projeto. Desnecessário dizer que os nomes das características que você usar dependerão de suas próprias convenções de denominação.

A seguir, os passos necessários para se conseguir isto:

Transação	Propósito
1. CL04	Criar suas características CHR_COST (isto também pode ser feito na CL02, próxima). Se você quiser especificar diferentes custos para refletir os vários Elementos de Custos, apenas dê-lhes um nome que faça sentido, como CHR_SEGURO_COST ou CHR_HOTEL_COST.
2. CL02	Criar uma nova Classe MYCLASS usando o Tipo de Classe "Standard Network Class" e adicione a característica CHR_COST (você pode usar uma classe existente, se quiser). Você pode adicionar as outras características de custos aqui, da mesma forma.

Transação	Propósito
3. CU42	Assinale a Classe MYCLASS ao Perfil de Configuração do seu Material.
4. CU50 a. Selecione o Material/Planta e ligue os botões de rádio Sales/Distribution e BOM. b. Selecione a opção de menu Value Assignments->Interface Design->Characteristic grouping para agrupar a característica. c. Crie uma aba "Planta" d. Atribua as Características CHR_PLANT à aba.	Atribuir as características CHR_COST ao Material Configurável e criar uma aba "Custos" ou algum outro nome significativo (Nota: Se o passo 2 à esquerda tiver a opção do menu acinzentada, volte à CU42 e certifique-se de que o campo "Configuration Design" foi completado).
5. CN01/CN02 a. Para cada Atividade de Custo Geral, siga o caminho de menu Extras->Object Dependencies->Assignments. b. Crie uma nova entrada e entre "CHR_COST specified".	Criar Rede Padrão com algumas Atividades de Custo Geral.
6. VA01/VA02	Criar Ordem de Vendas com um item de linha especificando o material configurável para o qual você adicionou suas características. Vá até a aba Custos e entre um valor.

Quando sua ordem de vendas for salva, os valores serão passados para o projeto.

Este método de uso das características para mover informação entre o SD (Vendas e Distribuição) e o PS é apenas um exemplo simples - as possibilidades são infinitas.

Validações e Substituições

Pré-requisitos

Às vezes é fácil esquecer-se que os "pré-requisitos" usam uma lógica normal e as "checagens" usam uma lógica reversa. Ou seja:

- Em Validações: Se o pré-requisito é satisfeito, mas a checagem não, a validação falha e uma mensagem será emitida.

- Em Substituições: Se o pré-requisito é satisfeito, a substituição será feita.

Capítulo 8: Dicas e Truques   353

Alguma vez você já quis interromper a execução de uma regra de validação por uma WBS Padrão? Isto é irritante quando a regra que você quer aplicar só é relevante para um projeto Operacional (lembre-se de que a Regra de Validação é colocada no seu Perfil de Projeto e, normalmente, tem a caixa "automatic" ticada, de forma que ela valida quando o seu projeto é salvo). Devido à natureza das Regras de Validação (e de Substituições, com relação ao assunto), elas se aplicam tanto aos projetos Padrões quanto aos Operacionais - não há distinção e, portanto, serão aplicadas a ambos.

Há muitos exemplos de um cenário para isto. Por exemplo, digamos que você tenha uma regra que valida se a Pessoa Responsável está dentro de uma certa faixa quando o Tipo de Projeto for igual a um certo valor. Se você não quiser que isto seja feito no projeto Padrão, mas quiser que o seja no projeto que foi criado dele, então no seu Pré-requisito de Validação (Validation Prerequisite), entre o valor mostrado na Figura 8-4, juntamente com os seus demais pré-requisitos.

O que isto fará é verificar se o projeto foi derivado de um projeto padrão e lhe poupar da preocupação com outros pré-requisitos, tais como "o campo Person Responsible está em branco?". Esta técnica é muito útil em Substituições, porque seus projetos padrões são criados uma vez (e podem não necessitar da substituição), mas os projetos operacionais são mais dinâmicos e normalmente têm alguns de seus valores padrões ou nulos alterados manualmente com relação ao que eram no gabarito.

Se você quiser evitar a realização de uma validação/substituição quando um projeto for criado a partir de uma fonte externa, você precisa apenas ter um pré-requisito que procure pelo campo "Created By", como mostrado na Figura 8-5, usando seu nome de campo técnico.

Isto funciona porque o campo Created By não é realmente gravado até que o projeto seja salvo.

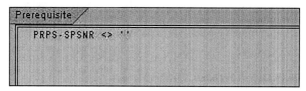

Figura 8-4 WBS Padrão, no pré-requisito usando seu nome de campo técnico

Copyright by SAP AG

Figura 8-5 Created By, no pré-requisito

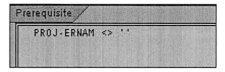

Copyright by SAP AG

Mais dois pontos:

• Projetos criados a partir de fontes externas terão suas substituições realizadas antes que o projeto seja salvo.

• Ao contrário, projetos criados manualmente têm suas Validações/Substituições realizadas quando você salva o projeto. E/ou podem ter suas Validações/Substituições realizadas manualmente, pelo acionamento do evento através do caminho do menu *Edit->Validation/Substitution.*"

Progresso do Projeto

O Progresso do Projeto do SAP inclui Análise de Progresso, Análise de Tendência de Demarcações e Previsão de Custos:

• Análise de Progresso determina e compara valores reais e planejados do progresso do projeto e o Progresso Esperado. Ela avalia a Análise de valor Recebido em que as comparações são feitas em relação à relevância da combinação Tempo e Custo.

• Análise de Tendência de Demarcação compara a tendência agendada de uma demarcação em relação a uma linha base.

• Previsão de Custos realiza uma previsão de "estimativa ao completamento" com base em plano e reais até o presente e calcula o custo para o completamento.

Análise de Progresso

Um dos aspectos fundamentais do PS é a necessidade de analisar-se o progresso de um projeto. Isto não se aplica necessariamente a todos os projetos - particularmente àqueles em que datas e demarcações não importam e agendamento de trabalho não se aplica. Entretanto, projetos que têm custo e tempo críticos têm à disposição umas poucas maneiras de se analisar seus progressos.

Versões CO

Antes que você comece, há alguns poucos pré-requisitos: No IMG, você deve definir Versões de Progresso que são Versões CO (Controladoras) para Uso exclusivo em Análise de Progresso para projetos. Aqui, o sistema registra os dados de análise do progresso que você pode avaliar a qualquer tempo. À parte da formação da base para determinação do Valor Recebido (Plano de Custo ou Orçamento), elas também determinam:

- **Peso da POC** (Porcentagem de Completamento) Baseado no Plano de Custos, Orçamento, ou Trabalho

- **Tipo de Planejamento** Básico ou Previsto

- **Conjunto de datas** Datas Anteriores ou Posteriores

- **Referência** Método Padrão para Plano e Real

Se você trabalha com figuras chaves estatísticas, ou seja, você quer calcular a POC numa base de quantidade-proporção, você deve fazer os seguintes ajustes no IMG:

- As figuras chaves estatísticas em que você quer que as POCs sejam registradas. Você atribui as figuras chaves estatísticas a Categorias de Valores de forma que o sistema possa mostrá-las.

- Os Elementos ou Grupos de Custo Padrões para os quais os valores serão registrados.

- Para Configuração de Análise do Progresso: Vá até o Guia de Implementação do Sistema de Projetos (Project System) e selecione *Progress->Progress Analysis*.

O cálculo da POC requer um método de medição:

- Use um dos métodos de medição prescritos pelo SAP.

- Defina métodos de medição padrões por objeto, na personalização.

Passos para Realizar a Análise do Progresso

1. Crie suas estruturas de projeto, digamos, usando a transação CJ20N.

2. Entre um método de medição para o elemento WBS, atividade ou elemento de atividade.

3. Entre a data planejada para o projeto (Custos de Elemento de Custo, datas, demarcações, e assim por diante).

4. Entre/registre a data real para o projeto.

5. Determine o progresso do seu projeto (CNE1/CNE2). Determine a POC do Plano e a Real.

6. Calcule o BCWP e o BCWS com base no fator de referência (custos planejados, orçamento).

7. Avalie o progresso de seu projeto no sistema de informações.

Glossário de Termos

• **POC Planejada (progresso planejado em porcentagem do trabalho geral)** Fator de ponderação (normalmente proporcional ao custo planejado)

• **BCWS (Custo Orçado do Trabalho Agendado)** Valor do trabalho/serviços planejado = POC Planejada x orçamento geral *ou* POC x custo geral planejado (como definido no IMG)

• **BCWP (Custo Orçado do Trabalho Realizado)** Valor do trabalho real realizado/valor recebido = POC Real x Orçamento Geral *ou* POC x Custo geral planejado (por IMG)

• **ACWP (Custo Real do Trabalho Realizado)** Custo real incorrido

• SV (Variância de Agenda) = BCWP - BCWS

• CV (Variância de Custo) = BCWP - ACWP

• CPI (Índice de Desempenho de Custo) = BCWP/ACWP (indicador de eficiência do custo)

• SPI (Indicador de Desempenho de Agenda) = BCWP/BCWS (indicador de eficiência da agenda)

• EAC (Custo Estimado no Completamento) = Custos Totais Planejados/CPI

Exemplo:

Exemplo:	Período->	Dez-06	Jan-07	Fev-07	Mar-07	Abr-07	Mai-07	Fins de Mês
(Valores cumulativos em $)	BCWP	0	80	100	180	300	350	Custo Orçado do Trabalho Realizado
(Valores cumulativos em $)	BCWS	0	100	160	250	380	420	Custo Orçado do Trabalho Agendado
(Valores cumulativos em $)	ACWP	0	120	200	300	480	540	Custo Real do Trabalho Realizado

Veja a Figura 8-6 para um típico gráfico EVA, como produzido no SAP.

POC (Porcentagem de Completamento) Métodos de Medição

No método de medição, você determina como o sistema calcula a POC para um objeto WBS, Atividade, ou Elemento de Atividade.

A tabela a seguir mostra onde você mantém os métodos de medição para os vários objetos:

Objeto	Manutenção do Método de Medição
Projetos em planejamento de estrutura	Details->General, e em seguida, a página da aba Progress
Projetos no quadro de planejamento de projeto	Details->Detailed information on object, e em seguida, a página da aba Progress
Elemento WBS	Details->General, em em seguida, a página da aba Progress
Atividades ou elementos de atividade	Details->Activity/Element->General, e em seguida, a página da aba Progress
Ordens assinaladas	Na personalização do Sistema de Projetos, sob Progress->Progress analysis

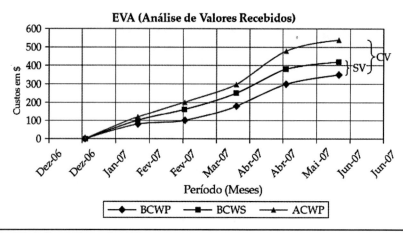

Figura 8-6 Análise de Valores Recebidos

Técnicas de Medição

A técnica de medição determina como o sistema usa os dados disponíveis para determinar a POC. No sistema SAP, as seguintes técnicas de medição estão disponíveis:

• **Start-Finish Rule (Regra de Início-Término)** Com base no agendamento, o Início e Término (Básico/Real) para a Porcentagem de Confirmação; aplicando-se a Regra 20-80 significaria POC = 20% no Início da Atividade e os 80% restantes de POC apenas no completamento.

• **Milestone Technique (Técnica de Demarcação)** Ajustar Indicador para Progress Analysis & Actual Cumulative POC (Análise de Progresso e POC Real Cumulativa) nas demarcações.

• **Estimates (Estimativas)** Manter manualmente a POC do plano/real para a WBS/atividade para cada período; no IMG ajuste max POC.

• **Time Proportionality (Proporcionalidade de Tempo)** O sistema determina a POC em proporção à duração total do projeto.

• **Degree of Processing (Grau de Processamento)** O Grau de Processamento entrado na confirmação da atividade é a POC.

• **Quantity Proportionality (Proporcionalidade de Quantidade)** Usar SKF, Planned Qty (quantidade planejada), Actual Qty (quantidade real), e Total Qty (quantidade total) para cálculo das POCs.

Capítulo 8: Dicas e Truques **359**

- **Secondary Proportionality (Proporcionalidade Secundária)** A POC de uma WBS/Atividade é dependente da POC de outra WBS/Atividade.

- **Cost Proportionality (Proporcionalidade de Custo)** Usar o Custo Planejado, Custos Reais, e Custos Gerais para calcular a POC.

O SAP recomenda os métodos de POC listados como se segue:

Objeto	Plano	Real	Comentários
Atividade processada internamente	Técnica de Demarcação, proporcional de custo	Técnica de Demarcação, grau de processamento	
Atividade processada externamente	Proporcional de custo, proporcional de tempo	Proporcional de custo, proporcional de tempo	
Atividades de custos gerais	Proporcional de Custo, demarcação, estimativa, início-término	Proporcional de Custo, demarcação, estimativa, início-término	
Ordem de produção para projeto	Proporcional de custo	Proporcional de custo	O sistema usa uma ponderação adequada para agregar a POC para a ordem na atividade.
Elemento WBS	Demarcação, Quantidade proporcional, Início-término, Estimativas, Proporcional de Tempo, Proporcional de Custos	Demarcação, Quantidade proporcional, Início-término, Estimativas, Proporcional de Tempo, Proporcional de Custos	Se as atividades forem atribuídas ao elemento WBS, a POC deve ser calculada na atividade. O sistema usa uma ponderação adequada para agregar a POC para as atividades no elemento WBS.

Defina um método de medição padrão para cada tipo de objeto, entrando este ajuste no IMG do Sistema de Projetos: Progress->Progress Analysis->Define Measurement Method as Default Value.

A Determinação do Progresso é realizada usando-se a CNE1 (Individual) ou CNE2 (Coletiva). O sistema calcula EV (Valor Recebido) = POC x Custos Gerais e registra os valores.

Avaliando o Progresso do Projeto

1. Usar o Relatório de Estrutura CNE5

2. S_ALR_87015124

3. S_ALR_87015125

Você também pode chamar um Relatório Gráfico, escolhendo a opção de menu Goto->Graphic- >Progress Analysis Workbench: Logistics->Project System->Progress->Progress Analysis->Workbench. A personalização para o Sistema de Projetos é encontrada sob Confirmation->Enhancements for Confirmation->Develop Customer-Specific Confirmations for the Progress Analysis Workbench.

Análise de Tendência de Demarcações (MTA)

No Construtor de Projetos, a CJ20N ou outras transações de manutenção, tais como a CJ2B, criam/alteram as demarcações para WBS/Atividades e ajustam o indicador Trend analysis (análise de Tendência) na seção Usage.

Crie Versões de Projeto acessando o caminho de menu do Sistema de Informação do Projeto Structure->Structure Overview ou no caminho de menu de Execução do Projeto Period-End closing->Project Versions. Ajuste o indicador relevante da MTA enquanto salva a versão do projeto com uma chave de versão, o grupo de versão, e, se necessário, uma descrição da versão.

Reagende se você quiser usar dados do projeto operacional ou uma versão de simulação e atualize estes dados.

A Análise de Tendência de Demarcações pode ser acessada através do caminho de menu Project System->Information System->Progress->Milestone Trend Analysis ou no quadro de planejamento do projeto. Ambas as formas, Gráfica e Tabular, estão disponíveis. Tanto datas básicas quanto previstas são usadas. O Sistema toma as demarcações de datas de agenda prévias a partir das versões do projeto e as compara com as datas de agenda da demarcação atual.

Na MTA, é possível se escolher tanto a curva Histórica quanto as Demarcações Históricas para relato de Demarcações com o indicador MTA ajustado para o período atual ou anterior (mas não ajustado no atual) respectivamente.

Capítulo 8: Dicas e Truques

Exemplo:

Exemplo						Jan-07	Fev-07	Mar-07	Abr-07	<- Eixo X: Status em Finais de Mês
Demarcação	Descr	Def Proj	WBS	Rede	Real	Liberação	Proj. Ver. 1	Proj. Ver. 2	Proj. Ver. 3	:<- São Versões do Projeto
27296	Design Completado	16261	16261.10.30	5020674	0030	4/5/2007	10/5/2007	16/5/2007	22/5/2007	<- Eixo Y: Datas de Agenda nas Demarcações do Projeto por versões de projeto
27300	Construção Completada	16261	16261.10.30	5020674	0130	1/7/2007	1/7/2007	1/7/2007	1/7/2007	
27304	Teste Completado	16261	16261.10.30	5020674	0290	25/8/2007	15/8/2007	1/8/2007	1/8/2007	

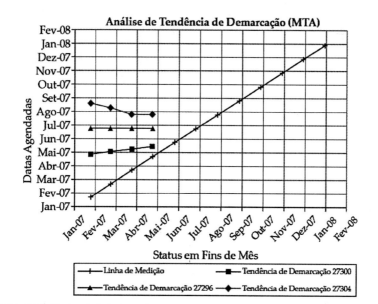

Figura 8-7 Análise de Tendência de Demarcação

Veja a Figura 8-7 para um gráfico típico de MTA, como produzido no SAP.

O gráfico de MTA gerado pelo SAP não mostra um Triângulo mais baixo que a linha de 45 graus da Medição. Se a linha de tendência cair, então a Demarcação está além do agendamento; se a linha for horizontal, então a Demarcação está sobre o agendamento. Se a linha de tendência se inclinar-se para cima, então a Demarcação está atrasada. Se a linha de tendência bater a linha de medição de 45 graus, então significa que a demarcação está completa (data real).

Previsão de Custos do Projeto

Com o progresso do projeto, variâncias ocorrem entre o custo planejado original e o custo real. Assim, é necessário checarem-se e atualizarem-se as figuras para os custos restantes, durante todo o ciclo de vida de um projeto. O sistema determina o custo para conclusão e avalia as atividades restantes na base dos valores de plano, previstos e reais na rede. A figura resultante é alcançada pela adição dos custos reais e de compromissos já incorridos no projeto para o custo atualizado ser completado.

Esta previsão é detalhada na Figura 8-8.

Você pode efetuar a previsão de custos a qualquer momento para um ou mais projetos. Para esta finalidade, o sistema copia os custos atualizados para completar (juntamente com os valores reais e de compromisso) em uma versão de previsão separada, que você pode, então, avaliar no sistema de informação. A versão padrão é a versão 110 do CO para uso exclusivo de custos previstos.

O sistema determina o custo para conclusão apenas para redes com atividade atribuída que sejam anexadas e divididas. Redes em planejamento preliminar não são incluídas.

1. Antes de acessar a previsão de custos, reagende o projeto e calcule excedentes nos valores reais e de compromisso.

Figura 8-8 Previsão de Custos do Projeto

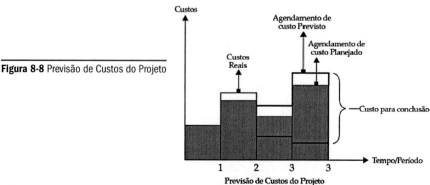

2. Use o caminho do menu Financials->Period-End Closing->Single Functions para acessar a previsão de custos. Você pode executar a previsão de custos em processamento individual ou coletivo.

3. Baseado nos valores planejados, reais e de compromissos, o sistema determina os custos restantes nas atividades de rede. Ele inclui todos os valores reais e de compromisso no projeto, valores de plano para atividades de rede na Versão 0 do CP, e valores Previstos para confirmações. Entretanto, ele não considera valores de plano de elemento WBS ou valores de planejamento preliminar de Rede ou custos de Plano para componentes materiais em estoque avaliado de projeto.

4. Baseado nos custos planejados, reais e de compromissos, o sistema determina o que ainda pode ser feito nas atividades de rede e custeia estes novamente. O sistema registra o valor assim determinado como custo para conclusão, por período, numa versão de previsão para atividades processadas Internamente, atividades processadas Externamente, atividades de custos gerais, e componentes Materiais não gerenciados como parte do estoque do projeto (sejam avaliados ou não).

5. Se uma atividade for marcada como completa ou houver uma confirmação final para ela, o sistema ajusta o custo para conclusão em zero. O sistema copia o custo para completamento para a versão de previsão, juntamente com os valores reais e de compromissos para o projeto, que ele lê de uma base de dados. Valores de compromissos de períodos anteriores ao período da data chave de previsão de custos são registrados na versão de previsão como do período da data chave (padrão: período atual).

Como mencionado anteriormente, o sistema padrão oferece a versão 110 de previsão. Versões de previsão são versões de CO que só podem ser usadas para manipular custos de previsão. Você pode definir versões adicionais de previsão no IMG do Sistema de Projetos.

Previsões de custos são realizadas normalmente como parte de processamentos periódicos. Use o Sistema de Informação para relatar valores de Previsão, Custo para conclusão, valores Reais e de Compromissos no momento da previsão de custos. Você pode usar relatórios hierárquicos e relatórios de elementos de custo para avaliar os dados. Com o sistema padrão, o SAP entrega o relatório hierárquico de Previsão 12CTC1.

NOTA: *Não é possível realizar-se Previsão de Custos para Versões de Simulação.*

Outras Informações Úteis

- Use a transação BS23 para obter uma lista de Status do Projeto.
- Use a transação CMOD para gerenciar Saídas de Usuário.
- Use a transação SM12 para destravar tabelas que podem ter ficado travadas.
- Use a transação OKKS para definir a Área Controladora a partir de qualquer ponto.
- Use a transação SU53 para verificar se você tem um problema de Autorizações quando uma função parecer não trabalhar.
- Use a transação GS01 para manter Conjuntos (que são como Grupos). Útil se você quiser criá-los fora da manutenção de coisas tais como conjuntos de Perfis de DIP.
- Use a transação CT04 para manter características onde você quiser especificar Dados Adicionais (Nomes de Tabelas e Campos).
- Use a transação OKSS a qualquer instante para definir a Área Controladora (em uma outra sessão, portanto use o prefixo /o se você não quiser perder dados de sua sessão atual).
- Para ver que Personalização do IMG está disponível para tabelas que são usadas em Projetos, use a transação SM30 e selecione Customization (Personalização) (continue com "without project" (sem projeto) para ver todos os pontos do IMG. É improvável que você venha a ter uma caixa de diálogo de manutenção para PROJ e PRPS, portanto não se incomode com estas tabelas.
- Se você quiser iniciar uma nova sessão usando a opção /N, alterações que você possa ter feito na transação atual serão imediatamente perdidas, sem advertências.
- Use a transação CN41 para obter um bom resumo estrutural para a faixa de Projetos. Nesta transação você pode realizar processos adicionais tais como Mudança Maciça. Se você não estiver usando "Status Selection Profiles" (Perfis de Seleção de Status), você pode apresentar todos os projetos e, em seguida, definir um Filtro (ou Exceção) para destacar projetos com um status específico, colocando um valor no Indicador de Status sob General Data (Dados Gerais).
- Pessoas Responsáveis e Solicitantes são caracterizados na Configuração e são transportáveis. Entretanto, eles podem ser diretamente editados nas transações OPS6 e OPS7, respectivamente, através do Easy Access Menu (Menu de Acesso Fácil) em Current Settings (Ajustes Atuais).

• Quando usando Perfis de DIP para gerar Requisições de Memo de Débito, lembre-se de ticar a característica Document Number (Número de Documento) se você quiser que todo registro associado com um objeto seja selecionado. Do contrário, você só obterá um resumo.

• Na CJ20N (Construtor do Projeto), você pode alterar a "Display Sequence" (Seqüência de Apresentação) de Description - identification (Descrição-identificação) para Identification - name (Identificação-nome) clicando com o botão direito na área em branco (abaixo da estrutura) no lado esquerdo da tela.

• Pressione CTRL-Y para marcar blocos de texto em qualquer transação, CTRL-C para copiar este texto, e CTRL-V para colar o texto na mesma transação em uma sessão diferente. Estas combinações de teclas são úteis particularmente quando estamos criando Projetos e atividades de rede Padrões a partir de outros projetos. Você pode, também, copiar blocos de texto de planilhas usando os métodos padrões de copiar/colar, desde que as colunas sejam relativamente espaçadas.

Limitações Conhecidas

• Se você estiver usando o Planejamento Fácil de Custos com Perfis de DIP para geração de Simulações de Ordem de Vendas, você pode ficar imaginando por que às vezes os cálculos não mudam, muito embora você tenha adicionado alguns custos. Tente Excluir o apreçamento que você fez anteriormente e repita a criação do apreçamento. Isto é feito pela seleção do caminho de menu "Sales Pricing->Delete" quando você estiver realmente na tela de simulação.

• Se você estiver modificado um Perfil de DIP, ele às vezes não funciona no Apreçamento Simulado de Vendas, quando você já usou esse DIP anteriormente. Ele emite uma mensagem de erro informando que não foram encontrados custos. Se o problema persistir, a melhor maneira de contorná-lo é fazer uma cópia do projeto por completo e começar novamente. Para evitar o problema, sempre exclua o Apreçamento de Vendas antes de você alterar um Perfil de DIP.

• Quando no Construtor de Projetos (CJ20N), o lado esquerdo da tela é usado para posicionar o objeto que você vê do lado direito. Se você estiver posicionado num objeto em algum lugar abaixo da hierarquia e você selecionar o ícone Mostrar/Alterar enquanto no modo Alterar, todos os objetos serão escurecidos. Entretanto, se o seu cursor permanecer nesse objeto e você pressionar novamente o ícone Mostrar/Alterar, esse objeto aparecerá, agora, no topo da tela e você perderá de vista todos os objetos acima daquele em que você está. Você só pode tê-los de volta reiniciando a CJ20N novamente.

- Você não pode ajustar automaticamente o Status de Sistema REL (Liberado) para um Projeto. Você pode, entretanto, ajustar automaticamente um Status de Usuário que simula o Liberado, aplicando um Perfil de Status de Usuário que esteja ajustado para Initial (Inicial) e "Allows" (Permite) todas as Transações de Negócios. Não é o ideal, mas pode ser feito. Você pode, também, simular os outros Status de Sistema. Projetos automaticamente replicados do CRM são liberados, entretanto.

- Custeio Assíncrono de Projeto (CJ9K) não leva em conta valores modificados de uma Ordem de Vendas BOM. Isto não é uma negligência por parte do SAP - a transação foi desenhada para levar em conta tanto uma BOM Padrão quanto uma BOM de WBS.

- A exclusão de um projeto Operacional não é fácil. Normalmente você tem que ajustar o status para CLSD (Fechado) no nível de Definição do Projeto. Depois, você tem que ajustar o status para DLFL (Sinalizador de Exclusão). Em seguida, use a transação CN80 (Arquivamento) e ajuste o Indicador de Exclusão usando uma Variante para a faixa de projetos. Também é possível ajustar-se o status DLFL aqui (o que não é uma escolha muito sábia, a menos que sua variante só selecione projetos específicos), mas você deve ajustar o Indicador de Exclusão aqui de modo que o Arquivamento seja executado para armazenar o(s) projeto(s) fora do ar. Cuidado com o Tempo de Permanência - este é determinado para Redes em Network Type (Tipo de Rede) sob a aba Reorganization (Reorganização). Para informações detalhadas sobre isto, veja "Tipos de Redes" no Capítulo 5.

Resumo

Há muitas maneiras de navegar e manter o PS, e tentar documentá-las. Todas seriam impossíveis. O que você viu aqui são apenas algumas das dicas e truques disponíveis para você. Em futuras edições deste livro, a lista aumentará. Há muitos fóruns por aí que também ajudam a encontrar as melhores maneiras de resolver os problemas.

Índice

A

ABAP Query 284
ABA ACCT. ASSIGN. CAT. (Categoria de atribuição de conta) 154
ABA ACTIVITIES (Atividades) 132
ABA ADJUST SCHEDULING (Ajustar Agendamento) 231
   Adjust Dates 231
ABA AUTOMATIC REVENUE PLANNING (Planejamento Automático de Ganho) 198
   Alterando o Indicador 199
   Notas do Planejamento Integrado 198
ABA AVAILABILITY CONTROL (Controle de Disponibilidade) 202
ABA BOM USAGE (Uso de BOM) 145
ABA CAPACITY REQUIREMENTS (Requisições de Capacidade) 122
ABA CHANGE MANAGEMENT (Gerenciamento de alterações) 146
ABA CONTROL (Controle): Dados Básicos 111
ABA CONTROL DATA (Dados de controle) 236
   3rd party 236
   Prelim.reqmnts 236
   PReq network 236
ABA CONTROL INDICATOR (Indicador de Controle) 137
ABA CONTROL PARAMETER (Parâmetros de controle) 148
ABA COSTS (Custos) 139
ABA CURRENCY TRANSLATION, OVERALL PLAN VALUE (Conversão de Moeda, Valor Geral do Plano) 197
ABA CURRENCY TRANSLATION (Conversão de Moeda) 203
ABA DEFAULT ITEM CATEGORY (Categoria padrão de item) 236
   Item Cat MRP 236
ABA DEFAULT VALUES (Valores padrões) 119
ABA DETAILED PLANNING AND UNIT COSTING (Planejamento detalhado e Custeio de unidade) 196
ABA GRAPHICS (Gráficos) 131
ABA GRAPHIC (Gráfico) 116
ABA HIERARCHY GRAPHIC (GRÁFICO HIERÁRQUICO) 122
ABA INDICATORS (Indicadores) 150
ABA INVESTMENT MANAGEMENT (Gerenciamento de Investimento) 201
ABA NETWORK (Rede) 121
ABA NETWORK (Rede): Parâmetros de Rede 127
ABA NETWORK TYPE PARAMETERS (Parâmetros de tipo de Rede) 142
ABA PLANNING CURRENCY (Moeda de Planejamento) 198
ABA PLANNING METHOD (Método de planejamento) 120
ABA PRIORITIES (Prioridades) 236

ABA PROJECT PLANNING BOARD
  (Quadro de Planejamento do
  Projeto) 122
ABA PROJECT STOCK (Estoque do
  Projeto) 115
ABA PROJECT SUMMARIZATION
  (Resumo do projeto) 117
ABA REDUCTION (Redução) 232
  Maximum reduction level 233
  Reduction type 232
ABA REORGANIZATION (Reorgani-
  zação) 138
ABA REPRESENTATION (Representa-
  ção) 197, 201
ABA SALES PRICING (Apreçamento
  de vendas) 117
ABA SCHEDULING (Agendamento)
  222
  Adjust bsc date 222
  Autom.schedul 223
  Automatic log 223
  Latest staging 223
  Max. redn. level 223
  Reduction type 223
  Schedul. method 222
  Scheduling type 222
  Shift order 223
  Start in past 222
ABA SCHEDULING CONTROL FOR
  DETAILED SCHEDULING
  (Controle de Agendamento para
  Agendamento Detalhado) 231
  Automatic log 232
  Latest dates f. material 232
  Scheduling Type 231
  Scheduling with breaks 232
  Shift Order 232
  Start in the Past 231
ABA STATUS CHANGE DOCU-
  MENTS (Documentos de mudan-
  ça de status) 144
ABA STATUS MANAGEMENT (Ge-
  renciamento de Status) 139

ABA SUBSTITUTION (Substituição)
  114, 131
ABA TIME FRAME (Quadro de tempo)
  195, 201
ABA VALIDATION (Validação) 114,
  130
ABA WBS TIME SCHEDULING
  (Agendamento de tempo de
  WBS) 119
ABA WORKFORCE PLANNING (Pla-
  nejamento de Força de trabalho)
  233
  Rescheduling 233
Abs.variance 206
AC 69
AccAssCat SalesOrder 154
AcctAssCat projects 154
Acct asst elements 117
Act. 206
Activate Multiple CO Versions (Ativar
  Multiplas Versões de CO) 177
ActvtyAcctAsgn. 144
ACWP 356
Addit. 147
Agenda 19
Agendamento de Rede 225
Agendamento de WBS 220
Agendamento em Redes 70
  Parâmetros para Agendamento de
  Rede 229
Agendamento Retrógrado 19
Agendamento retrógrado 71
Align. Fin. Date 129
Allowed 98
All Acct Asst Elem 112
All WBS elements 117
Análise de Lucratividade 176
Análise de Progresso 354
Análise de Tendências de Demarcações
  (MTA) 20
Análise de Tendência de Demarcação
  (MTA) 157
Análise de Tendência de Demarcações

Índice

(MTA) 360
Curva Histórica 360
Demarcações Históricas 360
Anexos 60
Ano Atribuição Automática de Número 92
Appended 146
Apportioned 146
Arquivamento 82
Assign Funds in Plan 147
Assign Plan Profile to Costing Variant (Atribuir Perfil de Plano a Variante de Custeio) 176
Assign Plan Profile to Project Profile (Atribuir Perfil de Plano a Perfil de Projeto) 176
Assunto Operacional (Operating Concern) 208
Atividade 104
Atividades de Custos Gerais 22
Atividades de Custo Geral 59
Atividades de Rede 56
Atividades Externas 58
Atividades Internas 57
Atualização de Valor de Ordem 146
AUCs 7
Auth. code 97
Autom. substitution 114
Autom. validation 114
Automatic reqmnts grouping 115
Avaliando o Progresso do Projeto 360

──── B ────

Bases de Dados Lógicas 326
  base de dados lógica PSJ 326
BCWP 356
BCWS 356
Billing elements 117
BillPlanTy 160
bloqueios de cobrança 20
BOM Application (Aplicação BOM) 145
Bottom-up (de baixo para cima) 225
Bottom-up planning 195
Business area 118
Business Area (Área de Negócio) 163
BW 284

Cabeçalho de Rede 102, 163
  Business Area (Área de Negócio) 163
  Company Code (Código da Companhia) 163
  Controlling Area (Área Controladora) 163
  MRP controller (Controlador MRP) 163
  Network profile (Perfil de rede) 163
  Order Type (Tipo de Ordem) 163
  Profit Center (Centro de Lucro) 163
Calc. with act 121
Calculation key 133
Cap. Reqmts 129
Caracteres Especiais 91
Características do Sistema de Projeto 49
Cat 147
Categorias de Atribuição de Conta 153
Categorias de Valor 66
CATS (Cross-Application Time Sheets - Planilhas de Tempo entre Aplicações) 73
Centros de Custo 61
Centros de Custos 29
Centros de Trabalho 18, 25, 72
Change Documents 113, 116
Change profile 146
Characteristics 213, 215
Chave de Controle 149
Check WBS act. 128
CKCM 182
classe de característica 350
Classification 138
COAr 206
Cobrança 13
cobrança de demarcação 20
Cobrança Relacionada com Recurso

(RRB) 83
Codificando a WBS 90
Códigos de Transações 293
   iniciados com CJ 293
   iniciados com CN 293
   Ordenadas por Código 294
   Ordenadas por Descrição 304
   prefixo /N 293
   prefixo /O 293
Coding Mask 93
Cognos 284
CollctveRequstn 144
Comp. increment 128
Company code 118
Company Code (Código da Companhia) 163
Componentes Materiais 16, 59
Configuração
   Elementos Estruturais
      Codificando a WBS 90
      Gerenciamento de Status 94
Confirmation 151
Construtor de Projetos (Project Builder) 247
   Estrutura 247
   Ícones 248
   Identificação e Visualização 248
   Listas de trabalho e Gabaritos 247
   Menus 251
   Orçamentos 247
   Por dentro 257
   Reclamações 247
   Sub-redes 247
Controle (CO) 5
Controle de Disponibilidade 67, 69
Controlling area 118
Controlling Area (Área Controladora) 163
Control key 132, 133, 134, 135, 148, 149
Control Key (Chave de Controle) 163
Copy dates 148
Cost 150

Cost element 134, 136
CO partner update 137, 138
CO Versions (Versões de CO) 176
CPI 356
Create Costing Variant (Criar Variante de Custeio) 176
Criteria 214, 219
CRM (Gerenciamento de Relacionamento com o Cliente) 45
Crystal Reports 284
Cstg VariantActl 143
Cstg VariantPlan 143
CT04 182
CT05 182
Currency 136
Custeio de Unidade 172
Custeio de Unidade (UC) 42
Custos 172
   Custos Planejados 172
      Planejamento Fácil de Custos (ECP) 172
      Serviços de Execução (ES) 172
   Modelos de Custo 180
      Ativando o ECP na CJ20N 187
      Atribuindo Características 184
      Criando 184
      Estruturando a Tela de Entrada de Modelo 186
   Variantes de Custeio 189
      Ajustes Padrões 190
      Perfil de Planejamento 192
      Recomendação do SAP 190
Custos Planejados 22
   Controle de Disponibilidade 204
   Modelos de Custo 173
   Perfil de Orçamento 199
   Processador Dinâmico de Item (DIP) 213
   Versões de Plano (CO) 206
CV 356

D

Datas 220

Índice 371

Em Elementos WBS 220
Em Rede 220
Datas de WBS 19
Datas em WBS 70
Datas limite 226
Datas previstas 226
Datas reais 226
Data básica 226
Data de Documento de Vendas 155
Date catg de Data 160
Default Rule 142
Define Alternative CO Versions (Definir Versões de CO Alternativas) 176
Define Cost Component Structure (Definir Estrutura de Componente de Custo - extraído da Ajuda do SAP) 176
Define Names for Execution Services (Definir Nomes para Serviços de Execução) 179
Define Settings for Execution Services (Definir Ajustes para Serviços de Execução) 179
Definição de Projeto 53, 99, 162
   Business Area (Área de Negócio) 162
   Company Code (Código da Companhia) 162
   Controlling Area (Área Controladora) 162
   Plant (Planta) 162
   Profit Center (Centro de Lucro) 162
   Project Profile (Perfil de Projeto) 162
Demarcações 20, 55, 154
Dependências de Objeto 351
Depósito do Negócio 284
Descending (de cima para baixo) 225
Description 160
Deslocamentos 155
Det. Cap. Req. 150
Detalhes de Rede 163
   Business Area (Área de Negócio) 163
   Company Code (Código da Companhia) 163

Controlling Area (Área Controladora) 164
Control Key (Chave de Controle) 164
Field key (Chave de campo) 164
MRP controller (Controlador MRP) 164
Network profile (Perfil de rede) 164
Order Type (Tipo de Ordem) 164
Priority (Prioridade) 164
Profit Center (Centro de Lucro) 164
Work center (Centro de trabalho) 164
DIP Profile 117
Display (mostrar) 161
Display network hdr 122
Distribuição 45
Documentos 170
Documentos relacionados a Orçamento 199
Documento de Vendas 41
Document type 153
Dynamic Item Processor 117

E

EAC 356
ECP 64
Edit 92
Elementos Estruturais 52, 60, 62
   Anexos 60
   Definição de Projeto 53
   Demarcações 55
   Elementos WBS 53
   Gabaritos 54
   Gerenciamento de Status 76
   Máscaras de Codificação 51
   Ordens Internas 60
   Redes
      Atividades de Custo Geral 59
      Atividades de Rede 56
      Atividades Externas 58
      Atividades Internas 57
      Componentes Materiais 59
      Elemento de Atividade 56
   Validação/Substituição 165

Elementos WBS 53
Elemento de Atividade 56
elemento WBS de agrupamento 115
Entry tool 129
Estrutura de Detalhamento de Trabalho (WBS) 320
Estrutura do Projeto 12
estrutura do projeto com Agendamento 19
estrutura do projeto com Demarcações 21
ET Ferramenta de Entrada 92
EV (Valor Recebido) 207
Excedentes 66
Exportar 284
Ext. processing 151
Externally Processed Activity (Atividade Processada Externamente) 135

─────── F ───────

Factory calend 119
Fechamento de Término de Período (PEC) 80
Field Key 111
Field key 129
Field key (Chave de campo) 163
Figuras Chaves Estatísticas (SKFs) 210
Finanças (FI) 6
Flutuações 71
Forbidden 98
Força de Trabalho 25
Funções de Demarcação 154
Functional Area 118, 139

Gabaritos 54, 94
gasto do Investimento de Capital sancionado (CAPEX) 35
General Costs Activity (Atividade de Custos Gerais) 133
Gerenciamento de Documento 170

Gerenciamento de Investimento (IM) 7, 68
Gerenciamento de Materiais (MM) 6
Gerenciamento de Status 76, 94
  Bloqueado 94
  Cobrança final 94
  Fechado 94
  Parcialmente liberado 94
  Sinal de Exclusão 94
  Tecnicamente completo 94
Glossário de Termos 356
gráfico organizacional 3
Graph.prfl mstr data 116
Grupos MRP 234
Guia de Implementação do SAP (IMG) 85

─────── H ───────

Hidden (oculto) 161, 162, 163
Highlighted (destacado) 161
HTML 284

─────── I ───────

Identificação e Visualização 248
IMG 85, 330
IM (Gerenciamento de Investimento) 33
Informações Úteis 364
Init. st 96
Input (entrada) 161
Internally Processed Activity (Atividade Processada Internamente) 132
IOs 60

─────── K ───────

KB31N 212
Key fig.cat. 212

─────── L ───────

Lck Bloquear Operacional 94
Level of Detail 112
Level of detail 127
Limitações Conhecidas 365

Índice **373**

Listas de trabalho e Gabaritos 247
Lista estendida de Transações de Negócios 99
Lowest/Highest 96

M

Maior Número 95
manutenção da Característica 182
Manutenção de Planta (PM) 7, 25
Máscaras de Codificação 51
Master data prf. grp 116
Mat.cost elem. 132
Mat. determination 217
Materiais 16, 42
    Estoque do Projeto 43
    Material Comprado 44
    Material Estocado 44
    Material Manufaturado 44
Material 234
    Aquisição 234
        Indicador de Aquisição 234
Material Determination 214, 219
    Criteria 219
Material group 134, 136
Menor Número 95
Modelos de Custeio (Transação CKCM) 173
Modelos de Custo 180
MRP (Planejamento de Requisições de Material) 6
MRP cont.group 127
MRP controller (Controlador MRP) 163
MTA 157

N

Network activities 130
Network asst 122
Network header 130
Network profile (Perfil de rede) 163
Network type 127, 141
Network type subntwk 148
Net Order Price 144
non-valuated stk 115

Norm.duratn un. 133
Not 107
No Action 98
No dialog 160
No infl 98
No Stock 115
NtwkTy replaced act. 148
Number range general 140
Número de Material 42

Object Class 123, 139
objetos chaves 38
Only 1 Root 112
Op.act. incrmnt 128
Open Planning (Planejamento Aberto) 225
Orçamento 23, 67
Orçamento em Projetos 67
Ordem de Vendas (SO) 75
Ordem do Cliente 10
Ordens Internas 60
Order category 137, 153
Order Type 137
Order type 231
Order Type (Tipo de Ordem) 163
Order unit 136
OrdStatChangeDc 144
Overview var. 128

P

Parâmetros de Rede 141
Parâmetros para Sub-redes 147
Partn Det. Proc. 112
PDC active 146
PD sts. Profile/WBS sts. profile 115
PEC 81
Perfil DB 282
Perfil de Informação do PS 282
Perfil de Orçamento 199
    Orçamentos de Capital 199
Perfil de Projeto 108
Perfil de Seleção de Status 106, 282

Perfil de Status 96
Perfil do Plano 197
Perfil do ProMan 279
Perfis de DIP 6, 213
Perfis de DIP (Processador Dinâmico de Item) 41
Perfis de Projeto 52
Plan.meth/basic and Plan.meth/fcst 120
Planejamento Detalhado 172
Planejamento Detalhado de Custo via Rede 63
Planejamento Detalhado de Custo via WBS 62
Planejamento Detalhado de Ganhos 74
Planejamento de Custo 61
Planejamento de Custo de Estrutura via WBS 62
Planejamento de Força de Trabalho 73
  Número de Pessoal 73
Planejamento de Ganho 73
Planejamento de Ganho de Estrutura 74
Planejamento de Produção (PP) 6, 25
Planejamento de Recurso 61
Planejamento de Rede 173
Planejamento de Requerimentos de Material (MRP) 16
Planejamento de Tempo e Capacidade 70
Planejamento Estruturado 172
Planejamento Fácil de Custo (ECP) 42
Planejamento Fácil de Custo via WBS 64
Planner group 127
Planning 138
Planning board prf 122
Planning elements 195
Plano de Cobrança 155
Plant 118, 127, 141, 231
PLANT_1 185
Plan Cost Calc. 143
PL Comprimento do Projeto Comprimento do Prefixo 92
PM (Manutenção de Planta) 42

POC 81
POC Planejada 356
POC (Porcentagem de Completamento) Métodos de Medição 357
Porcentagem de Completamento - POC 81
Posit/Prior 97
Previsão de Custos do Projeto 362
Print 152
Print confirm. 152
Print time tic. 150
Priority (Prioridade) 163
PrjID Identificador do Projeto 93
Processador Dinâmico de Item (DIP) 213
Processamento de Montagem 350
Procurement 128, 235
ProdScheduler 231
Prof 206
Profile/Description 195
Profile group e Profile 122
Profit Center 118
Profit Center (Centro de Lucro) 163
Proj.Prof./Description 111
Proj. summ. MastDa 129
Proj. summ. Mastda 113
Project currency 118
Project def. 114
Project sum 129
Project Type 111
Projetos 2
  Orientado a Vendas
    Agenda 19
    Custos Planejados 22
    Demarcações 20
    Estrutura do Projeto 12
    Força de Trabalho 25
    Materiais 16
    Orçamento 23
    Ordem do Cliente 13
    Reais 28
    Rede 14
    Repasse 29

Índice

Status 26
Trabalho 17
Serviço 42
Projetos com Documentos de Vendas 347
Projetos de Clientes 39
Processamento de Montagem 39
Vendas Diretas 41
Projetos de Recursos 33
Projetos Operacionais 12
Projeto de Cliente com Processamento de Montagem 39
Projeto de Cliente com Vendas Diretas 41
Projeto de Serviço 42
ProMan 237
  Definir Exceções 237
  Definir Perfil 243
  Exceções 237
ProMan (Aquisição Orientada pelo Projeto) 278
  Agrupar e gerar resumo de Requisições de Compra 279
  Atividades de Rede e Elementos de Atividade 278
  Componentes Materiais 278
  Datas 278
  Documentos de Material (Movimentos de Bens) 278
  Entregas 278
  Entregas a partir do Projeto 278
  Estoque do Projeto 278
  Estrutura 280
  Exceções 279
  funcionalidade 278
  Gerar Ordens de Compra 279
  Gerar Requisições de Compra 279
  Gerar um Item de Entrega 279
  Ordens 278
  Ordens de Compra 278
  Ordens de Manutenção 278
  Ordens de Produção 278
  Ordens Planejadas 278
  Pesquisas 278
  Quantidades 278
  Requisições de Compra 278
  Reservas 278
  Seção de Detalhe 280
  Transferir Estoque 279
  Usando 279
Proposta de Aquisição 44
PRTStatChangeDc 144
Purch. group 135, 136
Purchasing Org. 136

Q

QTY_1 185
Quadro de Planejamento 274
  Diagrama de Gantt 274
  Estrutura 274
  Ícones 275

R

RA (Análise de Resultados) 29
Reais 28, 77
Recursos 29
Recursos Em Construção 29
Recursos em Construção (AUCs) 7
Recursos Humanos (RH) 6
Red. strategy 142
Redes 56, 124
  Agendamento em Redes 70
  Atividades de Custo Geral 59
  Atividades de Rede 56
  Atividades Externas 58
  Atividades Internas 57
  Componentes Materiais 59
  Elemento de Atividade 56
  Planejamento Detalhado de Custo via Rede 63
  Visão geral 14
redes operacionais 14
Redução de Operações no Caminho Crítico (All operations in the critical

path will be reduced) 224
Redução de Todas as Operações (All operations in the order will be reduced) 224
referências Organizacionais 3
registros de Sistemas de Informação 106
regras de Início-Fim 15
Regras de Início/Término 70
regra de Agendamento Avançado 19
Rel. view 127
Relacionamentos dos objetos chaves (PS/IM) 39
Relatórios Padrões 286
Relatório Padrão 282
Release immed. 140
Repasse 29, 80
Report Painter 284
Report Painter, 284
Report Writer 284
Required (exigido) 161
Res/Purc. req. 129
Residence Time 1 139
Residence Time 2 139
Resumo de Rede 163
   Company Code (Código da Companhia) 163
   Controlling Area (Área Controladora) 163
   Control Key (Chave de Controle) 163
   Field key (Chave de campo) 163
   MRP controller (Controlador MRP) 163
   Network profile (Perfil de rede) 163
   Order Type (Tipo de Ordem) 163
   Priority (Prioridade) 163
   Profit Center (Centro de Lucro) 163
   Work center (Centro de trabalho) 163

S

S/Fício/Término 160
Sales doc.-project 154
Sales Document Type 215
Sales Organization, Distribution Channel, and Division 117
Sched.ext.op. 152
Sched. scenario 119
Scheduling 150
Search TxtIndex1-3 117
Seleção de Status 108
Seleções de Campos 161
Selection Criteria 214
Selection criteria 218
Set ID 218
Service Activity (Atividade de Serviço) 134
Serviços de Execução para o ECP 177
   Configuração 177, 179
   Perfil 177
Set 98
Settlement Profile 123
Settlement Rule Strategy 124
Settlmnt Profile 139
Simulações 78
Simulation Pro 112
Sinalizador Deletion (CJ20N) 82
Sistema de Informação 286
Sistema de Planificação de Tempo entre Aplicações (CATS) 28
Sistema de Projeto
   Características
      Elementos Estruturais 49, 51
      Execução 50, 76
      Orçamento 50
      Planejamento de Custo 61
      Planejamento de Custo/Recurso 50
      Planejamento de Ganhos 50
      Planejamento de Tempo e Capacidade 50
      Término de Período 51, 80
   Integração 6, 7
      Controle (CO) 5
      Finanças (FI) 6
      Gerenciamento de Materiais (MM) 6
      Manutenção de Planta (PM) 7
      Planejamento de Produção (PP) 6

Índice **377**

Perfis de Projeto 52
Projetos 2
Visão Geral 1
SKFs 65, 66, 67, 68, 69, 70, 71, 72, 210
SL Comprimento da Estrutura 92
Source 214
Sources 217
  Apportionment Reason 217
  Costing Sheet 217
  Only Basis 217
  Overhead ke 217
  Percent 217
SPI 356
Sp Caractere Especial 92
SRM (Gerenciamento de Relacionamentos de Suprimentos) 6
SRM (Gerenciamento de Relacionamento de Suprimento) 42
Stat 96
Stat.prof 107
Stat. key fig. UnM. 212
State 107
Status 26, 107
Status/Short Text ID 96
status ativo do sistema 94
status CRTD (Criado) 12
Status de Sistema 94
Status de sistema 76
Status de Usuário 95
Status profile 140
Strategy 142
SV 356

T

T-P Req./SalesOrd 154
T-P Req. WBS Element 154
Tabelas 314
  Campos de Tabelas 316
  Gerais 314
  Tabelas de Dados Mestres 314

Dados Transacionais 315
Diversas 315
Técnicas de Medição 358
  Cost Proportionality (Proporcionalidade de Custo) 359
  Degree of Processing (Grau de Processamento) 358
  Estimates (Estimativas) 358
  Milestone Technique (Técnica de Demarcação) 358
  Quantity Proportionality (Proporcionalidade de Quantidade) 358
  Secondary Proportionality (Proporcionalidade Secundária) 359
  Start-Finish Rule (Regra de Início-Término) 358
  Time Proportionality (Proporcionalidade de Tempo) 358
Término de Período 80
Termos Chaves para Projetos de Recursos 35
Text 206
Texto de PS 60, 170
  Description 171
  Simul. 171
  Txt type 171
  Type 171
Time schd. Prof 122
Time unit 119
Tipos de Atividade 25, 72
Tipos de Atividades 17
Tipo de Rede 136
Tolerance Limits 204
Tr.Grpo 206
Trabalho 17
Trabalho em Andamento (WIP) 207
Transfer Quantity/Costs 219
  Conversion Quantity 219
  Individual 219
  Material direct 219

Trsfr to Proj Def 113
Type 147

Unit for work 133
Unit of measure 135
URL 284
Usage 160, 206, 213, 215
User 107
Uso de Demarcação 158

Validação/Substituição 165
  Rule(Regra) 166
  Step(Passo) 166
  Validation(Validação) 166
Validações e Substituições 352
  Pré-requisitos 352
valores básicos Organizacionais 86
valuated stk 115
Vendas 45
Vendas e Distribuição (SD) 6
Version Prof 111, 129
Versões CO 355
Versões de Plano 65
Versões de Plano (CO) 206
Versões de Projetos 78
Vertical from level 116
Visão de Item 42
visão do Componente 42
Visualizador Rápido (SQVI) 284

Warning 98
WBS 100, 162
  Acct asst elem (Elemento de atribuição de conta) 162, 163
  Billing element (Elemento de Cobrança) 162
  Business Area (Área de negócio) 162
  Company Code (Código da Companhia) 162
  Controlling area (Área controladora) 162
  Field key (Chave de campo) 162
  Level (Nível) 162
  Planning element (Elemento de planejamento) 162
  Plant (Planta) 162
  Priority (Prioridade) 162
  Profit Center (Centro de Lucro) 162
  Proj.type (Tipo de projeto) 162
  Project Profile (Perfil de Projeto) 162
  Statistical (Estatístico) 162
WBSs
  Agendamento de WBS 220
  Datas em WBS 70
  Planejamento Detalhado de Custo via WBS 62
  Planejamento de Custo de Estrutura via WBS 62
  Planejamento Fácil de Custo via WBS 64
WBS elements 114
WBS sched. prof 119
Without Influencing (Sem Influenciação) 161
With Activities 119
With Influencing (Com Influenciação) 161
Workflow for Internal Activity Allocation (Fluxo de Trabalho para Alocação de Atividade Interna) 180
Work center (Centro de trabalho) 163
Wrkflw PO chg. 144

XML 284

Impressão e acabamento
Gráfica da Editora Ciência Moderna Ltda.
Tel: (21) 2201-6662